Pedro de Valdivia

Die alltägliche Conquista

Die alltägliche Conquista

Zwölf Briefe des Pedro de Valdivia von der Eroberung Chiles 1545 - 1552

Übersetzt und herausgegeben
von Petra May und Wolfgang Reinhard

Vervuert Verlag · Frankfurt am Main

1995

Die Deutsche Bibliothek - CIP-Einheitsaufnahme

Valdivia, Pedro de :
Die alltägliche conquista : zwölf Briefe des Pedro de Valdivia von der Eroberung Chiles 1545-1552 / übers. und hrsg. von Petra May und Wolfgang Reinhard. - Frankfurt am Main : Vervuert, 1995
ISBN 3-89354-066-0
NE: May, Petra [Hrsg,]; GT

Umschlagentwurf: Michael Ackermann
Umschlagbild nach: Alonso de Ovalle, *Histórica Relación del Reyno de Chile*, Roma 1641
Printed in Germany: Rosch-Buch, Hallstadt

INHALT

Vorwort

Rudolf Reinhard, der von 1914-1926 in Chile gelebt hatte und dem Land immer verbunden war, begann in den sechziger Jahren mit dieser Übersetzung. Bei seinem Tod 1975 war Brief IX fertiggestellt. Gerne habe ich es übernommen, dieses lohnende Vorhaben weiterzuführen, fand aber wegen vordringlicher beruflicher Aufgaben nicht die Muße dazu. Zum Glück konnte ich Petra May, geborene Neher, die 1981 ihre Zulassungsarbeit über die Eroberung Chiles geschrieben hatte, dafür gewinnen. Ihre Übersetzung habe ich während meiner Tätigkeit als Visiting Professor an der Emory University, Atlanta, 1985/86 gründlich durchgearbeitet. Es ist unser Hauptproblem, wie weit sich das umständliche Spanisch der Vorlage im Interesse von Korrektheit und Wiedergabe des Zeitkolorits ins Deutsche übertragen läßt und wie weit es freier übersetzt werden muß. Wir hoffen, einen vertretbaren Mittelweg zwischen freier und wörtlicher Übersetzung gefunden zu haben. Christine Lippus, Augsburg, hat dann die erste Reinschrift erstellt, die von Klaus Dieter Vervuert als Verleger dankenswerterweise zur Veröffentlichung angenommen wurde. Aber Petra Mays Mutterpflichten und mein Wechsel an die Universität Freiburg mit neuen Aufgaben haben die Fertigstellung von Einleitung und Kommentar weiter verzögert, so daß das Buch nicht mehr zum sogenannten Columbus-Jahr erscheinen konnte. Hoffen wir, daß den Texten dennoch die Aufmerksamkeit zuteil wird, die sie verdienen! Helga Hilmes, Freiburg, hat die endgültige Druckvorlage geschrieben. Ein konventioneller Anmerkungsapparat wäre vor allem wegen Mehrfacherwähnungen viel zu aufwendig und schwerfällig ausgefallen. Wir haben daher erklärungsbedürftige Stichwörter im Text kursiv gedruckt; Orte erscheinen dann auf der von Judith Reinhard gezeichneten Karte, Personen und Sachen im alphabetischen Kommentar. Angesichts des begrenzten Umfangs der Spezialliteratur haben wir in der Regel auf die Anhäufung von Einzelnachweisen verzichtet und uns mit dem Pauschalbeleg durch das Quellen- und Literaturverzeichnis begnügt.

Freiburg, 19. September 1994 *Wolfgang Reinhard*

Einleitung

Der exemplarische Conquistador und die alltägliche Conquista

Pedro de Valdivia und seine Eroberung Chiles 1540-1553 haben bisher fast nur Spezialisten interessiert, Historiker Chiles oder Ahnenforscher, die deutsche Conquistadoren entdeckt hatten. Das erscheint begreiflich, fehlt hier doch der romantische Goldglanz von Mexiko und Peru. Wer freilich an der Conquista als weltgeschichtlichem Gesamtphänomen interessiert ist, dem geraten Cortés in Tenochtitlan und Pizarro in Cajamarca trotz ihrer strategischen Bedeutung für den Ablauf der Ereignisse eher zu untypischen Erscheinungen. Denn der Alltag der Conquista sah bereits in der Provinz der Kerngebiete Mexiko und Peru ganz anders aus. Die gewöhnliche Conquista war in der Regel weniger spektakulären Ländern und Menschen gewidmet, die die betreffenden Eroberer daher mühsam propagandistisch in Wert setzen mußten – eines der Leitmotive der Valdivia-Briefe! Chile war eben nicht reich an Edelmetallen, so daß Valdivia früh damit begann, seinen landwirtschaftlichen Wert zu betonen. Und seine Indianer gehörten keiner faszinierenden Hochkultur an, so daß rasch ihre Zahl und Arbeitskraft statt ihres nicht vorhandenen Reichtums in den Vordergrund rücken mußten. Für die Eroberung solcher Gebiete war es dann auch nicht einfach, Financiers zu finden – Conquista ist ja nicht nur hier unter anderem eine Art von Kreditgeschäft, nach Valdivias Briefen könnte man auch sagen: von Wuchergeschäft. Und ebenso schwierig konnte es werden, die nötigen Mannschaften für ein unattraktives Land zu rekrutieren. Pedro de Valdivia aber hat diese Schwierigkeiten so gut und so schlecht bewältigt wie jene, die mit der Landesnatur gegeben waren, oder jene anderen, die sich aus seinen problematischen Beziehungen zu seinem König und Kaiser und den Mächtigen der Politik ergaben. Die Textstrategie seiner Briefe, wo er sich zum getreuen Vasallen Karls V. stilisiert, der im Dienst des Königs und Kaisers unbeirrt »los trabajos de la guerra y los trabajos de la hambre« bewältigt, ist daher nicht nur klug, sondern aus der Perspektive der Zeit und des Mannes durchaus sachgerecht. »La muerte menos temida da más vida« lautet die Familiendevise! Wie Valdivia fast unüberwindliche Schwierigkeiten mit persönlicher Tapferkeit und Zähigkeit, mit geschickt dosiertem, wechselndem Einsatz hoher Führerqualitäten und brutaler Härte gegen Spanier wie Indianer, mit geschäftsmännischer Schläue und Sinn für politische Strategie bewältigt, das alles macht ihn zum »exemplarischen« Conquistador nicht nur im Sinne eines typischen Vertreters dieser Gattung, sondern auch im Sinne eines besonders ausgeprägten und für Bewunderer von Conquistadoren sogar vorbildlichen Exemplars der Art. Möglicherweise hätten seine Fähigkeiten für eine weltgeschichtliche »Helden-« oder auch »Schurkenrolle« vom Rang eines Cortés gereicht, aber es war ihm keine entsprechende historische »Bühne« beschert. So beschränkt sich seine historische Bedeutung darauf, uns in seinen Briefen mit dem ganz unromantischen Alltag der gewöhnlichen Conquista vertraut zu machen, der in dieser Weise nirgendwo sonst quellenmäßig so eindrucksvoll faßbar wird.

Wie bei den meisten Conquistadoren liegen auch über das Leben Pedro de Valdivias vor der Conquista wenig gesicherte Angaben vor. Er wurde wahrscheinlich 1497 geboren; es ist aber auch von 1502 oder gar 1505 die Rede. Ein späteres Datum kommt wegen der Angaben über seinen weiteren Lebensweg nicht in Frage. Er dürfte zu der für die Conquista so wichtigen Gruppe des verarmten Niederadels gehört haben, war also Hidalgo. Der Geburtsort ist mit Sicherheit im südöstlichen Estremadura im Gebiet von La Serena – er sollte in Chile eine Stadt dieses Namens gründen – zu suchen; vieles spricht für die Stadt Castuera. Wie die meisten wichtigen Conquistadoren Perus mit Pizarro an der Spitze hat er als Berufssoldat in den Kriegen Kaiser Karls V. gedient, zunächst in den Niederlanden, dann in Italien, wahrscheinlich von 1521 bis 1525. Kriegskameradschaften aus jener Zeit sollten noch eine große Rolle für ihn spielen. Angeblich im Jahr 1527 heiratete er in Zalamea de la Serena Maria Ortíz de Gaete. Die Ehe blieb kinderlos, auch von unehelichen Nachkommen Valdivias ist im Gegensatz zu seinen Gefährten nichts bekannt. Er schickte aus Amerika mehrfach Geldbeträge an seine Frau, lebte aber während der Eroberung Chiles mit der höchst bemerkenswerten Conquistadorin Inés Suáres zusammen, bis er 1549 gemäß kaiserlichen Moralvorschriften vom Präsidenten Pedro de la Gasca gezwungen wurde, sich von ihr zu trennen. Nach seinem Tod 1553 kam seine Witwe 1555 mit zahlreichen Verwandten nach Chile, wo sie bis 1592 lebte.

Unterdessen waren jenseits des Atlantik die ersten spektakulären und für arbeitslose Soldaten äußerst attraktiven Phasen der Conquista abgelaufen. Die kastilische Krone hatte aus Kapitalmangel Entdeckung und Eroberung der Neuen Welt privater Initiative und privatem Kapital geöffnet, die durch königlichen Auftrag rechtlich gebunden und an politischem Wildwuchs gehindert wurden. Häufig brachte eine Gesellschaft (»compañía«) von Geldleuten die Mittel auf. Auf dieser Grundlage warb dann einer der Unternehmer seine Truppe an. Königliche Dokumente beschrieben und begrenzten seinen Auftrag und seine Befugnisse. Vor allem aber verpflichteten sie ihn zur Abführung eines Beuteanteils an die Krone. Um den ordnungsgemäßen Ablauf der Expeditionen in diesem Sinn zu sichern, gab es von Anfang an Notare und königliche Schatzmeister in ihren Reihen. Seit 1513 war auch die Verlesung einer Proklamation über die spanischen Rechtstitel auf die Neue Welt, des sogenannten »Requerimiento«, notariell zu beglaubigen. Schon bald nach den ersten Beutezügen und Eroberungen wurde die Conquista zu einem sich aus amerikanischen Quellen selbst speisenden Prozeß. Nach der ersten Konsolidierung wurden Eroberungen zu Etappen und Ausgangspunkten weiterer Expeditionen, die mit dem in der früheren Phase akkumulierten Kapital amerikanischer Herkunft finanziert und zum großen Teil aus bereits in Amerika ansässigen Spaniern rekrutiert wurden, nicht selten aus ehrgeizigen oder frustrierten Teilnehmern früherer Unternehmungen. In Fortsetzung der endenden Reconquista der Iberischen Halbinsel verbanden sich Beutegier und Geschäftssinn, Ritterideologie und sozialer Aufstiegswille, nationales Sendungsbewußtsein und Königstreue, Glaubenseifer und Barbarenverachtung mit individuell unterschiedlicher Schwerpunktsetzung zu der brisanten Mischung Conquistadorenmentalität. Für die Gegenseite, die Indianer, bedeutete dies Krieg und Terror, bisweilen ehrliche missionarische und »entwicklungspolitische« Zuwendung, in jedem Fall aber politische, wirtschaftliche und kulturelle Unterwerfung. Alles Einzelzüge, die in Valdivias Briefen mit Händen zu greifen sind.

1509-1512 wurden vom ersten spanischen Stützpunkt Santo Domingo aus die Nachbarinseln Puerto Rico, Kuba und Jamaica besetzt, seit 1509 Teile der Nordküste des heutigen Kolumbien und Panama. 1513 erreichte Vasco Núñez de Balboa den Pazifik. 1514 war die Eroberung der Landenge von Panama abgeschlossen und die Spanier griffen von dort nach Norden aus, wo sie in Nicaragua mit Conquistadoren aus Mexiko zusammentrafen. Das Aztekenreich war 1519-1522 gefallen. Umgehend wurde von hier aus noch in den zwanziger Jahren darüber hinaus nach Guatemala, Yukatan, Honduras gegriffen und bis in die vierziger Jahre der Norden des heutigen Mexiko und der Südwesten der späteren USA unterworfen oder wenigstens erkundet. Seit 1535 gab es in Mexiko einen spanischen Vizekönig. In Panama hatte man seit langem Nachricht von einem fabelhaften Goldland im Süden, dem Inkareich, das sich vom heutigen Ekuador bis in den Norden Chiles erstreckte. 1526 schlossen die in Panama ansäßigen Conquistadoren Diego de Almagro und Francisco Pizarro mit einem Strohmann der spanischen Hochfinanz einen Gesellschaftsvertrag zur Eroberung Perus. Nach einer zweiten, verheißungsvollen Erkundungsexpedition 1526/27 ging Pizarro nach Spanien, wo er die Gunst maßgebender Hofkreise zu gewinnen wußte und daher 1529 zum Kommandeur und Gouverneur für Peru ernannt wurde; Almagro wurde benachteiligt. 1531 brach Pizarro mit seinen Halbbrüdern und anderen Leuten aus seiner Heimat Estremadura, die er mitgebracht hatte, zum dritten Mal nach Peru auf. 1532 gelang es ihm in Cajamarca, den Inka Atahualpa auszuschalten, 1533 zog er nach Cuzco, das er zu einer spanischen Stadt machte, aber nichtsdestoweniger einen Inkaprinzen, der bei Valdivia als Mango Inca auftauchte, zum neuen Herrscher bestimmte. Hauptstadt der neuen Kolonie und Sitz des Gouverneurs Pizarro wurde aber die 1535 neugegründete Ciudad de los Reyes (Stadt der Hl. drei Könige), später Lima, an der Küste. Wie zuvor Panama oder Mexiko wird auch Peru zum Subzentrum weiteren Ausgreifens der Conquista; die Eroberung Chiles gehört in diesen Zusammenhang. Zunächst zogen Pizarros Unterführer nach Norden, um das heutige Ekuador zu unterwerfen. Noch weiter nördlich im Land der Chibcha im heutigen Kolumbien trafen sie mit zwei weiteren Conquistadorentrupps zusammen, die von der Nordküste und aus Venezuela kamen. Gemeinsam wurde 1538/39 Santa Fé de Bogotá gegründet. Venezuela befand sich 1529-1546 im Besitz des Augsburger Handelshauses Welser, das aber weder geschäftlich noch politisch glücklich operierte. Gonzalo Pizarro führte 1541/42 als Vizegouverneur in Quito eine vergebliche Expedition ins obere Amazonastiefland durch; Angehörige seiner Truppe fuhren den Fluß hinab bis zur Mündung und an der Nordküste Südamerikas zurück. Vor allem aber versuchte der von den Pizarros in den Hintergrund gedrängte Diego de Almagro 1535-1537 das ihm zugesprochene Neu-Toledo südlich von Pizarros Neu-Kastilien zu erkunden und erobern. Die ungeheuer verlustreiche Expedition gelangte zwar bis ins zentralchilenische Aconcaguatal, blieb aber erfolglos und vor allem ohne Beute zum Vorzeigen, was Chile einen sehr schlechten Ruf bei den Conquistadoren verschaffte. Almagro kam gerade rechtzeitig nach Cuzco zurück, um die von aufständischen Indianern belagerte Stadt zu entsetzen, aber der latente Konflikt mit den Pizarros eskalierte umgehend zum Bürgerkrieg, der »Guerra de Salinas« 1537-1538, denn am 6. April 1538 wurde Almagro bei diesem Ort von den Pizarros besiegt und anschließend umgebracht.

Der »Feldmeister« oder, wie wir heute sagen würden, Stabschef Pizarros in dieser Schlacht hieß Pedro de Valdivia. Aus unbekanntem Anlaß und zu einem unbekannten Datum – seine Ausreise ist nicht registriert – war Valdivia 1535 nach Venezuela gekommen, wo nichts über seine Aktivitäten überliefert ist. Aber 1536 kam er nach Peru, als Angehöriger der Verstärkungstruppe von 400 Mann, die Pizarro auf sein Verlangen aus Santo Domingo geschickt wurde, und in der Gesellschaft alter Kriegskameraden aus Italien, der Brüder Alderete. Als Landsmann der Pizarros aus Estremadura und dank der hervorragenden militärischen Dienste, die er ihnen leisten konnte, gehörte er bald zu ihrer engeren Klientel und wurde mit einer außergewöhnlich reichen Encomienda, der Zuweisung untertäniger Indianer, einschließlich einer Silbermine bedacht. Erstaunlicherweise hat Valdivia aber diesen reichen Besitz umgehend wieder aufgegeben und den Gouverneur Marquis Francisco Pizarro um den undankbaren Auftrag gebeten, als dessen Untergouverneur das von Almagro aufgegebene Chile zu erobern. Kraft einer entsprechenden königlichen Vollmacht für Pizarro wurde Valdivia dieser Auftrag im April 1539 erteilt. Über seine Motive wird immer noch gerätselt. Wenn man sich nicht in romantischen Spekulationen über seine damals begonnene Beziehung zu Inés Suáres ergehen will, erscheint neben dem handfesten Ehrgeiz des ritterlichen Conquistador – Ruhm galt ihm wie vielen anderen als wesentliches Lebensziel – die Annahme plausibel, er habe sich als Geschöpf der Pizarros auf die Dauer in seinem Besitz nicht sicher genug fühlen können und daher nach größerer Selbständigkeit gestrebt (Vernon, S. 25).

Doch was seine Motive auch gewesen sein mögen, bereits die Anlaufschwierigkeiten waren enorm. Anscheinend mußte er umgehend auf seine Encomienda verzichten, so daß ihm deren Einkünfte für die Ausrüstung der Expedition nicht zur Verfügung standen. Angesichts der damals für einschlägige Artikel geforderten Wucherpreise reichten seine noch vorhandenen Eigenmittel nicht sehr weit. Kredit aber war für das übelbeleumundete Chile so wenig zu bekommen wie Soldaten. Schließlich fand sich der erfolgreiche Kolonialkaufmann Francisco Martínez bereit, am 10. Oktober 1539 mit Valdivia einen Gesellschaftsvertrag über Halbierung der Risiken und des Gewinns abzuschließen und 9 000 Pesos einzubringen. Daraufhin konnte Valdivia weitere 70 000 borgen. Doch kaum war diese Klippe umschifft, da tauchte ein gewisser Pedro Sancho de Hoz auf, der Sekretär und Gefährte Pizarros in Cajamarca gewesen war und es verstanden hatte, sich nach seiner Rückkehr nach Spanien 1535 bei Hof in Gunst zu setzen, möglicherweise, weil er der Überbringer des königlichen Beuteanteils gewesen war. Jetzt kehrte er zurück im Besitz königlicher Urkunden, die ihn zum Befehlshaber und vorläufigen Gouverneur für die Eroberung Chiles bestellten. An sich hatten diese königlichen Dokumente den Vorrang vor der Bestellung Valdivias, die nur vom Gouverneur Pizarro ausgesprochen worden war. Aber Sancho de Hoz war ein mittelloser Bankrotteur, so daß Pizarro am 28. Dezember 1539 in Cuzco eine weitere »compañía« zwischen den beiden vermitteln konnte, nach der Sancho de Hoz zunächst in Peru zurückbleiben und den dringend benötigten Nachschub beschaffen sollte. Statt dessen landete er in Schuldhaft, um letztendlich mit wenigen Leuten Valdivia nachzuziehen und ihn in der Atacamawüste einzuholen, wo er umgehend einen Mordanschlag auf seinen Rivalen unternahm, um sich die Führung der Expedition zu sichern. Ertappt stimmte er am 8. August 1540 der Auflösung der Partnerschaft zu und verzichtete am 12. August »freiwillig« auf alle Ansprüche aus den königlichen Urkunden, um als gewöhnlicher Teilnehmer im Range eines Hidalgo mitzuziehen. Nichtsdestoweniger blieb er im Besitz seiner Dokumente und wurde auf diese Weise zum natürlichen und ständigen Kristallisationspunkt jeder Opposition und der verschiedenen Verschwörungen gegen Valdivia, während dieser sich nicht die Blöße geben durfte, ihn zu töten. Bezeichnenderweise wurde er in Abwesenheit Valdivias 1547 von dessen Stellvertreter Villagra hingerichtet und ebenso bezeichnenderweise spielte diese Hinrichtung die ausschlaggebende Rolle bei den Versuchen, 1548 Valdivia und später Villagra den Prozeß zu machen.

Die Truppe, mit der Valdivia im Januar 1540 von Cuzco aufbrach, um durch die Atacamawüste nach Chile zu ziehen, umfaßte neben Inés Suáres nur wenige Spanier, die Angaben schwanken zwischen sieben und zwanzig, angeblich aber bis zu tausend peruanische Indianer als Lastträger und Diener. Entscheidend wurden die verschiedenen Gruppen, die unterwegs als Verstärkung zu Valdivia stießen, denn seine Freunde hatten die Gelegenheit benutzt, frustrierte Teilnehmer der gescheiterten Expeditionen zu den Chunchos und den Chiriguanos in das Waldland östlich des heutigen Hochbolivien anzuwerben. Am wichtigsten waren 70-80 Mann, die unter Francisco de Villagra in Tarapacá eintrafen sowie 25 Mann unter Francisco de Aguirre in San Pedro de Atacama. Schlußendlich erreichte die spanische Streitmacht damit die Zahl von 150 Mann. Allerdings befanden sich darunter nicht wenige Anhänger Almagros, die die Pizarros auf diese Weise loswerden wollten. Damit verbanden sich regionale Animositäten zwischen den Leuten aus Estremadura und aus dem spanischen Neu-Kastilien sowie die ständig präsente Bedrohung durch Sancho de Hoz. Bedenkt man dazu den generell wilden Charakter dieser Soldateska, dann erscheint begreiflich, daß Valdivia als Klient der Pizarro aus Estremadura sich bisweilen nur mit Terrormaßnahmen wie öffentlicher Hinrichtung von Verschwörern an der Spitze behaupten konnte. Hidalgos, die etwa ein Viertel der Truppe ausmachten, wurden enthauptet, Gemeine gehängt. Allerdings wußte der Führer im Bedarfsfalle auch Begnadigungen virtuos zur Stärkung seiner Stellung einzusetzen.

Im Copiapótal erreichte der Zug nach Überwindung der Wüste wieder fruchtbares Land und die Südgrenze von Pizarros Machtbereich. Hier taufte Valdivia seine zukünftige Provinz, von der er jetzt formell Besitz ergriff, Neu-Estremadura nach der Heimat seiner Patrone und seiner eigenen. Von nun an war mit heftigem Widerstand der Indianerbevölkerung zu rechnen. Offensichtlich existierte ein glänzend funktionierendes Nachrichtennetz zwischen den immer noch Widerstand leistenden Indianern Perus unter dem Nachfolger der Inkas, dem indianischen Dienstpersonal der Expedition und den Indianern des nördlichen und zentralen Chile. Die letzteren waren durchaus auf die Conquista vorbereitet und begegneten ihr mit der ihnen empfohlenen Taktik der verbrannten Erde. Und im Coquimbotal gingen plötzlich vierhundert der aus Peru mitgebrachten Indianer zu den Einheimischen über. Vor allem im Aconcaguatal leistete der Kazike Michimalongo energischen Widerstand, der noch jahrelang nicht zu brechen war. Dennoch erreichte der Zug nach fast einjährigem Marsch mit Unterbrechungen Ende 1540 das zentralchilenische Mapochotal, wo Valdivia am 12. Februar 1541 (nicht wie er schreibt am 24.) nach dem üblichen Verfahren die Stadt Santiago del Nuevo Extremo (Santiago in Neu-Estremadura) gründete, als Basis der Eroberung und Hauptstadt der neuen Provinz. Seine Briefe zeigen, daß für ihn wie für alle Conquistadoren die Gründung von Städten spanischen Rechts nach vorgeschriebenem topographischen Schema und die Einrichtung der Stadträte und Behörden die für die Stabilisierung ihrer Eroberungen grundlegende Operation darstellte. Die Encomenderos, denen die Indianer zugeteilt wurden, saßen in den Städten und letztendlich war alles Land im spanischen Amerika einer Stadt unterstellt; ländliche Grundherrschaft europäischer Art existierte zumindest im Rechtssinne nicht. Cum grano salis läßt sich sagen, daß die kastilische Krone auf diese Weise feudalistisches Potential zugunsten der Errichtung eines bürokratischen Absolutismus klein zu halten verstand. Auch aus Valdivias Briefen ergibt sich ganz nebenbei die wenig beachtete Tatsache, daß bereits die Conquista mit einem nicht unbeträchtlichen Papierkrieg verbunden war. Valdivia selbst hat zur Sicherung des Weges nach Peru im Norden seiner Kolonie Anfang 1544 die Stadt La Serena gegründet und nach ihrer Zerstörung 1548 sofort 1549 wiedererrichten lassen. Seine übrigen vier Stadtgründungen sollten der Sicherung und via Encomienda der Ausbeutung des menschenreichen Südens dienen: Concepción, La Imperial, Valdivia, Villa Rica, Los Confines (das heutige Angol).

Zunächst war allerdings die Stellung der Spanier selbst in Santiago alles andere als sicher. Zwar gelang es zunächst, die Indianer niederzukämpfen und von Michimalongo als Lösegeld den Hinweis auf die Goldwäschereien von Marga-Marga zu erhalten, die von den Spaniern unverzüglich mit indianischen Arbeitskräften in Betrieb genommen wurden. Aber im Sommer 1541 begannen die Indianer erneut zu kämpfen, und am 11. September 1541 entging Santiago um Haaresbreite der völligen Vernichtung. Valdivia schickte im Januar 1542 Alonso de Monroy auf dem Landweg um Nachschub nach Peru; alles verfügbare Gold wurde ihm in Gestalt von Steigbügeln, Schwertgriffen und Beschlägen mitgegeben, entweder um es zu verstecken oder um in Peru einen falschen Eindruck vom Reichtum Chiles zu erwecken (Pocock, S. 97f.). In der Zwischenzeit konnte sich die nahezu vernichtete Kolonie Santiago nur unter kläglichsten Bedingungen mühsam am Leben erhalten. Erst mit dem Eintreffen des Entsatzschiffes »Santiaguillo« von Lucas Martínez Vegaso und Diego García de Villalón, die Monroy mobilisiert hatte, im September 1543 wendete sich das Blatt; erst recht, als Monroy selbst Ende Dezember 1543 auf dem Landweg mit 70 Mann Entsatz in Santiago ankam. Ein weiteres Entsatzschiff scheiterte kläglich, aber im Juni oder Juli 1544 kam als drittes die von Juan Calderón de la Barca beladene »San Pedro« in Chile an, deren Kapitän Juan Bautista de Pastene aus Genua als Seemann in Valdivias Dienste trat und einer seiner wichtigsten vertrauten Unterbefehlshaber wurde. Valdivia hatte schon Anfang des Jahres wieder die Initiative ergriffen und zunächst am 12. Januar 1544 auf dem Papier Encomiendas unter die Bürger Santiagos verteilt, dann zu deren Realisierung die Indianer bis zum Rio Maulé im Süden befriedet und sich schließlich zum selben Zweck nach Norden gewandt, wo er wenig später die Stadt La Serena gründete. Vor allem konnte Valdivia auch die Goldwäscherei wieder aufnehmen lassen; Michimalongo hatte sich inzwischen zu einem zuverlässigen Gefolgsmann gemausert. In Valparaiso wurde eine Brigg gebaut und in La Serena kalfatert, die Monroy und Pastene zusammen mit Antonio de Ulloa als Boten Valdivias nach Peru tragen sollte. Sie erhielten das bis dahin gewonnene Gold, um damit weiteren Nachschub zu beschaffen, vor allem aber die in La Serena geschriebenen Briefe II, III und IV, die der für Valdivia bedenklichen Entwicklung in Peru Rechnung zu tragen versuchen.

Am 26. Juni 1541 war der Gouverneur Marquis Francisco Pizarro aus Blutrache von Anhängern Almagros ermordet worden. Almagros unehelicher Sohn Diego de Almagro junior gebärdete sich als Herr des Landes, wurde aber in der »Guerra de Chupas« 1541-1542 in der gleichnamigen Schlacht vom neuen Gouverneur Cristóbal Vaca de Castro und den Anhängern Pizarros geschlagen und hingerichtet. Vaca de Castro war von Kaiser Karl V. entsandt worden, als er von dem Bürgerkrieg zwischen Almagro und Pizarro erfuhr. Bereits 1544 wird er durch den ersten Vizekönig Perus Blasco Núñez Vela abgelöst, der auch die erste Audiencia von Lima einrichtete. Allerdings ist dessen Tätigkeit von vorneherein dadurch beeinträchtigt, daß er den Auftrag zum Vollzug der 1542 erlassenen »Neuen Gesetze« mitbrachte, durch die nach jahrzehntelanger Auseinandersetzung um die Indianerpolitik nicht nur die Versklavung der Indianer, sondern auch ihre Dienstbarkeit im System der Encomienda ersatzlos abgeschafft wurde. Dadurch fühlten sich die Conquistadoren nicht nur ihres Wohlstandes, sondern geradezu ihrer Existenzgrundlage beraubt und obendrein von ihrem König um den Lohn betrogen, den sie als treue Vasallen durch Eroberung neuer Länder verdient zu haben glaubten. Aus ihrer Perspektive ein Fall für feudales Widerstandsrecht gegen absolutistische Willkür. In Peru trat Gonzalo Pizarro an die Spitze des Aufstandes. Nach einem älteren königlichen Privileg hatte ihn sein Bruder testamentarisch zum Nachfolger als Gouverneur bestimmt, was sogar von der Audiencia anerkannt wurde, als diese sich mit dem Vizekönig überworfen hatte. Letzterer fand offensichtlich nicht genug Unterstützung gegen Gonzalo Pizarro, während dessen radikale Anhänger bereits seine Königskrönung planten. Damit war die Rechtsgrundlage von Valdivias Stellung ins Wanken geraten, was keineswegs nur ein theoretisches juristisches Problem blieb, sondern angesichts seiner notorisch aufsässigen Untergebenen unmittelbare praktische Folgen zeitigen konnte. Formal war Valdivia von Pizarro bestellter Untergouverneur gewesen, informell konnte er nach wie vor als Klient der Pizarros gelten. Geschickt hatte er versucht, sich eine neue, unabhängige Basis zu schaffen, möglicherweise nach dem Vorbild des Hernán Cortés in Veracruz. Als im Mai 1541 die Ermordung Pizarros gerüchtweise in Chile bekannt wurde, also schon vor der Tat, was als Beweis für das Funktionieren des indianischen Kommunikationssystems gewertet werden kann, wurde Valdivia im Juni vom Stadtrat von Santiago in Wahrnehmung von in der spanischen Rechtstradition vorgesehenen Ausnahmevollmachten zum selbständigen königlichen Gouverneur und Generalkapitän gewählt, bis zur königlichen Entscheidung und notabene gegen sein heftiges Widerstreben, das er sich notariell beglaubigen ließ. Als Vaca de Castro ihn statt dessen als bloßen Untergouverneur bestätigte, hielt er diese Entscheidung geheim. Aber die ersehnte königliche Entscheidung ließ auf sich warten. Was war zu tun?

I.

Pedro de Valdivia an Gonzalo Pizarro
Santiago, 20. August 1545

Valdivia schreibt ganz und gar als Klient der Pizarros, wenn er von der Ermordung des Marquis Francisco Pizarro, seines ursprünglichen Patrons, und von der Sorge um dessen verwaiste Kinder, von Gonzalos Amazonasexpedition und von seiner eigenen Tätigkeit berichtet.

Hoher Herr,

Den Brief Eurer Gnaden aus Lima vom 14. März des vergangenen Jahres 1543 habe ich durch Gaspar *Orense* erhalten. Ich küsse Euer Gnaden die Hand, weil Ihr Euch, wie er sagt, über mein Wohlergehen gefreut habt. Wenn Ihr mich nach Leuten schikken seht, so ist das ein Zeichen, daß ich damit zufrieden bin. So ist es in der Tat. Dank des Auftrags des Marquis, meines Herrn, dem Glorie beschieden sei, ging es mir nie besser. Daher bedauerte ich die Verluste Eurer Gnaden und den schlechten Ausgang Eurer Entdeckungsfahrt. Dennoch befinden sich Euer Gnaden bei guter Gesundheit, wofür ich Gott sehr danke, der, wie Euer Gnaden sagt, allen Wohlstand gibt, wenn es ihm beliebt, und auch das Gegenteil.

Über den Tod des Marquis, meines Herrn, gibt es nichts zu sagen, außer daß er mich bis ins Innerste getroffen hat, und jedes Mal, wenn ich mich daran erinnere, weine ich im Herzen blutige Tränen. Solange ich lebe, wird es mich schmerzen, daß ich bei der Vergeltung nicht habe dabei sein können. Aus demselben Grund wird Euer Gnaden dies doppelt gefühlt haben und fühlen. Doch da eine solche Entscheidung von Gott kommt, laßt uns ihm dafür danken. Für uns alle, die Verwandten, Diener und Freunde Seiner Herrlichkeit, ist es ein großer Trost zu wissen, daß er im Dienst Seiner Majestät durch die Hände untreuer Diener den Märtyrertod starb, und daß der Ruhm seiner Taten, die er zur Vergrößerung des königlichen Besitzes und der kaiserlichen Autorität vollbrachte, im Gedächtnis der Zeitgenossen und der Nachwelt lebt und leben wird, und daß sein Tod durch den erlauchten Herrn Gouverneur *Vaca de Castro* gerächt wurde wie der Tod Julius Caesars durch Octavian. Abgesehen davon, daß alle verpflichtet sind, Sie wegen der Verdienste Seiner Herrlichkeit als Herrn und Vater zu betrachten, müssen wir Ihnen wegen der überaus großen Gunst, die er uns gewährte, solange wir leben, mit unserem Vermögen und unserem Leben dienen, und notfalls sogar beides in Ihrem Dienst aufs Spiel setzen und verlieren, wie ich dies immer tun werde, auch wenn wir dabei mehr wagen als gewinnen. Dasselbe schreibe ich Herrn Hernando *Pizarro* und gebe ihm einen langen Bericht darüber, was sich seit meinem Abschied von Seiner Gnaden ereignete, weil ich weiß, daß er sich darüber freuen wird. Ich will nicht darüber reden, was ich verlor, denn Euer Gnaden verlor ja den Bruder, als ich meinen Herrn und Vater verlor. Aus demselben Grund wie Euer Gnaden unterlasse ich es, mich weiter dazu zu äußern. In meinem Brief an den Kaiser bitte ich Seine Majestät, diesen Waisen seine Gunst zu erweisen, damit sie als die Kinder dessen, die sie sind, in seinem Dienst bleiben. Ebenso bitte ich den Herrn Gouverneur in einem Brief, sie unter seinen Schutz und Schirm zu nehmen und sie Seiner Majestät zu empfehlen. Euer Gnaden kann mit Fug und Recht Gott dafür danken, daß er bei dieser Gelegenheit so einen tapferen Ritter und Herrn in diese Länder geführt hat und daß ihn Seine Majestät mit allem ausgerüstet hat, was dafür nötig war. Ich bitte Euer Gnaden, ihn an Stelle des Marquis, meines Herrn, anzunehmen, denn ich glaube nach dem, was man mir über Seine Herrlichkeit berichtet, daß er durchaus Ehre und weiteren Gewinn für Herrn Hernando Pizarro und Euer Gnaden sowie die Erhaltung dieser Waisen in ihrer Stellung wünscht. Er trifft ja genau das Richtige, wenn er Euer Gnaden als Vormund für sie vorsieht, weil sie so einen Vater haben werden, denn Euer Gnaden wird sie als seine Kinder ansehen und ihre Belange zu seinen machen.

Als ich vom Tod des Marquis, meines Herrn, erfuhr, ordnete ich Totenmessen und einen Jahrtag an, um seiner Seele mit Fürbitten beizustehen. Da ich nun in seiner Person die meine ehre, würde ich sie gerne so aufwendig gestalten lassen, wie es seiner Person zukommt. Gott möge meine Absicht annehmen, und solange ich lebe, werde ich darauf dieselbe Sorgfalt verwenden, wie es meine Pflicht und Schuldigkeit ist.

Gaspar *Orense* kam hierher, und er ist in der Tat genauso, wie Euer Gnaden in Ihrem Brief schreiben. Seit er ankam, hat er Seiner Majestät hier viele und gute Dienste erwiesen. Deshalb und auf Empfehlung Euer Gnaden, wo er dasselbe erlangt hat, habe ich ihm einen sehr guten Kaziken mit 1.500 Indios als Encomienda übertragen, vierzig *Meilen* von hier entfernt, die in der Stadt, die ich zwanzig *Meilen* von dort entfernt in der Provinz Arauco gründen werde, dienen müssen. Dasselbe werde ich mit allen Dienern und Freunden des Marquis, meines Herrn, des Herrn *Pizarro* und Euer Gnaden machen, die hierher kommen sollten. Um das Richtige für sie zu tun, muß ich nur wissen, woher sie sind und daß Euer Gnaden sie in einem Schreiben empfiehlt. Und wenn Euer Gnaden aus Zuneigung, Pflicht oder Freundschaft einige Edelleute versorgt sehen möchte, so schickt sie mir hierher, damit ich ihnen gebe, was Eure Gnaden ihnen nicht geben kann, so daß Eure Absicht nicht unverwirklicht bleibt.

Ich schicke Kapitän Alonso de *Monroy*, meinen Stellvertreter, dorthin. Er wird in die Stadt *Cuzco* gehen, um dem Herrn Gouverneur meine Briefe zu überbringen und ihm über dieses Land Bericht zu erstatten. Ich habe ihm aufgetragen, Euer Gnaden in meinem Namen die Hand zu küssen und Euch von allem zu berichten, was Ihr über mich und dieses Land wissen wollt.

Ebenso kam Kapitän Juan Bautista de *Pastene* mit seinem Schiff hierher und ich ernannte ihn zu meinem Stellvertreter zur See, da er ein Bediensteter und Freund des Marquis, meines Herrn, gewesen war und der rechte Mann dafür ist. Ich schickte ihn dann in die Stadt *Lima* zurück, um mir Waffen, Pulver und Leute, die mitkommen wollen, herzubringen. Wenn er dort zufällig Euer Gnaden treffen sollte, möge er bei Ihnen dieselbe Aufgabe übernehmen. Ich bitte Euer Gnaden, mir gnädigst von der Gesundheit Eurer erlauchten Person und allem anderen, was Euer Gnaden für richtig halten, berichten zu lassen, und desgleichen von Herrn Hernando *Pizarro*, wenn Euer Gnaden einen Brief von ihm mit Neuigkeiten vom Hof und vom Erfolg seiner Unternehmungen erhalten, worüber ich mich wie über meine eigenen freuen würde, umso mehr, wenn sie auf Erholung und Zugewinn der gnädigen Herren hinauslaufen.

Allen diesen gnädigen Herren küsse ich die Hände. Und sie sollen wissen, daß ich sie an Vaterstelle angenommen habe, um ihnen zu dienen, wie ich ihm gedient habe.

Als ich vom Tod des Marquis, meines Herrn, erfuhr, veranlaßte ich Totenmessen und einen Jahrtag, so gut es mir hier möglich war: ich möchte ihn so großartig feiern, damit man daraus erkennen kann, was für hervorragende Leistungen und Taten er zu Lebzeiten für Seine Majestät vollbracht hat. Und ich werde immer daran denken, seiner Seele mit Fürbitten beizustehen.

Ich küsse all diesen Herren die Hände. Unser Herr möge die erlauchte Person Eurer Gnaden schützen und Ihnen den Erfolg, den Ihr verdient, gewähren.

Aus dieser Stadt Santiago, am 20. August 1545.

Von dem zuverlässigsten Diener Euer Gnaden, der Ihre Hand küßt.

Pedro de Valdivia

II.

Pedro de Valdivia an Kaiser Karl V.
La Serena, 4. September 1545

In diesem Brief ist der Vasallendiskurs am deutlichsten ausgebildet. Valdivia stellt sich als den getreuen und umsichtigen Vasall seines kaiserlichen Herrn dar, der keine Schulden, Mühen und Leiden scheut, um für diesen zwar keine Goldbeute, aber ein trotz seines schlechten Rufes wohlstandsträchtiges Land zu erobern. Als Gegenleistung darf er Gunsterweise des Herrschers erwarten, worunter in erster Linie die Bestätigung als unmittelbarer königlicher Gouverneur zu verstehen ist. Die Zweckmäßigkeit einer solchen Bestätigung wird begründet und daneben ausführlich auf Valdivias durch den kaiserlichen Dienst verursachte exorbitante Verschuldung eingegangen sowie auf das Problem der Nachschubbeschaffung als deren Ursache. Inhaltlich knüpft der Bericht an das Scheitern Almagros an, offensichtlich des Kontrastes halber, und umfaßt die oben geschilderten Ereignisse von Ende 1539 bis Mitte 1545.

Heilige, Kaiserliche, Katholische Majestät!

Fünf Jahre sind vergangen, seit ich vom Marquis und Gouverneur Don Francisco Pizarro ausgerüstet von Peru kam, um diese Provinzen von Neu-Estremadura, zuvor Chili genannt, zu erobern und zu besiedeln sowie darüber hinaus andere Gebiete zu entdecken. Während dieser ganzen Zeit konnte ich Eurer Majestät keinen Bericht erstatten, weil Euer kaiserlicher Dienst mich so sehr in Anspruch nahm. Ich weiß wohl, daß der Marquis an Eure Majestät schrieb, wie er mich ausschickte. Ein Jahr nach meiner Ankunft in diesem Land schickte ich Kapitän Alonso de *Monroy*, meinen Stellvertreter, um Hilfe in die Stadt *Cuzco*. Er traf dort den Gouverneur *Vaca de Castro*, welcher ebenso an Eure Majestät schrieb und Bericht über mich erstattete, und dasselbe tat Kapitän *Monroy* in einem, wenn auch kurzen Bericht darüber, was ich bis zu seinem Weggang getan hatte. Ich halte es für ein großes Glück, daß Eure Majestät auf indirektem Weg Kenntnis von meiner Tätigkeit erhielt, noch vor der Belästigung durch meine Briefe, mit denen ich dafür um Gunstbeweise bitte, die Eure Majestät mir sicherlich zu gegebener Zeit mit jener Großzügigkeit gewähren wird, mit der Sie Ihre Untertanen und Vasallen für ihre Dienste zu belohnen pflegt. Obwohl die meinen nicht so groß sind, wie ich es gerne wollte, denke ich doch, daß ich all der Gnadenbeweise würdig bin, die mir Eure Majestät gewähren lassen wird und um die ich in diesem Brief bitten werde, weil ich nämlich den Willen habe, sie so groß wie möglich zu machen. Soweit mir die Befriedung der besiedelten Gebiete Zeit dazu läßt, einen ausführlichen Bericht über dieses ganze Land zu verfassen und abzuschicken, das ich im Namen Eurer Majestät entdeckt habe und das ich erobern und besiedeln will, ersuche ich demütigst, sie mir zu gewähren, denn ich erbitte sie mit dem eifrigen Bestreben, daß meine gute Absicht in Eurem königlichen Dienst jene Früchte hervorbringe, die ich mir wünsche, was zugleich mir selbst am meisten Gewinn und Befriedigung bringen würde.

Eure Majestät möge wissen, daß niemand bereit war, in dieses Land zu kommen, als mir der Marquis Don Francisco *Pizarro* dieses Unternehmen übertrug und daß diejenigen es am meisten mieden, die der Adelantado Don Diego de *Almagro* bei sich gehabt hatte, denn als er es verließ, stand es in einem so schlechten Ruf, daß sie es wie die Pest flohen. Viele kluge Leute, die mir gut gesonnen waren, hielten mich für unvernünftig, als sie sahen, wie ich das Vermögen, das ich besaß, für ein Unternehmen verschleuderte, das so weit von Peru wegführte, und wo der Adelantado ohne Erfolg geblieben war, obwohl er und seine Begleiter 500.000 *Goldpesos* aufgewendet hatten. Das Ergebnis war nur, daß er den hiesigen Indianern doppelte Tapferkeit einpflanzte. Doch als ich erkannte, welchen Dienst man Eurer Majestät erweisen könnte, wenn man es wieder in guten Ruf brächte, es besiedelte und es erhielte, um von dort aus weiter bis zur Magellanstraße und zum *Nordmeer* vorzudringen, brachte ich es fertig, durch Borgen bei Kaufleuten mit dem, was ich hatte, und mit Hilfe von Freunden gegen 150 Fußsoldaten und Reiter aufzustellen, mit denen ich in dieses Land kam, wobei schon unterwegs Hunger und Kämpfe mit Indianern zu bewältigen waren und anderes Unglück, das es hier bis zum heutigen Tag im Überfluß gegeben hat.

Im April des Jahres 1539 gab mir der Marquis den Auftrag, und Ende 1540 erreichte ich dieses Tal von *Mapocho*. Sofort bemühte ich mich, mit den Kaziken des Landes zu sprechen und es so gut wie möglich zu durchstreifen. Die meisten kamen in Frieden und dienten uns fünf oder sechs Monate gut, weil sie glaubten, wir wären allzu zahlreich. Sie taten dies, um ihre Lebensmittel nicht zu verlieren, die sie noch auf dem Feld hatten. Während dieser Zeit bauten sie uns Häuser aus Holz und Stroh nach dem Plan, den ich ihnen gab, an einer Stelle in dem genannten Tal, wo ich schließlich am 24. Februar 1541 im Namen Eurer Majestät die Stadt *Santiago* del Nuevo Estremo gründete.

Nach der Gründung begann ich, Ordnung in dieses Land zu bringen, weil ich den Verdacht hatte, daß die Indianer tun würden, was sie immer zu tun pflegten, wenn sie ihre Ernte eingebracht hatten, nämlich sich zu erheben, denn ich wußte wohl, was sie den übrigen von uns zu erzählen hatten. Als sie sahen, daß wir uns ansiedelten und nur wenige waren im Vergleich zu den vielen, mit denen der Adelantado aus Furcht vor ihnen, wie sie glaubten, den Rückzug angetreten hatte, warteten sie diesen Zeitpunkt ab, um zu sehen, ob wir dasselbe tun würden. Als sie sahen, daß das nicht der Fall war, beschlossen sie, uns mit Gewalt dazu zu bringen oder uns zu töten. Um uns verteidigen und sie angreifen zu können, verfügte ich als erstes besondere Aufmerksamkeit bei der Nachtwache. Ferner ließ ich möglichst viele Lebensmittel wegschließen, damit sie uns nicht knapp würden, sollten sie uns das Leben schwer machen. Weil es genug gab, konnte ich einen Vorrat für zwei oder mehr Jahre anlegen lassen.

Von den Indios, die auf dem Weg in dieses Land gefangengenommen worden waren, erfuhr ich, daß *Mango Inca*, der eingeborene Herr von Cuzco, der gegen Eure Majestät rebelliert hatte, den Kaziken Nachricht geschickt hatte, daß wir kämen und daß sie alles Gold, *Schafe*, Kleidung, Wolle, Baumwolle und Nahrungsmittel verstecken sollten, wenn sie wollten, daß wir uns wie *Almagro* zurückzögen, weil wir umkehren würden, wenn wir nicht fänden, was wir suchten. Sie erfüllten das wortwörtlich und aßen die *Schafe* auf, denn sie sind Menschen, die gerne feiern. Das Gold und alles übrige verbrannten sie, wobei sie selbst die eigenen Kleider nicht verschonten und nackt umherliefen. So haben sie gelebt, leben sie und werden sie immer leben, bis sie unterworfen sind. Da sie so gut vorgesorgt hatten, begegneten sie uns friedlich, um zu sehen, ob wir uns zurückziehen würden, damit wir ihnen nicht die Nahrungsmittel zerstörten, weil sie die der vorhergehenden Jahre verbrannt und nicht mehr übrig gelassen hatten, als was sie bis zur Ernte brauchten.

Während dieser Übergangszeit prahlten einige Indianer, die nicht kommen wollten, um uns zu dienen, daß sie uns alle töten müßten, wie der Sohn *Almagros*, den sie *Armero* nannten, in Pachacama *Apomacho* getötet hätte – so hieß bei ihnen Gouverneur *Pizarro* –, so daß deswegen alle Christen aus Peru weggezogen wären. Als man einige von ihnen gefangennahm und folterte, sagten sie aus, daß ihr Kazike, der Herr des *Canconcagua*tales, das die Leute des Adelantado Chili nannten, durch die Kaziken von *Copiapó* davon Nachricht erhalten hätte und diese von denen von *Atacama*. Angesichts dieser Nachricht beschloß der *Procurador* der Stadt, dem Stadtrat den Vorschlag zu machen, mich, den Stellvertreter des besagten Marquis, zum Gouverneur im Namen Eurer Majestät zu wählen, bis nach Benachrichtigung Eurer Majestät jemand mit neuen Aufträgen abgesandt würde. Stadtrat und Volk waren alle einer Meinung und sagten, es wäre gut. Sie nannten die Gründe, warum ich dies annehmen, und ich die meinen, warum ich ablehnen sollte. Schließlich überwanden sie mich, aber nur durch Hinweis auf den Dienst für Eure Majestät. Unter diesen Umständen stimmte ich zu und nahm an. Anbei die Wahlakten zur Kenntnisnahme, wenn Eurer Majestät damit gedient ist.

Weil ich nicht glaubte, was die Indianer über den Tod des Marquis berichteten, da sie notorische Lügner sind, machte ich mich daran, ihm pflichtgemäß einen Bericht darüber zu schicken, was hier geschehen war, reiste zu diesem Zweck in das Tal von *Canconcagua* an die Küste und ließ dort eine Brigg bauen, wobei ich mit acht Reitern das Dutzend Männer schützte, die daran arbeiteten. Hier erhielt ich einen Brief von Kapitän Alonso de *Monroy*, in dem er mich von einer Verschwörung unterrichtete. Einige Soldaten aus der früheren Umgebung des Adelantado, die mit mir gekommen waren und denen ich vertraute, planten, mich zu töten. Nachdem ich diese Botschaft mitten in der Nacht erhalten hatte, begab ich mich in diese Stadt, mit der Absicht, in zwei Tagen zurückzukehren. Ich blieb jedoch länger. Die Zurückbleibenden hatte ich gewarnt, Vorsicht walten zu lassen, da die Indianer es so nicht wagen würden, sie anzugreifen. Aber sie kümmerten sich nicht darum, liefen unvorsichtig und bei Tag sogar unbewaffnet umher. So wurden sie getötet; nur zwei, die sich gut zu verstecken wußten, entkamen. Und das ganze Land erhob sich. Unterdessen führte ich hier meine Untersuchung durch. Ich fand viele Schuldige, aber in der Zwangslage, in der ich mich befand, ließ ich nur die fünf Anführer henken, gegen die übrigen aber Milde walten. Damit versicherte ich mich des Volkes. Sie gestanden in ihren Aussagen, daß sie in Peru mit den Beratern des Don Diego vereinbart hatten, mich hier zur selben Zeit zu töten wie jene den Marquis Pizarro, im April oder Mai. Dies war ihr Beschluß. Dann wollten sie mit den Leuten ihrer Gruppe in Peru ein freies Leben führen und dieses Land verlassen, wenn man es nicht halten könnte.

Dann erhielt ich die Nachricht, daß sich das ganze Land zu zwei Parteien zusammengeschlossen hatte, um gegen uns Krieg zu führen. Mit neunzig Leuten zog ich aus, um den stärkeren Teil anzugreifen und ließ meinen Stellvertreter mit fünfzig Mann, dreißig davon zu Pferde, zum Schutz der Stadt zurück. Doch während ich mit den einen zu tun hatte, fielen die anderen über die Stadt her und kämpften einen ganzen Tag lang mit den Christen. Dabei töteten sie dreiundzwanzig Pferde und vier Christen und legten die ganze Stadt, die Nahrungsmittel, Kleider und alles, was wir hatten, in Schutt und Asche, so daß uns nichts blieb als die Lumpen, die wir im Kampf trugen, und unsere Waffen, zwei Schweine und ein Ferkel, eine Henne und ein Hahn, und ungefähr zwei Handvoll Weizen. Schließlich, bei Einbruch der Nacht, zeigten die Christen dank ihres Anführers solchen Kampfgeist, daß sie, obwohl alle verwundet waren, Verwirrung unter den Indianern stifteten und eine große Zahl von ihnen töteten. Am nächsten Tag unterrichtete mich Kapitän Alonso de *Monroy* von dem blutigen Sieg, dem Verlust unseres gesamten Besitzes und dem Brand der Stadt. Doch damit hatte der Krieg nach ihrer Weise erst richtig begonnen. Sie wollten nicht mehr säen, sondern ernährten sich von Wurzeln, einem Wildgetreide, ähnlich wie Hafer, und von anderen Gemüsen, die dieses Land ohne Aussaat im Überfluß von selbst hervorbringt. Damit und mit etwas Mais, den sie in den Bergen ansäten, konnten sie durchkommen und kamen sie durch.

Angesichts der Gefahr kam ich zu dem Schluß, daß wir, um in diesem Land zu bestehen und es Eurer Majestät zu erhalten, wie Menschen des ersten Zeitalters von unserer Hände Arbeit leben müßten. Also machte ich mich an die Aussaat, teilte meine Leute in zwei Gruppen auf, und wir alle gruben um, pflügten und säten zur richtigen Zeit, wobei wir immer bewaffnet waren und die Pferde bei Tag immer gesattelt. Nachts teilte ich die eine Hälfte für eine Nacht zur Wache ein und die andere für die nächste. Nachdem die Aussaat vorbei war, wachten die einen über sie und die Stadt, wie oben erwähnt, während ich mit den anderen ständig in einem Umkreis von achtzehn *Meilen* umherzog und die Indianerverbände sprengte, von denen ich wußte, daß sie da waren, weil sie uns von allen Seiten umzingelt hatten. Mit den Christen und unseren Sklaven, die wir aus Peru mitgebracht hatten, baute ich die Stadt wieder auf. Wir bauten uns Häuser und säten, um uns zu ernähren. Es war nicht einfach, Mais für die Aussaat zu finden, und es war nur unter großer Gefahr möglich. Ich befahl, auch die zwei Rationen Weizen auszusäen; wir ernteten davon in einem Jahr zwölf *Scheffel* Saatgut.

Als die Indios sahen, daß wir uns an die Aussaat machten, weil sie es nicht tun wollten, suchten sie unsere Saaten zu zerstören, um uns zu zwingen, das Land wegen der Notlage zu verlassen. Als mir die Schwierigkeiten klar wurden, in die uns ein dauernder Krieg bringen mußte, beschloß ich, um dem zuvorzukommen und gegen alles gewappnet zu sein, was sie uns zufügen könnten, Kapitän Alonso de *Monroy* zusammen mit fünf Männern und den besten Pferden, die ich besaß – mehr konnte ich nicht entbehren – nach Peru zu schicken. Er stellte sich für diese gefährliche Aufgabe zur Verfügung, um Eurer Majestät zu dienen und mir Hilfe zu bringen, die ich außer von Gott von niemand mehr erwartete. Er war sich darüber im klaren, daß wegen des schlechten Rufes dieses Landes niemand hierher kommen würde, wenn nicht jemand von hier käme, um sie zu holen, und Gold zur Anwerbung brächte. Weil das Land, das sie zu durchqueren hatten, im Kriegszustand und großenteils menschenleer war, mußten sie bei Nacht und ohne Aufenthalt reisen. Um die Soldaten mit Kostproben des Landes umzustimmen, beschloß ich, ungefähr 7.000 *Pesos* in Gold mitzuschicken, die die indianischen Knechte der Christen in den Minen gesammelt hatten, während ich wegen der Brigg im *Canconcagua*tal war. Alle gaben mir ihr Gold um des Gemeinwohls willen. Um die Pferde zu schonen, ließ ich ihnen davon sechs Paar Steigbügel machen sowie Beschläge für die Schwerter und Trinkgefäße. Aus eisernen Steigbügeln, Geschirrteilen und anderen Dingen, die man sammelte, ließ ich ihnen von einem Hufschmied, den ich mit seiner Schmiede hierhergebracht hatte, Hufeisen machen und die Pferde damit beschlagen. Jeder hatte außerdem noch vier Ersatzhufeisen für sein Pferd und hundert Nägel bei sich. So schickte ich sie mit Gottes Segen los und trug meinem Stellvertreter auf, alle möglichen Zwischenfälle im Auge zu behalten.

Anschließend kümmerte ich mich um unsere eigenen Bedürfnisse. Angesichts der unverschämten Überheblichkeit, die die Indianer wegen unserer Schwäche an den Tag legten, und weil ich sah, wie sie uns verfolgten und täglich vor unserer Haustüre unsere indianischen Knechte, von denen unser Leben abhing, und auch welche von uns Christen töteten, beschloß ich, eine Umfriedung von eineinhalb *Mannshöhen* bauen zu lassen, mit 1.600 Fuß im Quadrat. Dafür waren 200.000 Ziegel von einer *Elle* Breite und einer *Spanne* Höhe nötig, die die Vasallen Eurer Majestät und ich mit unserer Hände Arbeit herstellten. Mit den Waffen an der Seite arbeiteten wir vom Beginn bis zur Fertigstellung, ohne eine Stunde Pause zu machen. Und wenn wir das Geschrei der Indianer hörten, brachten sich die minderen Leute mit der Ausrüstung dort in Sicherheit, wo sich auch die wenigen Nahrungsmittel befanden, die wir noch hatten. Die Fußsoldaten blieben in Verteidigungsstellung und wir zu Pferd ritten hinaus auf das Feld, um mit den Indianern zu kämpfen und unsere Saaten zu verteidigen. Von der Erhebung des Landes bis zur Rückkehr des Kapitäns *Monroy* dauerte dies beinahe drei Jahre, ohne daß wir auch nur eine Stunde die Waffen von der Seite nehmen konnten.

Die Unbill des Krieges, unbesiegbarer Kaiser, können Männer ertragen, denn es ist der Stolz des Soldaten, kämpfend zu sterben. Aber wenn dazu noch der Hunger kommt, müssen sie mehr sein als nur Männer, um dies zu ertragen, das haben die Vasallen Eurer Majestät unter meiner Führung bewiesen, wie ich unter derjenigen Gottes und Eurer Majestät, um dieses Land zu erhalten. Im Gegensatz zu dem letzten der drei Jahre, in dem wir eine sehr gute Aussaat und reichlich Nahrung hatten, verbrachten wir die ersten beiden in unbeschreiblicher Not. Viele Christen waren schließlich gezwungen, Wurzeln auszugraben, um sich und andere zu ernähren, und sobald sie aufgebraucht waren, von neuem. Alle Indianer in unseren Diensten und die Kinder ernährten sich davon; es gab keinerlei Fleisch. Ein Christ, der jeden Tag fünfzig Maiskörner auftreiben konnte, hielt sich nicht wenig darauf zugute. Und wer eine Handvoll Weizen hatte, mahlte es nicht, um die Kleie mitzubekommen. Von solchen glücklichen Zufällen haben wir gelebt. Die Soldaten wären sehr zufrieden gewesen, wenn ich sie bei dieser knappen Verpflegung in ihren Häusern gelassen hätte. Aber ich hielt es für besser, im Winter wie im Sommer ständig dreißig oder vierzig Reiter im Feld zu haben. Wenn die Tornister leer waren, wurden sie abgelöst. Unter solchen Mühen liefen wir Tag und Nacht herum, und die Indianer nannten uns »zupais« - so nennen sie ihre Teufel -, weil sie uns zu jeder Stunde, zu der sie uns heimsuchten, auch nachts, wach, bewaffnet und notfalls beritten antrafen. Die Vorsicht, die ich in der ganzen Zeit walten ließ, war so groß, daß ich sie in der Hand hatte, obwohl wir nur wenige und sie so viele waren. Um Eurer Majestät zu zeigen, daß wir Nägel mit Köpfen machten, möge dieser kurze Bericht genügen.

Kapitän Alonso de *Monroy* schrieb aus Peru an Eure Majestät, wie er dort mit nur einem Soldaten, den er von hier mitgenommen hatte, und von allem entblößt ankam, da die Indianer im *Copiapó*tal seine vier Begleiter getötet und sie beide gefangengenommen hatten. Sie nahmen ihnen das Gold und die Briefe ab, die sie mit sich führten, so daß er nichts rettete außer der Vollmacht, für mich Geld aufzunehmen. Nach drei Monaten Gefangenschaft tötete Kapitän *Monroy* mit einem Messer, das er von einem Christen von Don Diego *Almagros* Leuten bekommen hatte, der hier zum Indianer gemacht worden war – das war auch der Grund für den Tod seiner Kameraden und den Schaden, der ihm entstanden war – den Hauptkaziken und nahm jenen übergelaufenen Christen gewaltsam mit sich. Sie flohen auf zwei Pferden und ohne Waffen. Er schrieb weiter, wie er dort *Vaca de Castro* als Gouverneur Eurer Majestät vorfand, nach dem Sieg in der Schlacht, den dieser in Eurem kaiserlichen Auftrag gegen den Sohn Don Diego de *Almagros* und dessen Anhänger errungen hatte, und wie er ihn sehr gnädig empfing und ihn mit seiner Autorität unterstützte.

Und weil der Gouverneur damals sehr beschäftigt war, Schuldige zu richten, das Land und die Bevölkerung zur Ruhe zu bringen, Dienste zu belohnen, Kapitäne für Entdeckungen abzufertigen und Eurer Majestät mit besonderen Boten und Briefen in doppelter Fertigung Bericht zu erstatten und Rechenschaft abzulegen, und weil außerdem die Kasse Eurer Majestät leer, er aber mit vielen Ausgaben belastet und verschuldet war, suchte er unter den Vasallen Eurer Majestät Leute, von denen er wußte, daß sie eifrig in Eurem königlichen Dienst waren und Vermögen hatten, damit sie mich in dieser Lage mit Darlehen unterstützten. Er fand einen Spanier und einen Portugiesen und machte ihnen klar, was für den Dienst Eurer Majestät und zur Erhaltung dieses Landes nötig wäre, wobei er seine Autorität ebenso entschlossen wie wirkungsvoll einsetzte. Wie mir mein Stellvertreter sagte, litt er unter seiner Mittellosigkeit. Wenn er das Geld gehabt hätte oder wenn es ihm in seiner Lage erlaubt gewesen wäre, ihnen Geld zu leihen, hätte er es ihnen voller Großzügigkeit gegeben, damit Leute für den Dienst Gottes und Eurer Majestät geworben werden könnten.

Der eine von meinen Geldgebern war Cristobal de *Escobar*, der sich dort immer in den Dienst Eurer Majestät gestellt hat. Mit seiner Hilfe wurden siebzig Reiter angeworben. Und ein hochwürdiger Priester namens *Gonzaliánez* lieh ihm weitere 5.000 *Goldcastellanos* für die Ausrüstung. Beide waren in dieses Land gekommen, um Eurer Majestät in eigener Person zu dienen. Da der Gouverneur die Bedeutung einer raschen Abwicklung dieser Angelegenheit trotz ihrer geringeren Wichtigkeit erkannte, unterstützte er meinen Stellvertreter auch dadurch, daß er viele Edelleute, die die Mittel hatten und die bereit waren, ihr Glück mit anderen Hauptleuten zu suchen, aufforderte, im Dienst Eurer Majestät mit dem meinigen zu kommen. Auf seine Vermittlung hin meldeten sich viele. So entließ er ihn und sagte ihm, daß er sich um zusätzliche Unterstützung bemühen und ein weiteres Schiff mit allem, was hier benötigt würde, schicken werde, sobald er seine Angelegenheiten bereinigt hätte.

Als Kapitän Alonso de *Monroy* in die Stadt *Arequipa* kam, um Waffen und Ausrüstung zu kaufen, erzählte er einigen Leuten, daß er ein Schiff bräuchte und daß der Gouverneur *Vaca de Castro* den Kapitän eines Schiffes hatte rufen lassen, um mit ihm die Fahrt hierher zu erörtern, der Kapitän dies aber nicht wagen wollte. Doch ein Bürger von dort namens Lucas *Martínez Vegaso*, Untertan und Vasall Eurer Majestät, der in jenen Gebieten den Ruf hat, sehr eifrig in Eurem königlichen Dienst zu sein, und wußte, was für Eure Majestät und im Sinne des Gouverneurs, mit dem er gut steht, zu tun war, belud eines seiner Schiffe mit Waffen, Eisenwaren und anderen Gütern, wobei er auf den Ertrag seines Vermögens zurückgriff, so daß er nicht wenig daran verlor. Dazu Wein, weil vier Monate lang aus Mangel an Wein keine Messe gelesen werden konnte. Er schickte mir dies mit einem seiner Freunde, Diego García de *Villalón*. Als der Gouverneur davon erfuhr, ließ er ihm seinen Dank und die Anerkennung Eurer Majestät für seine großen Dienste aussprechen.

Gouverneur *Vaca de Castro* schrieb mir neben vielen anderen Dingen auch von den Heeren, die der König von Frankreich in verschiedenen Gebieten gegen Eure Majestät aufgestellt hätte, von seinem Bündnis mit den Türken, seiner letzten Möglichkeit, und daß die Maßnahmen Eurer Majestät ihn nicht nur zum Rückzug gezwungen hätten, sondern daß er sogar einige Gebiete in seinem Königreich verloren hätte. Offenbar hat die Furcht, den Beinamen »der Allerchristlichste« zu verlieren, weil er so nicht mehr paßt, ihn nicht von der Ausführung seiner schändlichen Absichten abgehalten.

Ebenso schickte er mir den königlichen Aufruf zum Krieg gegen Frankreich, so daß ich gewarnt bin, obwohl wir hier unbehelligt von den Franzosen leben können, denn je mehr kämen, umso mehr würden untergehen.

Ebenso schrieb er mir, Eurer Majestät den *Quinto* zu schicken. Wir werden sehen, was sich hierin hat tun lassen. Ich versichere Eurer Majestät, daß ich es als Erlösung betrachten würde, in diesem Land 200.000 oder 300.000 *Castellanos* zu finden, um damit im Dienst Eurer Majestät die notwendigen hohen und heiligen Ausgaben zu bestreiten. Ich habe Vertrauen in Gott und Eurer Majestät Glück, daß ich eines Tages dazu in der Lage sein werde.

Im September des Jahres 1543 lief das Schiff des Lucas *Martínez Vegaso* im Hafen von Valparaiso ein, und Mitte des darauffolgenden Dezember traf Kapitän Alonso de *Monroy* mit seinen Leuten auf dem Landweg ein. Von da an wagten sich die Indianer nicht mehr näher als vier *Meilen* an diese Stadt heran. Sie sammelten sich alle in der Provinz der *Promaocaes* und schickten mir jeden Tag Boten, mit der Aufforderung, mit ihnen zu kämpfen und die Christen mitzubringen, die neu angekommen wären, weil sie sehen wollten, ob sie genauso tapfer wären wie wir. Wenn sie das wären, würden sie uns dienen, wenn nicht, sich verhalten wie bisher. Ich sagte ihnen das zu.

Nachdem sich Mannschaften und Pferde erholt hatten, die ganz abgemagert angekommen waren, weil sie von Peru bis hierher keinen friedlichen Indianer gesehen und großen Hunger erduldet hatten, da überall die Lebensmittel fehlten, brach ich mit allen Leuten auf, sehr gut ausgerüstet und zu Pferd, um mein Wort einzulösen, und machte mich daran, die Indianer zu suchen. Als ich bei ihren Befestigungen ankam, fand ich sie verlassen vor, weil sie aus dem Gebiet des *Maulé* in stärker besiedeltes Gebiet geflohen waren und alle ihre Dörfer verbrannt hatten, so daß das beste Stück Land, das es auf der Welt gibt, so aussah, als ob dort nie Indianer gelebt hätten. Dort waren wir im April des Jahres 1544, als ein Schiff an dieser Küste eintraf, das vier oder fünf Kompagnons gehörte, die es als Gesellschaft gekauft und mit nützlichen Dingen beladen hatten, um ihren Lebensunterhalt zu verdienen, aber dabei den Tod fanden. Denn als sie in die Gegend dieses Landes kamen, waren sie nur noch drei Männer und ein Neger, ohne Beiboot, da die Indianer von *Copiapó* sie überlistet, ihnen das Boot genommen und Kapitän und Matrosen getötet hatten. Auf der Flucht kamen sie bei der Überfahrt dreißig *Meilen* von diesem Hafen nahe dem *Maulé* in einen Sturm, und die Indianer töteten die übriggebliebenen Christen, raubten das Schiff aus und verbrannten es.

Der folgende Juni, was der tiefste Winter ist, brachte so gewaltige Regengüsse und Stürme, daß es zum Fürchten war, weil dieses ganze Land flach ist, so daß wir zu ertrinken glaubten. Die Indianer sagten, daß sie so etwas noch nie gesehen, wohl aber von ihren Vätern gehört hätten, daß es zur Zeit ihrer Großväter auch so ein Jahr gegeben habe.

Ein anderes Schiff traf ein, dasjenige, das der Gouverneur *Vaca de Castro* zu schikken versprochen hatte. Einer seiner Diener, Juan *Calderón de la Barca*, der sah, daß sein Herr mir die notwendige Unterstützung schicken wollte, aber das Geld dafür nicht aufbringen konnte, übernahm die Erfüllung seines Wortes, legte 10.000 oder 12.000 *Pesos* an, die er besaß, belud es und kam damit her. Das Schiff heißt »San Pedro«.

Der Kapitän, Steuermann und Herr des Schiffes, der es mit Gottes Hilfe hierher führte, heißt Juan Bautista de *Pastene*, ein Genuese, sehr erfahren in der Breitenbestimmung und der ganzen Navigation, die er von denen, die dieses *Südmeer* durchfahren, mit am besten beherrscht. Er ist ein Mann von Ehre, treu und aufrichtig, der Eurer Majestät in Peru sehr gute Dienste erwies, zuerst unter dem Marquis Don Francisco *Pizarro* und nach dessen Tod bei der Wiedergewinnung dieser Provinz unter der Führung des Gouverneurs *Vaca de Castro*. Dieser hat ihn beauftragt, für Eure Majestät hierher zu kommen, da er ein vertrauenswürdiger Mann ist und sich, wie bekannt war, im königlichen Dienst betätigen wollte. Er hat sich auch selbst dazu erboten. Durch ihn sandte mir der Gouverneur die Neuigkeiten aus Frankreich mit der Kriegserklärung, die ich erwähnt habe.

Als Mitte August das Toben des Winters vorbei war und der Frühling begonnen hatte, begab ich mich zum Hafen. Da ich von der Absicht des Kapitäns wußte, Eurer Majestät durch Übernahme von Aufträgen in diesen Gebieten zu dienen, und ich ihn und seine früheren Leistungen in Eurem königlichen Dienst kannte oder jetzt davon erfuhr, machte ich ihn zu meinem Stellvertreter zur See. Ich schickte ihn aus, um die Küste bis zur Magellanstraße zu erkunden und gab ihm ein zweites Schiff und sehr gute Leute für beide, damit er im Namen Eurer Majestät für mich von dem Land Besitz ergreife, und so brach er auf. Was er tat und fand, wird Eure Majestät aus dem Bericht ersehen, der hier folgt, und aus dem des Juan de *Cardenas*, den ich im Namen Eurer Majestät zum Obergerichtsschreiber dieser Provinzen ernannte und mit ihm zusammen aussandte, wie dies im Dienste Eurer Majestät üblich ist.

Ebenso schickte ich meinen *Feldmeister* Francisco de *Villagra* aus, wegen seiner Erfahrung in Kriegsdingen im Dienst Eurer Majestät in diesen Gebieten, um die Indianer dieser Provinzen hierher zu treiben und mir Nachricht von den weiter entfernten zu bringen. Seither habe ich meinen Hauptmann Francisco *Aguirre* mit Mannschaften diesseits des *Mauléflusses*, in der Provinz *Itata*, um jene Grenze zu halten und zu verhindern, daß Indianer von hier auf die andere Seite wechseln. Wenn sie flüchten, bestraft er sie. Er wird dort bleiben, bis ich weiter vorrücke. Als die Indianer sich so verfolgt sahen und feststellten, daß wir im Land blieben und neue Schiffe und Männer angekommen waren, ließen sie die Flügel hängen und wie Tiere erschöpft vom Marsch durch den Schnee und die Berge, beschlossen sie zu dienen. Im letzten Sommer begannen sie, ihre Dörfer zu bauen, und jeder Herr eines Kaziken hat an seine Indianer Saatgut ausgegeben, Mais ebenso wie Weizen. Sie haben dies ausgesät, um weiteres Saatgut zu bekommen und sich am Leben zu erhalten. Von nun an werden wir in diesem Land einen großen Überfluß an Nahrung haben, denn man sät zweimal im Jahr: im April und Mai erntet man die Maiskolben und sät dann den Weizen, der im Dezember geerntet wird; dann sät man wieder Mais.

Da dieses Land, wie gesagt, einen so schlechten Ruf hatte, kostete es mich viel Mühe, Leute hierher zu bringen. Ich hielt sie unter Kontrolle mit der Hilfe von befreundeten Kriegsleuten, die mitkommen wollten, obwohl ich dabei war, mich zu ruinieren, wie viele dachten. Und für das, was man mir zur Aushilfe geliehen hatte, was ungefähr 15.000 *Pesos* für Pferde, Waffen und Kleidung ausmachte, bezahlte ich mehr als 60.000 in *Gold*; dazu kamen das Schiff und die Leute, die mir mein Stellvertreter mitgebracht hatte. Alles in allem schulde ich für meine Ausgaben 110.000 *Pesos*; beim letzten, der ankam, verschuldete ich mich mit weiteren 60.000. Derzeit leben in diesem Land zweihundert Menschen, von denen mich jeder, der hier stationiert ist, über tausend *Pesos* kostet. Denn in andere Länder ziehen Männer wegen ihres guten Rufes, von hier aber fliehen alle wegen des schlechten Rufes, in dem die es gelassen haben, die es hier nicht so machen wollten. Um es bis heute zu halten, habe ich daher beschlossen, meine Leute mit schwerem Gold zu kaufen, wobei ich Eurer Majestät versichere, daß ich von dieser ganzen Summe, die ich genannt habe, für niemand einen Anteil abziehen kann. Alles habe ich für das Wohl des Landes und für die Soldaten, die es gehalten haben, ausgegeben, weil man ihnen nicht geben kann, was sie eigentlich verdienen, um sie voll zu bezahlen. Ich werde das auch weiterhin tun, da ich nichts beabsichtige, als für Eure Majestät Länder zu entdecken und zu besiedeln. Nichts anderes interessiert mich, außer der Ehre und den Gnadenerweisen, die man mir dafür zu geben bereit ist, zu meinem Ruhm und zur Erinnerung daran, daß ich ihn als armer Soldat im Kriegsdienst eines so erlauchten Monarchen gewann, der jederzeit seine allerheiligste Person gegen den gemeinsamen Feind der Christenheit und seine Bundesgenossen in die Schlacht warf und wirft, mit unbesiegbarer Hand ihre Ehre und die unseres Gottes aufrecht erhielt und erhält und den Hochmut derer zerschmetterte, die die Verehrer des Namens Jesus verachten.

Seit ich dieses Land betrat und sich die Indianer gegen mich erhoben, war es meine Absicht, es Eurer Majestät für ewig zu erhalten. Daher wollte ich auch Gouverneur in Eurem königlichen Namen sein, um Eure Untertanen mit Autorität zu regieren,

Hauptmann, um sie im Kampf zu ermuntern und der erste in der Gefahr zu sein, wie es sich gehört, Vater, um sie zu belohnen, so gut ich kann, um unter ihren Mühen zu leiden und ihnen wie Söhnen durchhalten zu helfen, Freund, um mit ihnen Gespräche zu führen, Geometer, um zu vermessen und zu besiedeln, Maurer, um Bewässerungsgräben anzulegen und Wassermengen aufzuteilen, Pflüger und Schnitter der Saat, Oberhirte und Schäfer, um Vieh zu züchten, und schließlich Siedler, Züchter, Erhalter, Entdecker und Eroberer. Ich überlasse es Eurem königlichen Willen, mir dafür, wenn ich es verdiene, die Autorität zu bestätigen, die mir Euer Stadtrat und Eure Untertanen in Eurem königlichen Namen übertragen haben und sie mir erneut zu gewähren, damit ich Euch weiter dienen kann.

Ich glaube dies besonders zu verdienen, weil ich mich mit Gottes Hilfe so weit von christlichen Siedlungen entfernt mit nur zweihundert Spaniern zu bewähren wußte, mit Leuten, die in Peru gelebt haben, wo es alles, was Soldaten begehren, im Überfluß gibt, und die hier wie Untertanen gehalten werden und als Arbeiter halbtot vor Hunger und Kälte mit den Waffen an der Seite eigenhändig ackern und pflügen müssen, um sich und ihre Kinder zu ernähren. Trotz allem verabscheuen sie mich nicht, sondern lieben mich, weil sie einsehen, daß alles notwendig war, um leben zu können und von Eurer Majestät zu erhalten, was wir suchten. Und so brennen sie darauf, weiter in dieses Land einzudringen, damit ich ihnen in Eurem königlichen Namen ihre Dienste belohnen kann. Aber im Interesse Eurer Majestät rücke ich nur Schritt für Schritt vor: denn hätte ich dieselbe Absicht wie andere Gouverneure, nämlich nicht aufzuhören, bevor man auf Gold stößt, um sich damit vollzustopfen, dann hätte ich mit meinen wenigen Leuten Gold suchen gehen und damit zufrieden sein können. Aber um der Durchdringung dieses Landes im Dienst Eurer Majestät gerecht zu werden, gehe ich wie mit Bleifüßen vorwärts, um es zu besiedeln und dadurch zu erhalten. Wenn es Gott gefällt, daß ich Eurer Majestät diesen Dienst leisten darf, wird es nicht zu spät sein. Wo nicht, wird der, der nach mir kommt, das Land wenigstens in guter Ordnung vorfinden. Denn es ist nicht meine Absicht, mich in Spanien anzukaufen, selbst wenn ich eine Million *Dukaten* hätte, sondern ich möchte Eurer Majestät dienen, um mir in diesem Land Verdienste zu erwerben, damit meine Erben nach meiner Zeit davon Nutzen haben und die Erinnerung an mich und an sie weiterlebe. Ich hätte auch gar nicht mehr Möglichkeiten zum weiteren Vorrücken haben wollen, denn mehr Leute würden auch mehr Mühe machen, um sie zu unterhalten. Mit den Leuten, die ich hatte, habe ich viele Male das Leben aufs Spiel gesetzt, um den Rücken frei zu haben, wenn ich mich daran machte, dauerhafte Besiedlung ins Werk zu setzen.

Eure Majestät möge wissen, daß es vom *Copiapó*tal bis hierher hundert *Meilen* sind und sieben Täler dazwischen liegen, wobei das Land höchstens fünfundzwanzig *Meilen* breit ist und an anderen Stellen fünfzehn und weniger. Für Leute aus Peru ist das Stück Weg von dort hierher sehr beschwerlich, denn bis zum *Atacama*tal werden sie zwar überall Nahrung finden, weil die Indianer von Peru dank der Ordnung, die der Gouverneur *Vaca de Castro* geschaffen hat, friedlich sind. In *Atacama* erholen sie sich, um dann die große menschenleere Wüste zu durchqueren, die sich über 120 *Meilen* bis *Copiapó* erstreckt. Aber die dortigen und alle weiteren Indianer verstecken die Nahrungsmittel an Orten, wo man sie nicht finden kann, sobald sie gewarnt werden. Und sie geben den Ankömmlingen nicht nur nichts ab, sondern bekämpfen sie auch noch. Doch in diesem Land können alle Bewohner und Neuankömmlinge ernährt werden, weil wir in drei Monaten, im Dezember, was hier der Hochsommer ist, in dieser Stadt 10.000 oder 12.000 *Scheffel* Weizen und unzählige Maiskolben ernten werden. Und von den drei Schweinen, die wir gerettet haben, als die Indianer die Stadt in Brand steckten, haben wir jetzt 8.000 oder 10.000 Nachkommen, und von der Henne und dem Hahn soviele Hühner wie es Gräser gibt, weil sie sich Sommer wie Winter überreichlich vermehren.

Im vergangenen Sommer machte ich mich daran, die Stadt *La Serena* im *Coquimbo*tal zu gründen, die auf dem halben Weg nach Peru liegt, um die Verbindung zu erleichtern. Der Befehlshaber, den ich dorthin schickte, leistete mit seinen Leuten so gute Arbeit, daß er innerhalb von zwei Monaten all jene Täler befriedet hatte. Er heißt Kapitän Juan *Bohón*. Daher können von nun an sechs Reiter ohne Gefahr und Mühe von Peru hierher gelangen.

Als Kapitän Juan Bautista de *Pastene*, mein Stellvertreter zur See, und mein *Feldmeister* zu Land von dort zurückkamen, wohin ich sie geschickt hatte, begannen die Indianer, sich niederzulassen und zu säen, damit ich weiter vorrücken könnte, um für meine 200 Leute eine Lebensgrundlage zu suchen. Es gibt nämlich im Gebiet dieser Stadt, das sich von hier bis zum *Maulé* erstreckt, nicht genug für fünfundzwanzig spanische Kolonisten, und das ist viel, denn es sind dreißig *Meilen* in der Länge und vierzehn oder fünfzehn in der Breite. Und damit ich Reitpferde und Stuten für meine Leute kommen lassen könnte, denn im Krieg und infolge Überanstrengung ist der größte Teil von den mitgebrachten zugrundegegangen, schickte ich vergangenen Sommer unsere indianischen Diener in die Minen. Wir brachten ihnen auf unseren Pferden das Essen, um die Eingeborenen nicht in Anspruch zu nehmen, bis sie sich niedergelassen hätten, während jene, die wir als unsere Brüder betrachten, weil sie sich in unserer Lage als solche bewährt haben, an die Arbeit gingen und sich freuten, daß sie uns von Nutzen sein konnten. Aus den Halden, die die Indianer dieses Landes hinterlassen haben, als sie Gold schürften, haben sie gegen 23.000 *Castellanos* gewonnen. Damit und mit neuen Vollmachten, für mich weitere 100.000 Kredit aufzunehmen, schickte ich Kapitän Alonso de *Monroy* zum zweiten Mal nach Peru, um dort dem Gouverneur *Vaca de Castro* zu berichten, den ich im Dienst Eurer Majestät so eifrig fand, wie ich es hier sage. Er sollte Kaufleute und andere Siedlungswillige wissen lassen, daß sie kommen sollen, weil das Land so beschaffen ist, daß es kein besseres auf der Welt gibt, um dort auf Dauer zu leben.

Ich sage dies, weil es sehr flach, überaus gesund und in jeder Hinsicht zufriedenstellend ist. Der Winter dauert nicht mehr als vier Monate, in denen es, außer wenn der Mond im Viertel steht, nur ein oder zwei Tage regnet. Sonst scheint die Sonne so warm, daß man kein Feuer braucht. Der Sommer ist so mild und es wehen so laue Lüfte, daß man sich den ganzen Tag in der Sonne bewegen kann, ohne daß es unangenehm wird. Das Land ist voll von Wiesen und Feldern und sehr geeignet, alle Arten von Tieren und Pflanzen hervorzubringen, die man sich nur vorstellen kann. Es gibt genug gutes Bauholz für Häuser und unendlich viel Brennholz, um sie zu heizen, und endlich überaus reiche Goldminen. Das ganze Land ist voll davon, so daß man überall einen Ort finden wird, um zu säen, mit Baumaterial, Wasser, Brennholz und Gras für das Vieh. Es scheint, daß Gott es absichtlich so geschaffen hat, daß alles vorhanden ist.

Ich ließ ihn auch Pferde kaufen, um sie den Leuten zu ersetzen, denen sie im Krieg wie gute Soldaten umgekommen sind, bis sie selbst etwas haben, um sich welche zu kaufen. Denn es ist nicht richtig, wenn sie zu Fuß gehen, weil sie gute Reiter sind, die das Land braucht. Ferner einige Stuten, damit es mit den fünfzig, die wir hier haben, künftig nicht mehr notwendig ist, Pferde aus anderen Gebieten zu holen. Schließlich sollte er allen Edelleuten und Untertanen Eurer Majestät, die dortzulande nichts zu essen haben, sagen, sie sollten kommen, wenn sie es hier besser haben wollten. Mit dieser Reise, glaube ich, werden sich die Wege wie die Herzen der Männer öffnen, und viele werden ohne Geld in dieses Land kommen, um es hier zu gewinnen, und wer bis jetzt etwas ausgegeben hat und weiter ausgibt, wird noch einmal soviel bezahlen und aufwenden, um das Land von nun an in guten Ruf zu bringen und für Eure Majestät zu sichern. Wie gesagt, mein Werk hat Geld gekostet und wird weiter Geld kosten. Wenn die Arbeit getan ist, möge Eure Majestät sehen, was einer tun kann, der mit neuen Leuten durch die Meerenge kommt.

Ebenso schickte ich Kapitän Juan Bautista de *Pastene*, meinen Stellvertreter zur See, mit etwas Geld und Kredit los, mir damit Waffen, Beschläge, Pulver und Leute zu besorgen.

Desgleichen möchte ich Eure Majestät von einer weiteren Angelegenheit unterrichten: Aus dem erwähnten Grund, den Weg offen zu halten, ließ ich die Stadt *La Serena* gründen, setzte ihren Stadtrat ein und gab ihnen im Namen Eurer Majestät alle übrigen Befugnisse, wie es sich gehört und mir gefiel. Um die Leute, die ich dorthin sandte, willig zu machen, teilte ich ihnen Indios zu, die gar nicht vorhanden waren, um ihnen nicht sagen zu müssen, daß sie von neuem selbst an die Arbeit zu gehen hätten, nachdem sie hier so viele zurückgelassen hatten. Daher glaube ich, wenn der Zweck der Besiedelung erreicht ist, es am besten sein wird, wieder wegzuziehen, wenn sich jenseits der Schneekordilleren keine Indios für den Dienst finden, weil es vom *Copiapó*tal bis zum *Canconcagua*tal, das zehn *Meilen* von hier entfernt ist, keine 3 000 Indianer gibt. Die Siedler, bis jetzt so ungefähr zehn, haben 100 oder 200

Indios, mehr nicht. Und deswegen halte ich es für richtig, damit es dort mit Sicherheit genug Leute gibt, im Einvernehmen mit jenen Siedlern ein Dutzend meiner Diener an der Grenze zu halten. Jene Täler können ihren Herren in *Santiago* mit Tribut dienen und mit Rasthäusern in jedem Tal, in denen die Christen Unterkunft und Verpflegung finden. Dies werden die Indianer gerne tun, und es wird ihnen keine Mühe, sondern eher Freude machen.

Auch möge Eure Majestät wissen, daß diese Stadt *Santiago* del Nuevo Estremo die erste Stufe zur Rüstung der übrigen und zur Besetzung des ganzen Landes bis zur Magellanstraße und zum *Nordmeer* für Eure Majestät ist. Und hier geht es um die Gunst, die mir Eure Majestät gnädigst gewähren möge, denn der Besitz dieses Landes und die Mühe, die ich darauf verwendet habe, haben nur den Zweck, weitere Unternehmungen zu ermöglichen. Denn wenn ich diesen Schritt nicht getan hätte und stattdessen weiter in das Land eingedrungen wäre, ohne hier zu siedeln, war klar, weil Pferde und Menschen nicht vom Himmel fallen, daß auf dem Landweg wenig kommen würden und noch weniger wegen der unzulänglichen Versorgung. Auf dem Seeweg kann man keine Pferde mitnehmen, da sie die Reise nicht vertragen. Doch mit der Ansiedlung hier und jetzt mit dem Unterhalt von *Coquimbo* auf Pump können alle, die wollen, nach Belieben kommen und gehen. Und wenn ich jetzt zur Sicherheit auch nur ein paar Leute hierher bekäme, sowie einige Pferde, um sie meinem Fußvolk zu geben, werde ich beginnen können, mit ihnen Orte für ihren Lebensunterhalt zu suchen, Siedlungen anzulegen und bis zur Meerenge vorzurücken, wenn es notwendig sein sollte. Dies also ist ein kurzer Abriß dessen, was ich tun konnte und weiter zu tun gedenke und meiner Gründe.

Ebenso teilte ich gleich dieses Land in *Encomiendas* auf, ohne Kenntnis davon zu haben, denn es schien mir gut so, um die Gemüter der Soldaten zu besänftigen. Ich teilte Kaziken zu, um jedem jemanden zu geben, der ihm diente. Denn was ich an Berichten erhalten konnte, sprach von einer Menge von Indios vom *Mapocho*tal hier bis zum *Maulé* und nannte viele Kazikennamen. Es verhält sich aber so, daß sie nie dienen gelernt haben, weil der Inka nicht weiter als bis hierher gekommen ist, und sie daher Freie sind, die sich alle Häuptlinge nennen. Jeder hat nur zwanzig oder dreißig Indios unter sich. Also wies ich sie zu, bis ich den Krieg beendet hatte und mich aufmachen konnte, sie aufzusuchen. Ich beginne, dies jetzt in Ordnung zu bringen, indem ich den Hauptkaziken ihre Indios nehme, dabei aber darauf achte, daß sich die vorhandenen Eingeborenen möglichst nicht zerstreuen und dieses Land Bestand behält. Ich werde weiter alle mitnehmen, die hier rein gar nichts zu verlieren haben, wobei ich Eurer Majestät versichere, daß ich niemandem aus Eigennutz Unrecht zufügen werde. Falls dies doch jemandem so vorkommen sollte, wird es im Dienste Eurer Majestät und zum Nutzen des Landes und der Eingeborenen geschehen, die ich Eurer Majestät Befehl gemäß behandle, um Euer königliches Gewissen und das meine zu entlasten. Dafür gibt es vier fromme Priester, von denen Rodrigo *González*, Diego *Pérez* und

Juan *Lobo* mit mir gekommen sind. Sie widmen sich der Indianerbekehrung, spenden uns die Sakramente und verwalten ihr Priesteramt sehr gut. Vor allem Vater Bakkalaureus Rodrigo *González* ist dank seiner Kenntnisse mit seiner Predigt sehr erfolgreich, weil er sich gut darauf versteht. Aber alle dienen Gott und Eurer Majestät.

Die Bürde dieses Landes, unbesiegter Kaiser, seiner ständigen Erhaltung wie seiner Entdeckung und ebenso in Zukunft, ist solcher Art, daß in den nächsten fünf oder sechs Jahren kein Kapitän mit Vollmacht Eurer Majestät aus Spanien durch die Magellanstraße kommen sollte, und auch nicht aus Peru, um mich zu stören. Ich schreibe dies auch Gouverneur *Vaca de Castro*, der, wie ich weiß, alles tut, was Eurer Majestät dient. Ich lasse dies Eure Majestät wissen und bitte darum, denn Leute, die durch die Magellanstraße kämen, können keine Pferde mitbringen, die man in diesem topfebenen Land braucht. Dann sterben Leute, die an die Nahrung hier nicht gewöhnt sind, zur Hälfte, bevor sie sich an saure Mägen gewöhnt haben, und die Indios geben den übrigen den Rest. Die Lage ist so zerbrechlich, daß alles entzwei gehen würde, wenn man uns wegen des Landes streiten sähe, und man könnte das Spiel nie im Leben von vorne beginnen. Ich sage Eurer Majestät zum Schluß des Briefes die Wahrheit, um mir für immer Euer kaiserliches Wohlwollen zu gewinnen. Das heißt, ich möchte nicht, daß jemand kommt, um mich aus dem Dienst Eurer Majestät zu vertreiben oder in dieser Lage zu stören, wo ich mein Leben und das Vermögen, das ich habe und noch gewinnen mag, für die Entdeckung, Besiedlung, Eroberung und Befriedung dieses Landes bis zur Magellanstraße und zum *Nordmeer* verschwende und nach Möglichkeiten suche, den Vasallen Eurer Majestät, die ich bei mir habe, zu vergelten, was sie hier Großes geleistet haben, um Euer königliches Gewissen und das meinige zu beruhigen. Wenn dies getan ist, woran mir am meisten liegt, und wenn Eure Majestät von meinen Diensten und von mir Kenntnis genommen hat, wie es richtig ist, weil ich sie doch für Eure königliche Person geleistet habe und leiste, sollte ich es verdienen, durch Briefe Eurer Majestät zu hören und zu sehen, daß sie angenommen werden und ich, wie ich möchte, zu der Schar Eurer königlichen Untertanen, Vasallen und Diener Eures königlichen Hauses gezählt werde – nichts wünsche ich mehr! Wenn es Eurer Majestät dient, das ganze Land einer oder mehreren anderen Personen zur Verwaltung zu übergeben, ohne mich an meinem Platz zu lassen oder an einem anderen in Eurem königlichen Dienst, versichere ich, daß ich dem kaiserlichen Willen gemäß jede Person in den Besitz des ganzen Landes oder eines bestimmten Teiles setzen werde, die mir Eure Majestät mit einer von Eurer kaiserlichen Hand oder vom königlichen Indienrat unterzeichneten *Cedula* schicken läßt. Bis Eure Majestät davon erfahren hat und mir gnädigst eine Antwort zukommen läßt, werde ich das Land wie bisher behaupten, mit der Autorität, die mir Euer Stadtrat und das Volk übertragen haben. Und wenn ein gegenteiliger Befehl kommt, werde ich das Amt niederlegen und wieder gewöhnlicher Soldat werden und mit derselben Begeisterung und demselben Eifer demjenigen dienen, der in Eurem geheiligten Namen für diese Gebiete vorgesehen wird, wie eh und je, Eure Majestät. Diese Gunstbeweise sind es, von denen ich am Anfang meines Briefes geschrieben habe, daß ich sie zur Belohnung der kleinen Dienste erbitten muß, die ich bis zum heutigen Tag geleistet habe, und für die weiteren Dienste, die ich im Leben noch vollbringen will, um den Besitz und die Einkünfte Eurer Majestät zu vergrößern.

Noch eine Bitte muß ich Eurer Majestät ergebenst vortragen. Die Sache ist die: falls es Euch gefällt, dieses Land an jemand zu übertragen, der es bei allem Respekt mit Nachdruck für geleistete Dienste fordern kann, möge dies mit der Auflage geschehen, bei meinen Gläubigern für die Summe von 230.000 *Pesos* geradezustehen, die ich schulde, sowie für die 100.000, die ich zusätzlich für neue Ausgaben aufgenommen habe und für alles übrige, was ich für dieses Land und seine Erhaltung aufgewendet habe. Denn bis jetzt habe ich davon nicht mehr als die 7.000 *Pesos* erhalten, die die Indianer von *Copiapó* erst einmal dem Kapitän Alonso de *Monroy* abgenommen haben, und die 23.000, die ich jetzt – und dies auch zum Nutzen des Landes – nach Peru geschickt habe. Und das nur, um den Kredit nicht zu verlieren, um vertrauenswürdig zu bleiben und wegen des Gewissens. Aber ich will nicht mehr Besitz als das Wissen, daß damit Eurer Majestät gedient wird. Denn mit nicht mehr als Hosen und Wams, Schwert und Mantel würde ich mit meinen Freunden zu neuen Diensten für Eure Majestät aufbrechen, auch wenn ich ihnen nicht geben konnte, was sie verdient haben.

Wieder und wieder bitte ich Eure Majestät, da ich eine solche Aufgabe begonnen habe, mir doch jetzt nicht übel mitzuspielen, bis ich den Bericht in mehrfacher Fertigung mit eigenen Boten, wie es sich gehört, abgeschickt habe, bis die Stadträte desgleichen über meine und ihre Taten in Eurem königlichen Dienst berichtet haben, und bis ich Euch die Gesuche um jene Gnaden, Steuerentlastungen und Freiheiten zugesandt habe, die Eure Majestät zu gewähren pflegt und die der verdient, der Euch gut dient. Möge es Euch gefallen anzuordnen, daß hier keine Veränderungen vorgesehen werden. Und wenn so verfügt wurde, möge es dabei bleiben, weil es für den Dienst Eurer Majestät so am besten ist. Und für mich wäre dies ein Gunstbeweis, den ich nicht genug preisen und kundtun könnte, denn ich möchte, solange Eure Majestät meine Dienste annimmt, nicht für einen Fehler verantwortlich sein, durch den sich der Gehorsam vor Eurer kaiserlichen Majestät ins Gegenteil wenden könnte.

Ich werde immer in der Schuld des seligen Marquis *Pizarro* bleiben, weil er mich dahin geschickt hat, wo Eure Majestät von meinen Diensten und mir Kenntnis nehmen konnte. Ich kann dies nur vergelten, indem ich seine Kinder an seine Stelle setze, solange ich lebe. Da sie den Schutz eines Vaters verloren haben, der im Dienste Eurer Majestät so aufmerksam war und so erfolgreich Euren königlichen Besitz vermehrt hat, sollte ihnen der Lohn seiner Mühen nicht fehlen. So bitte ich Eure Majestät ergebenst, sich ihrer zu erinnern und ihnen solche Gnaden zu gewähren, daß sie ihrer Herkunft gemäß leben können.

Der Überbringer dieses Briefes heißt Antonio de *Ulloa*. Er wird von mir und allen, die ihn kennen, wegen seiner Taten und guten Manieren als Ritter und Edelmann geachtet. Und als solcher hat er sich auch hier in Eurem königlichen Dienst erwiesen, denn er hat sein Vermögen, das er bis dahin erwerben konnte, ausgegeben, um Euch hier zu dienen. Er ist zu Hause verschuldet, weil er mit sehr guten Pferden und Waffen mit mir in den Krieg gezogen ist. Da er sich als ebenso mutiger wie kriegskundiger Soldat erwiesen und alles für die Erhaltung dieses Landes ausgegeben hat, habe ich ihm im Namen Eurer Majestät 2.000 Indios übertragen. Davon abgesehen, daß er sie für seine Dienste erhalten hat, verdient er aus solchen und anderen Gründen die Gnade Eurer Majestät so gut wie jemand anderer, den Ihr hierher schicken möchtet, damit er aus den Mühen, die jener im Kampf um dieses Land gehabt hat, den Nutzen zieht. Er geht jetzt weg, wo er befriedigt die Früchte seiner Arbeit ernten könnte. Da der Grund, warum er sich in seine Heimat aufmacht, so gerechtfertigt ist, lasse ich ihn gehen, denn ich hätte ihn nicht gehen lassen, wenn es ihm nicht so wichtig und er nicht damit zufrieden wäre, ohne ihn im Namen Eurer Majestät für seine Dienste zu belohnen oder ihm eine genügend große Summe *Goldpesos* zu geben, damit er dort standesgemäß auftreten kann. Mit dem ersten Schiff, das hier ankam, erhielt er Briefe aus Spanien von seinen Verwandten, in denen sie ihm mitteilten, daß sein ältester Bruder, der Erbe seines Vaters, kinderlos gestorben ist. Damit das Erbe nicht für die direkte Linie verlorengeht, will er sich verheiraten, um einen Erben zu hinterlassen, damit die Erinnerung an die Familie nicht ausstirbt. So gab ich ihm denn die Erlaubnis, die er haben wollte, und etwas von dem wenigen, das ich hatte. Obwohl ich ihm gerne mehr gegeben hätte, ging er zufrieden weg. Und weil ich unterwegs und mit den genannten Dingen so beschäftigt bin und Euch noch keinen guten Bericht über das Land senden kann, schicke ich durch ihn diesen Brief an Eure Majestät zur Information über meine Lage, und damit geschieht, was ich erbitte. Und weil man von ihm alles übrige erfahren kann, was ich hier nicht berichte, schließe ich mit der ergebensten Bitte an Eure Majestät, ihm in allem, was er in meinem Namen vorträgt und erbittet, das gleiche Wohlwollen entgegenzubringen, das Ihr meiner eigenen Person gnädigst entgegengebracht hättet. Denn ich bin überzeugt, daß er so sprechen und handeln wird, wie es den Tatsachen entspricht.

Da das Schiff dringend eine Reparatur braucht und überholt werden muß, wofür es in dieser Stadt keine Vorrichtung gibt, während in *La Serena* eine gut geeignete wachsartige Masse von Gott im Tau gespendet und reichlich von bestimmten Kräutern hervorgebracht wird, werde ich mich dorthin begeben und von dort Eurer Majestät und *Cuzco* Nachricht geben, um keine Zeit zu verlieren, während man es kalfatert und in Ordnung bringt. In der Zwischenzeit lasse ich meinen *Feldmeister* dafür sorgen, daß sich die Leute für die Rückreise rüsten, wenn die Boten abgehen und das Schiff in Ordnung und bereit ist.

Schon ist es soweit, und so schicke ich es weg, und man macht sich mit der Hilfe Gottes und seiner gebenedeiten Mutter im Dienst Eurer Majestät auf den Weg. Ich unterwerfe mich seiner grenzenlosen Güte und hoffe auf sie. Mögen dieser Brief, die Wahl und die Besitzergreifungsdokumente sicher eintreffen und mit dem Boten vor Euer kaiserliches Antlitz gelangen, damit Eure Majestät verstehe, was mein Ziel in Eurem königlichen Dienst ist. Ich habe auch mit den Kaziken gesprochen und ihnen befohlen, den Christen gut zu dienen, denn falls sie das nicht täten, hätte ich jetzt an Eure Majestät und nach Peru geschrieben, um viele Leute zu erhalten, nach deren Eintreffen ich sie alle töten würde. Denn weiter weg hätten Eure Majestät und die Christen Diener so zahlreich wie das Gras, so daß, wenn sie sich wie Hunde gegen meine Leute benähmen, keiner von ihnen übrigbleiben würde. Und daß der Schnee ihnen wenig nützen würde, um sich dort, wo sie herkämen, lebendig einzugraben, denn ich wüßte sie zu finden, und sie sollten zusehen, wie es ihnen dann erginge. Da sie mich kennen und ich ihnen bis heute nichts gesagt habe, was nicht genauso eingetroffen ist und von mir durchgeführt wurde, fürchteten sie sich tatsächlich seit eh und je. Daher antworteten sie, daß sie alles befolgen wollten, was ich ihnen auftragen würde. Damit sie mich nicht damit betrügen können, treffe ich hier Vorkehrungen, bis Leute kommen. Und wenn alles sicher ist, nehme ich alle vorhandenen Leute mit, und sie werden der Stadt *Santiago* mit Tribut für ihre Herren dienen und mit dem Unterhalt von Rasthäusern unterwegs. So breche ich auf und kehre mit dem Segen Gottes und Eurer Majestät dorthin zurück, mit der Bitte um Verständnis und dem Wunsch, daß Unser Herr Eurer allerheiligsten Person noch lange die Vorherrschaft in der Christenheit und die Weltmonarchie erhalten möge.

Aus der Stadt La Serena, am 4. September 1545.
An seine Kaiserliche Katholische Majestät.
Euer ergebenster Untertan und Vasall, der Eure allerheiligsten Füße und Hände küßt.

Pedro de Valdivia

III.

Pedro de Valdivia an Hernando Pizarro
La Serena, 4. September 1545

Hernando Pizarro war im Interesse der Stellung seiner Familie im Mutterland nach Spanien zurückgekehrt, wo seine Freunde bei Hof nicht verhindern konnten, daß er bei seinem Eintreffen 1540 wegen der Tötung Almagros eingesperrt wurde und bis 1561 in Haft blieb. Valdivia, der davon nichts gewußt haben dürfte, berichtet als getreuer Klient dem nunmehrigen Chef des Hauses als seinem Patron, mit der offenkundigen Absicht, daß dieser seinen Einfluß bei Hofe parallel zu Valdivias eigenem Gesuch an den Kaiser zum Nutzen seines Klienten mobilisieren möge. Zielgruppe ist neben einigen Spitzen der Hofgesellschaft wie dem Herzog von Alba und dem Grafen von Osorno vor allem der mächtige und den Pizarros verbundene Sekretär Francisco de los Cobos mit seiner eigenen Klientel. Ausgestochen werden soll etwaige Einflußnahme des Gouverneurs Vaca de Castro, der Valdivia nur als Untergouverneur bestätigt hat. Notfalls wird auch Bestechung eingesetzt. Inhaltlich werden bis in die Formulierung hinein dieselben Dinge berichtet wie in Brief II an den Kaiser, aber dennoch ist der Tenor ein anderer, die Sprache etwas sachlicher, dazu kommen nur für Pizarro interessante Details wie die Wahl des Namens Neu-Estremadura nach der Heimat Valdivias und der Pizarros sowie recht unverblümte Ausführungen über die Auseinandersetzung mit der Partei Almagros in Peru und in Chile.

Hoher Herr!

Seit Eure Herrlichkeit mich entließ, als Ihr zu günstiger Stunde nach Spanien gingt, habe ich keinen Brief von Euch gesehen, noch von Euer Gnaden erfahren, wie es Euch ergangen ist. Jetzt sind es eineinhalb Jahre, daß ich Hilfe aus Peru bekam, wozu ich meinen Stellvertreter ausgeschickt hatte. Er sagte mir, er wisse von Herrn *Vaca de Castro* von der Gesundheit Eurer Gnaden und von dem Eindruck, den Ihr bei unserem Kaiser hinterlassen habt, worüber ich mich von ganzem Herzen freue. Eure Liebe wird erkennen, daß dies ohne Trug geschieht. Gott möge Euer Gnaden immer die nötige Zufriedenheit und Ruhe erhalten, und Seine Majestät möge Euch jene Gnaden gewährt haben und täglich gewähren, die so ausgezeichnete Dienste, wie Ihr sie in diesen Gegenden für seine kaiserliche Person geleistet habt, verdienen. Zunächst habt Ihr unter riesigen Mühen zu deren Entdeckung, Eroberung und Besiedlung beigetragen, um sie dann mit Mut und Strenge zu erhalten und von jenen zu befreien, die sich zu verschwiegenen Zwecken anmaßten, sie zu Ihrem Schaden Seiner Majestät zu unterwerfen, wobei es nicht um ihr Recht gehen sollte, denn sie hatten keine Ansprüche, sondern sie wollten in diesem Land Unrecht begehen. Und wenn Ihr als Ritter und tapferer Kapitän nach dem Sieg die Anführer der Tumulte hinrichten ließt, so hätte der selige Marquis, mein Herr, mit der kaiserlichen Vollmacht, die er hatte, auch die übrigen hingerichtet, weil sie dies wegen ihrer ständigen Komplotte und offenen Angriffsdrohungen verdienten – wenn Seine Herrlichkeit da gewesen wäre, wie Euer Gnaden und ich es gewünscht und seine Kinder es nötig gehabt hätten. Doch Gottes Geheimnisse sind groß, man kann ihm nur für alles danken, was er tut.

Wie Euer Gnaden weiß, schickte mich der Marquis, mein Herr, mit seinen Verfügungen als seinen Stellvertreter in dieses Land, um es im Namen Seiner Majestät zu besiedeln, zu erhalten und immer weiter zu erkunden. Nur mit Rücksicht auf Euer Gnaden, und weil ich den Wunsch hatte, dem Kaiser zu dienen, nahm ich an, obwohl meine Freunde dagegen waren.

Und weil ich wußte, daß Euer Gnaden schwierige Aufgaben im königlichen Dienst liebt, die vielen anderen Rittern, die den Mut dazu nicht haben, unmöglich schienen, so wollte ich es Ihnen nachtun, weil ich sah, daß es mir bei Entschlossenheit und gutem Willen an Erfolg nicht fehlen konnte. Deshalb erschien mir dies viel befriedigender als anderes, obwohl ich dabei umkommen konnte. Wie Euer Gnaden sah, machte ich mich daran, Leute für mein Unternehmen zu gewinnen. Meine Freunde kamen mit und dank Kredit von Kaufleuten und anderen bekam ich einen Wert von ungefähr 15.000 *Pesos* an Pferden und Waffen zusammen. Mit dem, was ich hatte, unterstützte ich diejenigen, die es nötig hatten und warb mir so 150 Männer an. Damit verbrachte ich neun Monate.

Im Januar des Jahres 1540 brach ich von *Cuzco* auf, mit weniger Ausrüstung als notwendig gewesen wäre, aber mit der nötigen Begeisterung, um alle Strapazen unterwegs zu überwinden. Wie Euer Gnaden weiß, führt der Weg durch Land, das entweder unbewohnt oder von wilden Indianern bevölkert ist, die besonders unverschämt und entschlossen gegen die Christen vorgehen, weil sie glauben, daß ihre Kräfte der Grund gewesen seien, weshalb die ersten, die hierher kamen, umgekehrt sind.

Ich brauchte für den Weg elf Monate, weil ich mühselig Nahrung suchen mußte, die die Indios so gut vor uns versteckt hatten, daß der Teufel sie nicht finden würde. Aber ich stellte mich bei all dem so geschickt an, daß ich schließlich mit Gottes Hilfe in dieses *Mapocho*tal kam, zwölf Meilen weiter als *Canconcagua*, das der Adelantado Almagro Tal von Chili genannt hatte. Und das, ohne mehr als zwei oder drei Leute zu verlieren, die mir die Indianer in Scharmützeln in *Copiapó* und unterwegs töteten, außerdem ebenso viele Pferde und einige Sklaven und indianische Lastträger. Davon waren es vierzig, obwohl mir im *Coquimbo*tal mehr als vierhundert *Yanaconas* und andere Indios aus Furcht vor noch mehr Hunger als bisher entflohen und zurückblieben. Aber ebensoviele blieben bei uns.

Nachdem ich mit meinen Leuten in dieses Tal gekommen war, stellte ich eine Gruppe von Fußsoldaten zusammen und ließ das ganze Gepäck und zwanzig Pferde bei ihnen zurück. Die übrigen teilte ich in vier Einheiten auf, durchstreifte mit ihnen dieses ganze Tal und nahm viele Indianer gefangen, ohne ihnen Schaden zuzufügen. Durch sie ließ ich ihren Kaziken sagen, daß sie in Frieden und ohne Furcht zu mir kommen sollten, weil ich ihnen den Grund meines Kommens mitteilen und ihre Absichten kennenlernen wollte. Sie sagten allen Indianern, daß wir sehr zahlreich wären, denn sie glaubten dies wegen der List, die ich angewandt hatte, meine Leute aufzuteilen. Denn wenn die Indios vor einer Einheit flohen, stießen sie auf die nächste und nachdem sie auch dieser entkommen waren, fürchteten sie, wir wären sehr viele. Aus dieser Furcht kamen ihre Häuptlinge zu mir. Ich erklärte ihnen, daß mich Seine Majestät ausgesandt hätte, um dieses Land zu besetzen, damit sie mit ihren Indios den Christen dienen sollten wie die Inkas und Kaziken in *Cuzco*. Sie sollten wissen, daß wir für immer dableiben müßten, weil man *Almagro* den Kopf abschlagen ließ, weil er umgekehrt war. Weiter sagte ich ihnen, daß sie mir Häuser bauen sollten, zuerst für die heilige Maria, dann für die Christen, die mit mir gekommen waren, und für mich. Das taten sie nach dem Plan, den ich festgelegt hatte. Am 24. Februar 1541 gründete ich hier diese Stadt im Namen Seiner Majestät und nannte sie *Santiago* del Nuevo-Estremo. Und ich nannte das ganze Land und alles, was ich entdeckt hatte und noch entdecken werde, Neu-Estremadura, weil der Marquis und ich, sein Geschöpf, von dort stammen.

Von einem Indio, den ich auf dem Weg hierher gefangennahm, erfuhr ich, daß alle Herren dieses Landes, bevor ich ankam, durch Boten von *Mango Inca* gewarnt worden waren. Er ließ sie wissen, daß sie das Gold verstecken sollten, wenn sie wollten, daß wir wie *Almagro* umkehren sollten, da wir nichts anderes suchen würden. Denn wir würden handeln wie er, wenn wir nichts fänden. Er riet ihnen auch, Nahrungsmittel, Kleidung und was sie sonst besaßen zu verbrennen. Sie erfüllten dies so wortwörtlich, daß sie ihre *Schafe* aufaßen, alle Baumwollfelder verwüsteten und die Wolle verbrannten, wobei ihnen nicht einmal ihre eigene Haut leid tat, denn sie liefen nackt umher und verbrannten ihre eigenen Kleider, damit wir sehen sollten, daß sie nichts hätten. Aus Furcht um das Saatgut, das sie für drei Monate sammelten, und weil sie uns für zahlreicher hielten, dienten sie uns vier oder fünf Monate gut.

Da ich den Verdacht hegte, daß die Indianer sich erheben würden, wie gewöhnlich, denn diese waren auch nicht anders als die anderen, achtete ich auf Wachsamkeit, war bei Streifzügen auf der Hut und ließ die Lebensmittel einschließen. Ich sammelte genug an, um uns zwei Jahre zu erhalten, denn ich hatte große Pflanzungen angelegt, ist dieses Land doch überaus fruchtbar. Denn, wenn sie etwas tun sollen, darf es den Soldaten nicht am Essen fehlen – so führt man Krieg.

Unter den Wilden, die wir beschäftigten, gab es einige Indios, die uns nicht dienen wollten und sagten, sie müßten uns alle töten, wie es der Sohn von *Armero* mit *Apo-*

macho in Pachacama getan hätte. Deshalb seien alle Christen aus *Charcas*, aus *Porco* und aus dem ganzen Land geflohen. Unter der Folter sagten sie aus, daß die Kaziken von *Copiapó* sie geschickt hätten, um es *Michimalongo* zu sagen und daß sie es von Boten wüßten, die ihnen der Kazike von *Atacama* geschickt hätte. Ich hielt dies für eine Erfindung, was es damals auch war, weil sie ihn noch nicht getötet hatten, sondern einen Monat später, wie ich erfahren sollte. Man mußte dies wissen, um von Seiten der Partei *Almagros* den Indios von Peru so unverschämt zu sagen, was sie zu tun hätten. Als diese dann sahen, wie sich diese Partei in *Lima* sammelte, verstanden sie besser, was beabsichtigt war, als die Diener des seligen Marquis, meines Herrn.

Als dies dem *Procurador* der Stadt bekannt wurde, beantragte er beim Stadtrat meine Wahl zum Gouverneur im Namen seiner Majestät. Ich widersprach, aber sie bestanden darauf, nachdrücklich und mit viel Gerede, daß es um den Dienst seiner Majestät ginge, um ihm mit Autorität dieses Land zu erhalten und das Volk zufriedenzustellen. So nahm ich an, verblieb aber freiwillig im Dienst des Marquis, meines Herrn, und sein Untergebener wie zuvor, wie dies aus dem Wahldokument, das ich an Seine Majestät schickte, hervorgeht, und Euer Gnaden sehen wird.

Dann ging ich ins *Canconcagua*tal, um eine Brigg zu bauen und dem Marquis, meinem Herrn, alles zu berichten. Als ich mit acht Reitern die zwölf Leute beschützte, die davon etwas verstanden, schrieb mir der Kapitän Alonso de *Monroy*, daß bestimmte Soldaten von der Partei *Almagros*, die mit mir gekommen waren, die ich schätzte und denen ich, da ich sie nicht so gut kannte wie Euer Gnaden, mehr vertraute, als richtig war, mich töten wollten. Als ich mitten in der Nacht diesen Brief erhielt, ging ich mit Sorgfalt vor und befahl, die Arbeit einzustellen, bis ich zurückkäme, und immer auf der Hut zu sein, damit die Indios diesen Zwischenfall nicht nutzten, um sie anzugreifen. Denn ich war entschlossen, sofort am nächsten Tag zurückzukehren, hatte aber sechs oder sieben Tage in der Stadt zu tun. Sie mißachteten meine Anweisung und liefen am Tag ohne Waffen umher. Als die Indios diese Nachlässigkeit sahen, fielen sie über sie her und brachten sie um. Daraufhin erhob sich das ganze Land gegen mich mit der Parole, die übersetzt bedeutet, was die italienischen Bauern mit »*carne, carne, masa, masa*« meinen. Meine Nachforschungen führten zur Entdeckung zahlreicher Schuldiger. Aber weil ich die Leute notwendig brauchte, hängte ich nur die fünf Anführer, übersah es bei den übrigen und versicherte mich so der Loyalität aller. Sie gestanden, daß sie sich mit denen, die mit *Almagros* Sohn in Verbindung standen, zusammengeschlossen hatten, um mich zu töten, weil geplant war, dies zur selben Zeit in Peru mit der Person des Marquis, meines Herrn, zu tun, und mit seinen Verwandten, Dienern und Anhängern. Er aber lebte ohne Argwohn, obwohl er von Euer Gnaden hören konnte, wie mit diesen Leuten umzugehen sei, um nicht hineinzugeraten, in was er dann hineingeriet. Auch ich ließ ihm zu seinem Schutz Mitteilung machen, wie ich schrieb, damit er vorsichtiger sei.

Nachdem sich das ganze Land erhoben hatte, schloß man sich zu zwei Gruppen zusammen, um gegen uns vorzugehen. Als ich davon erfuhr, verließ ich die Stadt und rückte dem stärkeren Teil mit neunzig Mann entgegen, während ich fünfzig Mann, darunter dreißig Reiter, unter Alonso de *Monroy* zu ihrem Schutz zurückließ. Doch während ich erfolgreich operierte, kam der andere Teil, der acht- oder zehntausend Indianer umfaßte, und überfiel sie. Sie töteten vier Christen und dreiundzwanzig Pferde, steckten die ganze Stadt in Brand, ohne einen Pfosten davon übrig zu lassen und verbrannten alle Vorräte, so daß uns allen nicht mehr blieb, als die Waffen und alte Fetzen. Der Kapitän und seine Soldaten kämpften den ganzen Tag erfolgreich, und obwohl alle verwundet waren, nahmen sie beim Einbruch der Nacht ihren Mut zusammen, brachten Verwirrung unter die Indianer, schlugen sie in die Flucht und töteten eine unermeßliche Zahl von ihnen.

Alonso de *Monroy* setzte mich sofort von ihrem blutigen Sieg und unseren Verlusten, dem Brand der Stadt und der Lebensmittel in Kenntnis. Ich kehrte sofort zurück, und da offenbar Auftrieb nötig und keine Zeit zu versäumen war, bauten wir Christen mit Hilfe unserer indianischen Diener die Stadt wieder auf. Wie zuvor wußte ich zu säen und Vieh zu züchten. Wir hatten etwas Mais gerettet und zwei Handvoll Weizen, außerdem zwei Schweinchen und einen kleinen Eber, eine Henne und einen Hahn. Im ersten Jahr ernteten wir zwölf *Scheffel* Weizen, den wir wieder aussäten.

Da wurde mir auch klar, was mir in diesem Land wegen des Mangels an Beschlägen, Waffen und Pferden noch bevorstand und daß niemand mehr hierher kommen würde, wenn der Tod des Marquis, meines Herrn, vielleicht wahr wäre, weil *Almagros* Leute das Land so schlecht gemacht hatten. Man müßte selbst gehen, um Nachschub herzubringen und den gelben Köder dabeihaben, um die Leute umzustimmen und das Land wieder in guten Ruf zu bringen und uns das Durchhalten zu ermöglichen. Denn solange meine Boten kamen und gingen, hatte ich etwas, womit ich meine Leute aufrechterhalten konnte. Um nicht zu warten, bis mir alles fehlen würde, schickte ich Kapitän Alonso de *Monroy*, um dem Marquis, meinem Herrn, einen Brief zu überbringen und Bericht zu erstatten. Ich gab ihm fünf Mann mit den besten Pferden, die ich hatte, als Begleitung mit, da ich ihm nicht mehr geben konnte, sowie sechs- oder siebentausend *Pesos*, die mir die Vasallen seiner Majestät gegeben hatten. Ihre indianischen Diener hatten sie zu der Zeit gesammelt, während ich den Bau der Brigg beaufsichtigte. Es gab dort reiche Minen, wo man mit Stöcken wühlen und Gold sammeln konnte. Ich gab ihnen dies mit und empfahl sie in Gottes Hand. Damit sie nicht so mit Gold beladen wären, wenn sie wegen der Gefahren auf dem sehr langen Weg nachts reiten mußten und ohne Herberge waren, ließ ich davon sechs Paar Steigbügel für die Pferde und Beschläge für die Degen anfertigen. Aus den eisernen Steigbügeln und Beschlägen und dem wenigen Eisen, das bei allen zu finden war, ließ ich einen Schmied fünfzig Hufeisen und achthundert Nägel machen, so daß für uns hier nichts mehr blieb, denn wenn wir kein Schiff hatten, war es wenig, was wir auf dem Rücken herbringen konnten. Nun beschlugen sie damit ihre Pferde und jeder nahm vier Hufeisen, hundert Nägel und Werkzeug mit. So brachen sie auf, nachdem ich meinen Stellvertreter noch einmal an den Konflikt erinnert hatte, in dem man sich befand.

Als Kapitän Alonso de *Monroy* mit seinen Begleitern und Soldaten aufbrach, waren die Indianer so unverschämt geworden, daß sie sich nicht mehr dem Säen widmen, sondern nur noch gegen uns Krieg führen wollten. Bei den Möglichkeiten, die ihnen unsere Schwäche und ihre Schleudern boten, dachten sie daran, uns zu töten und uns zu zwingen, dieses Land zu verlassen und heimzukehren. So gingen sie dazu über, die indianischen Diener und die Kinder der Christen an den Türen unserer Häuser zu töten und unsere Saaten auszureißen. Sie ernährten sich von Zwiebeln, Grassamen und Gemüse, die ihr Land in großer Menge hervorbringt, da es sehr fruchtbar ist. Sie folgten uns wie die Geier dem todgeweihten Lamm. So schien es mir am besten, ein Fort zu bauen, so groß wie das Haus, das der Marquis, mein Herr, in *Cuzco* hatte. Ich friedete es mit einer Luftziegelmauer von eineinhalb *Mannshöhen* ein, so daß dafür mehr als 200.000 benötigt wurden. Wir Christen machten sie und bauten das Fort mit unseren Händen, ohne einmal auszuruhen. Und als die Indios kamen, wurde das Fußvolk mit dem Gepäck dorthin gebracht und blieb als Wache dort. Wir Reiter ritten aufs Feld hinaus, um die Indios mit der Lanze anzugreifen und um die Saaten zu schützen.

Es vergingen ungefähr drei Jahre von dem Aufstand des Landes bis zur Rückkehr meines Stellvertreters aus *Cuzco*. Der Hunger, der zwei Jahre lang herrschte, war unerträglich. In der Tat hatte Gott großes Erbarmen mit uns in jenen Jahren. Die Sklaven, die Kinder der Christen und der größte Teil ihrer Väter ernährten sich die ganze Zeit über von Zwiebeln und den genannten Gemüsesorten, so daß damals wirklich nur wenige Tortillas aßen. Die zu mir zum Essen kamen, rechneten aus, daß wir einige Tage mit zwei ziemlich kleinen Tortillas auskommen mußten, an anderen mit eineinhalb oder mit einer, an den meisten mit keiner. Und so verbrachten wir die Jahre wie es Gott gefiel, für uns zu sorgen. Ich lernte in dieser Zeit, Aufgaben zu erfüllen, für die wir nicht vorbereitet waren, wobei mir die einen von der Not vor Augen geführt wurden, die Elstern sprechen lehrt, während die anderen meinem Wunsch entsprangen, Seiner Majestät zu dienen und für meine Ehre und die Erhaltung der Personen zu sorgen, die unter meinem Schutz standen, wie sie und ich unter dem Schutz Gottes und des Kaisers. Für alles war es notwendig, die geschwächten Kräfte zusammenzuhalten und Geometer, Maurer, Hirte, Bauer und schließlich Siedler, Ernährer und Entdecker zugleich zu sein. Ich weiß noch nicht, ob sich das alles gelohnt hat. Aber weil ich mich mit 150 Spaniern von einer Sorte, die Euer Gnaden kennt, in diesem Land gehalten habe, sie Tag und Nacht ständig beansprucht habe, ohne sie die Waffen ablegen zu lassen, die einen für einen Tag und eine Nacht als Wachmannschaft eingeteilt habe und die anderen am nächsten Tag, während sie zugleich graben, säen, pflügen mußten und manchmal nicht genug ernteten, um sich mit ihren Sklaven und Kindern zu ernähren, ohne einem von ihnen einen Rüffel zu erteilen oder ein schlechtes Wort zu geben, außer denen, die ich verdientermaßen hängen ließ, und sie mich bei all dem noch lieben, bin ich überzeugt, daß ich die von seiner Majestät erbetenen Gnadenerweise verdiene. Da ich ein Geschöpf des Marquis, meines Herrn bin, weil er mich hier hineinversetzt hat, spreche ich hier davon, damit mich Euer Gnaden unterstützen und Eure Autorität bei unserem Kaiser in die Waagschale werfen möge, der Euch sicher vollständig vertrauen wird, was meine Berichte und Wünsche aus diesem Land angeht.

Nachdem Kapitän Alonso de *Monroy* aufgebrochen war, um Nachschub zu besorgen, töteten ihm die Indianer von *Copiapó* vier Christen, nahmen den letzten und ihn selbst gefangen, raubten das Gold und alle Briefe außer meiner Vollmacht zur Kreditaufnahme. Doch als Ritter und von Euer Gnaden zu Recht geschätzter vielseitiger Mann, brachte er es nach drei Monaten Gefangenschaft fertig, den Hauptkaziken mit einem Messer zu erstechen, das er einem Christen von den Leuten *Almagros* abgenommen hatte, der dort Indianer geworden und die Ursache seines Verlustes war. Dann flohen *Monroy*, sein Begleiter, jener Christ und der Kazike zu Pferd, mitten durch mehr als zweihundert indianische Pfeilschützen und gelangten nach Peru, wobei sie jenen abgefallenen Christen mit Gewalt mitnahmen. Die Gelegenheit war günstig, denn er traf den Herrn Gouverneur *Vaca de Castro* in Limatambo, als er nach dem Sieg über Don Diego nach *Cuzco* gekommen war und den Mördern des Marquis, meines Herrn, hatte Gerechtigkeit widerfahren lassen. Auf seine Bitte um Hilfe unterstützte ihn seine Herrlichkeit mit einem Erlaß und seiner Autorität. Der Kapitän verhandelte dann geschickt mit Cristobal de *Escobar*, den Euer Gnaden gut kennt, weil er Pedro de Candia mit seinem Vermögen unterstützte. Er stellte es ganz zur Verfügung, weil er immer den Angelegenheiten des Marquis, meines Herrn, und den Euren zugetan war, denn sein Sohn Alonso de *Escobar* war ein Klient des Herrn Gonzalo *Pizarro*. Damit und mit weiteren vier- oder fünftausend Pesos, die ihm ein portugiesischer Priester namens *Gonzaliánez* lieh, der in *Porco* war, warb er siebzig Leute an, alle zu Pferd, mit denen er mir zu Hilfe kam. Dazu aus *Arequipa* Lucas *Martínez Vegaso*, ein Bürger von dort, wie Euer Gnaden weiß, genügend bewährt im Dienst Seiner Majestät, um ihm von neuem einen so hervorragenden Dienst zu erweisen. Und da er ein Diener des Marquis, meines Herrn, gewesen war und der Euer Gnaden noch ist, unterstützte er mich mit einem Schiff, das er aus seinen Minen in *Tarapacá* abzog, womit er nicht wenig verlor. Damit schickte er mir zehn- oder zwölftausend *Pesos* an Gebrauchsgegenständen, an Waffen, Beschlägen, Eisen und Wein für die Messe, denn vier Monate konnten wir sie aus Mangel an Wein nicht hören. Durch einen seiner Freunde namens Diego García *Villalón*, den Euer Gnaden von der Überfahrt von Panama kennen wird, schickte er mir das alles, damit ich davon ganz nach meinem Gutdünken Gebrauch machen und es zusammen mit den Soldaten verwenden sollte. Bezahlen sollte ich, wenn ich wollte und könnte, und ihm nichts dafür geben. Diese Freigebigkeit ist ganz und gar seine Art.

Dieses Schiff traf im September 1543 ein und Kapitän Alonso de *Monroy* mit allen Leuten im darauffolgenden Dezember, so daß wir endlich an einem Punkt waren, wo wir »*A te levavi anima mea*« singen konnten. Niemals sahen wir mehr Indios, die sich alle im Gebiet der *Poromabcaes* versammelten, das sechs Meilen von hier beginnt, ab dem sehr wasserreichen Fluß *Maipo*. Dazwischen liegt diese Stadt.

Mit der Ankunft des Schiffes erfuhr ich von der Ermordung des Marquis, meines Herrn, was mich in tiefster Seele erschütterte. Und Kapitän Alonso de *Monroy* erstattete mir noch ausführlicher Bericht über diesen Vorfall. Weil er wußte, wie ich seine Herrlichkeit liebte und worum es mir ging, hatte er sich genauer informiert. Ich brauchte soviel Trost in jener Stunde wie Euer Gnaden die Haltung eines Edelmannes, um die wahren Gefühle meines Herzens über diesen großen Verlust zu verbergen. Vermutlich wird es Euer Gnaden den größten Schmerz bereiten, das Verbrechen nicht mit aller Macht an den Mördern rächen zu können. In der Tat empfinde ich ebenso. Aber wenn Gott ein solches Urteil gesprochen hat, müssen wir ihm dafür dennoch stets Dank sagen. Und für Euer Gnaden wie alle seine Verwandten, Diener und Klienten, die wir waren, ist es ein großer Trost zu wissen, daß er im Dienst Seiner Majestät von den Händen ungetreuer Diener umgebracht wurde, und daß der Ruf seiner Taten im Dienste der Vermehrung der königlichen Macht und der kaiserlichen Autorität bei Zeitgenossen und Nachfahren weiterleben wird. Und zu wissen, daß sein Tod durch den ehrenwerten Herrn *Vaca de Castro* so gut gerächt worden ist, wie der Tod Julius Cäsars durch Octavian. Auch abgesehen davon, daß Seine Herrlichkeit Euer Gnaden und alle Diener Eures Hauses durch machtvolle Gunstbeweise verpflichtet hat, ihn als Herrn und Vater zu betrachten, müssen wir ihm alle mit unserem Vermögen und solange wir leben dienen, notfalls sogar das Leben in seinem Dienst aufs Spiel setzen und verlieren, wozu ich bereit bin.

Durch den Kapitän erhielt ich auch einen Brief von Herrn Gonzalo *Pizarro* aus *Lima*, wohin er nach der Schlacht und dem Verlust seiner Entdeckung, wo er sich aufgehalten hatte, gegangen war. Ich war unglücklich darüber, daß ich bei der Bestrafung des Verbrechens nicht dabeisein konnte, obwohl es nicht an Vasallen Seiner Majestät, an Freunden, Dienern und Klienten des Marquis, meines Herrn, und Euer Gnaden fehlte. Wie Euer Gnaden als Bruder auch nicht hätten fehlen mögen und gerne dabeigewesen wären, so fühle auch ich. Ich schreibe an Seine Majestät und bitte ihn, daß er seinen Kindern die Gunst erweisen möge, die ihr Vater verdient hat, denn der Ruhm seiner Taten im Dienst des Kaisers ist unsterblich. Es wäre richtig, wenn er das täte, denn er würde damit seine Vasallen ermuntern, ihm zu dienen, wenn sie sehen, daß die Belohnung für ihre Dienste ihren Kindern zufällt, wenn sie selbst schon nicht in ihren Genuß kommen. Denn von Natur gilt die erste Liebe den Kindern. Auch in meinen Briefen an Herrn Gouverneur *Vaca de Castro* bitte ich ihn, sie unter seinen Schutz und Schirm zu nehmen und bei seiner Majestät zu unterstützen. Wie man mir sagt, bemüht er sich ständig für sie.

Bei diesem Stand der Dinge traf im darauffolgenden April ein weiteres Schiff an dieser Küste ein, das vier oder fünf Kompagnons gehörte, die es gekauft und mit Waren für uns beladen hatten. Aber da sie den Hafen nicht fanden, fuhren sie nach *Maulé*, wollten aber nicht landen, obwohl ihnen die Indios Zeichen gaben, weil sie nur drei Christen und ein Neger waren und fürchteten, daß die Indios von *Copiapó* den Steuermann und die Matrosen töten und das Schiff mit List in Besitz nehmen würden. So ging es schließlich schief damit, da Winteranfang war und der Winter in diesem Jahr sehr streng hereinbrach. Die Indianer töteten die Christen, raubten die Ladung und verbrannten das Schiff. Ich erfuhr von einigen Indios, die Francisco de *Villagra*, einem Diener Euer Gnaden und meinem *Feldmeister* gehörten, daß ein Schiff käme, so daß ich ihn mit zwanzig Reitern hinschickte. Er kam aber vier oder fünf Tage zu spät wegen der heftigen Regenfälle und der Flüsse, die er zu überqueren hatte, so daß er keine Maßnahmen mehr treffen konnte. In diesem Augenblick traf Kapitän Juan Bautista de *Pastene*, ein Klient des Marquis, meines Herrn, und Diener Euer Gnaden mit seinem Schiff »San Pedro« ein. Der Herr Gouverneur *Vaca de Castro* hatte es ausgesandt, als er von mir hörte. Es war beladen mit notwendigen Dingen, für die einer seiner Klienten namens Juan *Calderón de la Barca* Seiner Herrlichkeit zuliebe bezahlt hatte und mit hierher gekommen war. Da der Kapitän und ich uns kannten, da er so ein tüchtiger Seemann war, so ehrenhaft, treu und obendrein eine Kreatur des Marquis, meines Herrn, und mir sagte, er wolle mir zu Gefallen gerne Seiner Majestät in diesen Gebieten dienen, da ihm der Herr Gouverneur dies aufgetragen hätte, ernannte ich ihn zu meinem Stellvertreter zur See. Da ich die Bereitschaft des Kapitän Juan Bautista sah, gab ich ihm zu Beginn des folgenden September eine Vollmacht und eine Standarte mit dem Wappen seiner Majestät und darunter dem meinigen, damit er zweihundert Meilen Küste im Namen Seiner Majestät und für mich erkunden, in Besitz nehmen und mir davon Nachricht bringen sollte. Ich gab ihm dreißig Mann mit, sehr gute Soldaten, die auf seinem Schiff und auch auf dem des Lucas *Martínez* waren, das ich mit Besatzung hier hatte. Und so schritt er zur Inbesitznahme, wie Euer Gnaden aus der Beglaubigung des Juan de *Cardenas* sehen wird, den ich im Namen Seiner Majestät zum Obergerichtsschreiber und meinem Sekretär ernannte, bis die Verfügung des sehr ehrenwerten Herrn Juan de *Samano*, Obersekretär des Indienrates und des Rates Seiner Majestät, eintraf. Das tat ich, weil er als treuer Diener Euer Gnaden gilt und er sich in Eurem Dienst bewähren will, wie ich auch. Er wird selbst Auskunft und Rechenschaft darüber geben, was man ihm auftragen wird, denn er kann das sehr gut. Er ist eine Person von so gutem Benehmen, daß sich Euer Gnaden freuen wird, ihn kennenzulernen, weil er so viele gute Seiten hat.

Ich schickte auch Francisco de *Villagra* auf dem Landweg in die Gegend von Arauco, damit er mir Kunde bringe und die Indianer bis dorthin treibe. Seither habe ich einen Kapitän mit einer Truppe in der Gegend von *Itata*, um sie von hier fernzuhalten. Infolge dieser Vorsichtsmaßnahme und weil die Indios jetzt erschöpft sind, kommen sie gerne, um zu dienen. Dieses Jahr haben sie gesät und man hat ihnen dazu Weizen und Mais gegeben, damit sie etwas zu essen ernten können. Um sie nicht in Anspruch zu nehmen, bevor sie sich niedergelassen hätten, suchte ich mit den indianischen Dienern, die wir schon als zu uns gehörig betrachten konnten, etwas Gold zu sammeln, um damit mit diesen Schiffen nach Peru zu fahren und Leute zu holen. Zu den tausend *Scheffeln* an Nahrungsmittel, die ich auf Kosten aller einsparte, entnahm ich den Verstecken der Indios ca. 23.000 *Pesos*. Damit schickte ich Kapitän Alonso de *Monroy* zu Land und Kapitän Juan Bautista auf dem Seeweg aus, damit sie mir Mannschaft, Waffen und Pferde brächten. Sie führen meine Vollmacht zur Aufnahme eines Kredits von weiteren 100.000 *Pesos* mit, damit sie damit und mit dem, was wir hier zusammengekratzt haben, wenigstens anfangen können, und um dem Gouverneur *Vaca de Castro* zu antworten, der mir beide Male geschrieben hatte.

Diesen Sommer machte ich mich auch daran, eine Stadt im *Coquimbo*tal zu gründen und gab ihr den Namen *La Serena*. Sie liegt auf halbem Weg zwischen *Copiapó* und hier, damit man mit einer Raststation dort sicher vor Indianern hierher gelangen kann. Ich ließ ein halbes Dutzend Soldaten dort, und es wird an ihnen nicht fehlen, obwohl zweihundert gebraucht würden. Der Stellvertreter, den ich dorthin schickte, befriedete in zwei Monaten alle Täler, und sie dienten ihm. Er ist mit zwanzig Reitern dort, wovon zwölf meine Klienten sind, die ich an der Grenze habe, weil es keine Indianer gibt. Die übrigen Einwohner werden höchstens hundert oder zweihundert haben, weil es vom *Canconcagua*tal bis *Copiapó* keine dreitausend Indios gibt. Deswegen werde ich sie vermutlich aufgeben, sobald der Weg gebahnt ist. In diesem Sinne schrieb ich auch Seiner Majestät. Jene Täler werden dann dieser Stadt mit Tribut dienen müssen und mit einer Absteige für die Durchreisenden in jedem. Die Indios werden sich darüber freuen, denn auch sie sind des Krieges müde, den ich in den vergangenen Jahren mit ihnen geführt habe.

Wer will, kann jetzt ohne Furcht kommen, weil es Nahrung im Überfluß gibt. In drei Monaten, Mitte des Sommers, wird man in dieser Stadt mehr als 12.000 *Scheffel* Weizen und Mais ernten, zur rechten Zeit und in solcher Menge, weil es zwei Aussaaten gibt. Man sät den Mais im November und erntet im April und Mai. Um diese Zeit sät man dann den Weizen und erntet ihn im November und Dezember. Und von den zwei Schweinchen und dem kleinen Eber hat man so viele Ferkel bekommen, daß es jetzt mehr als 8.000 im Land gibt. Und die Henne und das Hähnchen haben Nachkommen so zahlreich wie das Gras, denn sie vermehren sich winters wie sommers so ungeheuer, daß es von allem im Überfluß zu essen gibt.

Euer Gnaden sollen wissen, daß ich zweihundert Leute im Land habe, von denen mich jeder hier mehr als tausend *Pesos* kostet. Denn für das, was mir die Kaufleute geliefert hatten, als ich zuerst hierher kam, bezahlte ich 60.000 *Goldpesos*; für das, was der Kapitän für den Bedarf der Leute mitbrachte, und die Sachen vom Schiff des Lucas *Martínez* schulde ich 110.000 *Pesos*, und für die vom letzten Schiff, dem des

Kapitän Juan Bautista, weitere 60.000. Mit der Fahrt *Monroys* werde ich mich für weitere 100.000 verschulden. Das Land aber hat nicht mehr als die 7.000 erbracht, die meinen Leuten in *Copiapó* abgenommen wurden und die mir die Indios jetzt zurückgeschickt haben, sowie die 23.000, die jetzt abgehen. Alles geht nach Peru zurück, um dort zum Wohl dieses Landes und für seine Erhaltung ausgegeben zu werden. Was wir bekommen, wird unter die Soldaten verteilt, weil sie das Land gehalten haben und weiter halten. Sie verdienen es, und es gibt hier nichts, was man ihnen geben könnte. Euer Gnaden sollen auch wissen, daß ich bei niemandem auch nur einen einzigen *Peso* Abzug von dieser ganzen Summe fordern kann, daß ich alles bezahlt habe und auch bezahlen werde, was ich ihnen noch geben muß. Ich weiß wohl, daß Euer Gnaden sagen werden, ich solle kein Haus mit einem Taubenschlag bauen und ich sei ein Verlustgeschäft. Ich gebe das zu, aber weil es dem Tod gleichkommt, Gewohnheiten zu ändern, müssen mir Euer Gnaden trotz all dieser Fehler tausend Gunstbeweise gewähren.

Von *Copiapó* bis *Maulé* sind es 130 *Meilen*, aber das Land ist höchstens fünfundzwanzig, zwanzig, fünfzehn oder weniger breit. Es wird jetzt 15.000 Indios geben, denn Krieg, Hungersnöte und Unglücksfälle haben ebensovielen das Leben gekostet, die mir fehlen. So werden hier in dieser Stadt zwanzig oder fünfundzwanzig Bürger leben können. Deswegen und weil ich *La Serena* aufgeben muß, weil man es nicht halten kann, ließ ich seine Majestät bitten, daß die zu gewährende Gunst hier beginne, weil ich von hier aus im Lande Fuß gefaßt habe und weil es hier reiche Goldminen gibt. Man muß von hier aus in das Land eindringen und suchen, wo es für diese Soldaten etwas zu essen gibt, und das Gewissen seiner Majestät entlasten. Und ich sage ihm, welche Gefahr für das Land darin liegt, daß ein Kapitän durch die Meerenge kommen könnte, um mich zu stören, bevor ich einen Bericht über das ganze Land mit seiner Beschreibung schicken kann. Wenn er jemanden vorgesehen haben sollte, so möge er dies verschieben, denn, abgesehen davon, daß man alles verlieren wird, wenn die Indianer einen Streit unter den Christen bemerken, weiß Euer Gnaden, was das bedeutet, da er davon heimgesucht wurde. Ich will nichts weiter als für Seine Majestät Länder entdecken und besiedeln. Wenn er Nachricht von mir und meinen Diensten hat, möge er es weiter vergeben, wie ihm gedient ist, freilich unter der Bedingung, daß der Betreffende meinen Gläubigern zurückzahlt, was ich für das Wohl des Landes und für seine Erhaltung ausgegeben habe. Damit zufrieden werde ich bloß mit Hosen und Wams und meinen Freunden zu Wasser und zu Land neue Entdeckungen im Dienst Seiner Majestät beginnen. Ich bitte ihn jedoch, mir gnädig die von seinem hiesigen Stadtrat getroffene Verfügung zu bestätigen und zu erneuern. Ich bitte darum, weil es seinem kaiserlichen Dienst förderlich ist, mein Ansehen bei den Leuten in diesem Land zu bewahren. Das ist es, worin mich Euer Gnaden unterstützen muß, daß mir Seine Majestät diese Gunst gewährt, bis ich vollständig Bericht erstatten kann.

Der Überbringer der Briefe an Seine Majestät und Sie ist ein Caballero namens Antonio de *Ulloa* aus Cáceres. Er hat von Verwandten Nachricht erhalten, daß sein älterer Bruder gestorben ist und ihm das Haus seines Vaters hinterlassen hat. So geht er heim, damit sein Stamm erhalten bleibt. Gerne würde ich ihn so ehrenvoll und reich entlassen, wie er es verdient. Doch als er sah, daß ich nichts habe als meine Absicht, ihm viel zu geben, ging er zufrieden weg mit dem wenigen, das er hatte. Er hat Seiner Majestät hierzulande gut gedient. Ich bitte Euer Gnaden, ihn zu behandeln, wie er es verdient. Ich betrachte ihn als Freund, wegen seines Wertes als Mensch und seines Ranges. Von ihm kann Euer Gnaden alles über mich und diese Gebiete erfahren, was Sie wollen, weil er als Augenzeuge einen guten Bericht darüber geben kann.

Als ich mit diesem Unternehmen begann, nahm ich in Peru mit Francisco *Martínez* und Pero *Sancho de Hoz*, den Euer Gnaden gut kennt, geschäftliche Beziehungen auf, traf mit ihnen bestimmte Vereinbarungen und gründete eine Gesellschaft. Pero *Sancho* trat freiwillig zurück, weil er die Vereinbarung nicht erfüllen konnte. Und Francisco *Martínez* bat mich, die Gesellschaft aufzulösen, als er die Ausgaben und den geringen Profit sah. So geschah es, doch will ich nicht fehlen, beide, so gut ich im Augenblick kann, zufriedenzustellen. Das soll auch in Zukunft geschehen, worauf sie sich verlassen können, wenn Gott mir Gesundheit schenkt. Doch weil sie damals die betreffenden Schriftstücke ihren Verwandten sandten, mit den Herren des Indienrates verhandelten und wissen, daß ich Seine Majestät jetzt um das bitte, weswegen ich Euer Gnaden schreibe, möchten sie stören. Deshalb schicke ich die Schriftstücke über den Rücktritt und die Auflösung der Gesellschaft unaufgefordert als Anlagen zu diesem Brief. Ich bitte Euer Gnaden, mir mündlich oder brieflich zu antworten, falls es notwendig ist. Und falls Euer Gnaden sich nicht selbst am Hof aufhalten, bitte ich Sie, einen Diener, der davon etwas versteht, zu beauftragen.

Ich bitte Euer Gnaden erneut und immer wieder, mich wie bisher als Ihren aufrichtigen Diener zu betrachten und keine Veränderung der Zuneigung erkennen zu lassen, die Euer Gnaden mir immer wieder erwiesen haben. Ich bitte, mir nach Peru schreiben zu wollen, auf demselben Weg, auf dem Euer Gnaden Briefe schicken, und die meinigen an Lucas *Martínez Vegaso* in *Arequipa* zu adressieren, der sie von dort weiterbefördern wird. Außerdem mögen Euer Gnaden mir auf diesem Wege schreiben lassen, um mich über den Gesundheitszustand Ihrer werten Person, Ihre Geschäfte und das Ansehen, das Sie beim Kaiser genießen, in Kenntnis zu setzen. Das würde mich sehr freuen. Damit schließe ich, da ich mich nicht auf tausend Seiten Papier verbreiten will. Doch je mehr ich schreibe, umso mehr würden sich Euer Gnaden über meine Briefe freuen.

Wenn ich Besitz hätte, um ihn für dieses Unternehmen zu verkaufen, und seiner Majestät damit zu dienen, würde ich nicht nur das tun, sondern ich würde auch meine Frau dazu verpflichten, wenn nur die Ehre unberührt bleibt. Ich sage das, weil ich ihr derzeit nicht die Muße und Ehre bieten kann, die recht wäre. Wegen meiner Notlage kann ich ihr jetzt durch Herrn *Ulloa* nur 500 *Pesos* für ihren Unterhalt schicken. Ich bitte Euer Gnaden, für sie als Ihre Dienerin sorgen zu wollen, da ich und wir beide

Diener sind, und sie zu unterstützen, wie ich dies von Euer Gnaden erbat, als Sie in *Lima* aufbrachen. Und Euer Gnaden mögen ihr dies schreiben lassen, weil es ihr eine große Erleichterung sein würde, die ich ihr verschaffen will. Auch für mich gibt es keinen größeren Gunstbeweis.

Weil meine Angelegenheiten so heiß sind, daß sie den Schatten Euer Gnaden nötig haben, habe ich es gewagt, Ihnen zusammen mit Antonio de Ulloa Vollmacht zu geben, für ihn und für mich von Seiner Majestät jene Gunstbeweise zu erbitten, von denen ich geschrieben habe, falls Ihr Euch am Hof befindet. Ich bitte Euer Gnaden, mir diese Kühnheit zu verzeihen, aber das Vertrauen, das ich in Euer Gnaden als meinen Herrn haben darf, gab mir den Mut dazu.

Da ich sichere Nachricht vom Tod des Marquis, meines Herrn, erhielt, ließ ich Seelenmessen und einen Jahrtag halten, weil ich derzeit die Möglichkeit dazu hatte. Ich werde immer dafür Sorge tragen, weil ich dazu verpflichtet bin und es auch Euch schulde, seiner Seele mit Fürbitten zu helfen. Gott möge ihn in seine Glorie aufnehmen. Ich wünschte mir, ich könnte sie so großartig machen, wie es der Ruhm seiner Taten verdient. Ich schreibe dem Herrn Sekretär *Samano*, Euer Gnaden würden, wenn Sie sich bei Hof befänden, sich an meiner Stelle als Diener vorstellen. Ich bitte Euch, das zu übernehmen, da ich mich als Euren ergebensten Diener betrachte.

Ich schreibe auch dem erlauchtesten und hochwürdigsten Herrn Vizekönig und Kardinal, dem sehr erlauchten Herrn Conde de *Osorno* und den ehrenwerten Räten des königlichen Indienrates. Ich sage nicht, daß Euer Gnaden mit ihnen sprechen wird, denn ich will mir nichts herausnehmen, sondern ich schreibe nur, daß ich eine Kreatur des Marquis, meines Herrn, bin. Dafür kann Euer Gnaden es dann so einrichten, daß Ihr ihnen wie zufällig begegnet und mir sozusagen in einer Art von Komplott Eure Gunst erweist, sofern es Euch dienlich ist. Ich schreibe auch an den erlauchtesten Herrn Herzog von *Alba*, an den sehr erlauchten Herrn Großkomtur von León und an den sehr ehrenwerten Herrn Komtur Alonso de *Idiáquez*. Euer Gnaden möchten bei ihnen so behutsam vorgehen wie bei den anderen. Ich schreibe schließlich auch an Herrn Lope de *Idiáquez*, einen Freund Eurer Gnaden und meines Herrn, daß er alles als Angelegenheiten eines Dieners behandle.

Ferner schicke ich Euer Gnaden hier die Abschrift eines Briefes, den ich dem Herrn Gouverneur *Vaca de Castro* geschrieben habe, um, wie Ihr daraus ersehen werdet, auf gewisse Verfügungen zu antworten, die er mir mit Kapitän *Monroy* geschickt hat, wie wenn ich sein Statthalter wäre. Ich antworte: »*Noli me tangere quia Caesaris sum.*« Er ist schlecht geschrieben und *Cardenas* konnte ihn nicht kopieren, weil er nur für diese Depesche bestimmt ist.

Der Herr Gouverneur ist ein so ehrenwerter Ritter und so klug und hat sich mir in der Tat so sehr als ein Vater erwiesen, daß ich ziemlich sicher bin, daß er meine Rechtfertigung annehmen wird. Aber es könnte sein, daß ein Agent seiner Herrlichkeit an diesem Hof war und neben seinem Auftrag etwas gesagt hat, weswegen es notwendig sein könnte zu wissen, was ich ihm geschrieben habe. Deswegen schicke ich Euch diesen Brief.

Als der Herr Gouverneur seinen Sekretär Francisco Páez, der bei Hof gewesen ist, zu Kapitän Alonso de *Monroy* schickte, zeigte sich dieser uns sehr gewogen und verwies uns an einen seiner Brüder und einen seiner dortigen Freunde, die Miguel Páez und Sebastian de Ledesma heißen und Klienten des Herrn Großkomtur von Léon sind und meine Belange bei Hof vertreten würden, weshalb er für sie um eine Pension bat. Kraft meiner Vollmacht wies ihnen der Kapitän daraufhin tausend *Pesos* pro Jahr an. Aber als er bald darauf mit dem Nachschub hierher kam und mir berichtete, widerrief ich die Vollmacht, angesichts meiner geringen Möglichkeiten, Seine Majestät so schnell ins Bild zu setzen, damit sich die Summe nicht vervielfacht ohne Ergebnisse. Ich tat dies nicht mit Vorbehalt, weil ich davon keinen Gebrauch machen möchte, aber es soll keine solche Pension weggehen und ich zahlen müssen, ohne zu wissen wofür. Falls sie sich für meine Angelegenheiten verwendet haben sollten, werde ich sie zufriedenstellen, aber ich will, daß dies freiwillig geschieht und nicht gezwungenermaßen. Ich bitte Euer Gnaden, etwas über diese Personen in Erfahrung zu bringen, wer sie sind und was sie können, und mir zu raten, was vernünftig ist. Trifft es zu, will ich sie ganz oder teilweise bezahlen. Verhält es sich anders, will ich sagen können: »Geh mit Gott und bring mir Brot!«

Ich schreibe Pero de *Soria* nach *Porco*, daß man mich benachrichtigen soll, falls etwas in diesem Land für Euer Gnaden dienlich wäre. Wenn Ihr etwas von hier geschickt haben wollt, wird es geschehen, wie wenn Euer Gnaden persönlich in diesem Land anwesend wäre. Auch wenn die Sache nicht von großer Wichtigkeit sein sollte, will ich mich doch ganz und gar dafür einsetzen und nichts auf der Welt soll mir vorgehen. Sie soll schneller als der Gedanke eilen und fliegen.

Heute haben wir den 15. August in *Valparaiso*, dem Hafen der Stadt *Santiago* del Nuevo Estremo. Weil das Schiff, das ich hinuntergeschickt hatte, überholt werden muß und es hier kein Pech gibt, wohl aber in der Stadt *La Serena*, wo eine Art Wachs oder Erdpech an kleinen Zweigen wie Gras wächst und angeblich zum Flicken des Schiffs besser ist als noch soviel Pechmasse, was zehn oder zwölf Tage dauern wird, schiffe ich mich dorthin ein, um keine Zeit zu verlieren und werde mit Gottes Hilfe unter anderem diese Depeschen in zwei Tagen dort beenden.

Es sind jetzt zehn Tage, seit ich in dieser Stadt *La Serena* angekommen bin. Ich habe meine Depeschen beendet und schicke mit Gottes Segen die Boten an den Hof und nach *Cuzco*. Er möge sie alle sicher führen und diesen Brief in die Hände Eurer Gnaden gelangen lassen. Ich werde heute in acht Tagen nach *Santiago* zurückkehren, wo ich meinem *Feldmeister* den Auftrag hinterlassen habe, die Leute für weitere Siedlungsunternehmen zu rüsten. Hier habe ich den Kaziken gesagt, sie sollten den Christen gut dienen, denn ich würde jetzt nach vielen Leuten schicken. Wenn sie es nicht täten, müßten sie die Zeche zahlen. Da ich sie bis jetzt nicht belogen habe, fürchten sie sich und versprechen Gehorsam. Damit lasse ich hier Ordnung zurück, weil sie sich fürchten, obwohl sie sonst, wie Euer Gnaden wissen, angreifen, wen sie sehen.

Euer Gnaden möge mir seinen Segen geben und mir tausend Gunstbeweise schenken, wie auch ich niemals müde werde, Euch zu Diensten zu sein. Das gebe ich hier kund und zu wissen, gezeichnet mit eigener Hand und Unterschrift. Unser Herr möge die sehr ehrenwerte Person Eurer Gnaden beschützen und Euch Wohlergehen schenken, was ich Euch wünsche, wie man mir glauben wird.

Aus der Stadt La Serena, am 4. September 1545.

Pedro de Valdivia

IV.

Pedro de Valdivia an Kaiser Karl V. La Serena, 5. September 1545

Eine Art Kredenzschreiben für Antonio de Ulloa, der Brief II an den Kaiserhof bringen soll. Sein Sinn ist nicht recht klar, denn es wiederholt nur, was dort gesagt wurde. Außerdem mußte Valdivia wissen, daß Ulloa als Anhänger des Sancho de Hoz suspekt war, wie er denn auch Valdivias Vertrauen in der Tat umgehend mißbraucht hat; Valdivias Gutgläubigkeit verblüfft hier.

Heilige kaiserliche katholische Majestät!

Durch Antonio de *Ulloa* schreibe ich Eurer Majestät, was ich bis heute erlebt habe. Er führt auch beglaubigte Abschriften der Wahldokumente mit, in der Rat und Volk dieser Stadt Santiago del Nuevo Estremo, die ich für Eure Majestät gegründet habe, sich für meine Person entschieden haben und von der Inbesitznahme des weiteren Landes, die ich in Eurem kaiserlichen Namen durchgeführt habe. Desgleichen schicke ich ein Duplikat davon durch Kaufleute, damit wenigstens eines Eure königliche Aufmerksamkeit finde. Mit dem Schiff, mit dem diese Berichte abgehen, schicke ich, wie ich schreibe, meinen Stellvertreter Kapitän Alonso de *Monroy* nach Peru. Es könnte sein, daß dort etwas Neues vorgefallen ist, wenn auch sicher nichts wie das Vergangene, aber daß Gott über den Gouverneur *Vaca de Castro* verfügt hat, obwohl ich IHN bitte, daß es nicht der Fall sei, denn Eure Majestät würden einen bedeutenden Diener und Klienten verlieren. Oder was sonst vorzukommen pflegt, so daß er nicht zustande bringen kann, was Euer kaiserlicher Dienst und das Wohl Eurer Vasallen, dieses Landes und der Eingeborenen erfordern, weil infolge von Hindernissen nichts geschieht. Um Eurer Majestät gegebenenfalls den Grund für diesen Schaden darzulegen und über meine Person und dieses Land Bericht zu geben, soll *Ulloa* bei Eurer Majestät vorstellig werden. Was ich sagen und was ich ihm als Vollmacht für Eure allerheiligste Person geben kann, ist wie wenn ich es selbst wäre. In allem, was er sagt und worum er Euch bittet, bitte ich untertänigst, ihm dasselbe Vertrauen zu schenken wie mir, denn er ist einer der vorzüglichsten Männer, die mit mir in dieses Gebiet gekommen sind und Eurer Majestät hier als Ritter und Edelmann gedient haben. Und wenn Gott ihn dorthin gelangen läßt, obwohl mir derzeit fast mehr daran liegt, daß er wohlbehalten zurückkehrt, so möge Eure Majestät dafür sorgen, daß er wieder geht, mehr wegen Eures kaiserlichen Dienstes als aus Eigeninteressen von uns beiden. Ich verweise auf den Bericht, den er, gut unterrichtet wie er ist, geben kann und wird und möchte mich daher nicht weiter verbreiten.

Heilige kaiserliche katholische Majestät, Unser Herr beschütze noch lange Eure allerheiligste Person und erhalte Ihr die Hoheit der Weltherrschaft.

Aus der Stadt La Serena, hier in Neu-Estremadura, am 5. September 1545.
Eurer heiligen kaiserlichen katholischen Majestät ergebenster Untertan und Vasall, der Euch die allerheiligsten Hände küßt

Pedro de Valdivia

Bald nach Eintreffen der Verstärkungen hatte Valdivia Pastene zur See und Villagra zu Land auf Erkundungsexpeditionen nach Süden geschickt; der erstere kam bis Arauco, der letztere bis Itata; beide brachten Nachrichten von einem blühenden und dichtbesiedelten Land. Daraufhin zog Valdivia nach seiner Rückkehr aus dem Norden und gründlicher Rüstung im Februar 1546 selbst aus, um jenseits der spanischen Grenze am Rio Maulé eine weitere Stadt zu gründen. Da der Vorstoß mit erzwungenem Rückzug endete, deklarierte er ihn später in Brief IX nicht ganz zutreffend zur reinen Erkundungsexpedition.

V.

Pedro de Valdivia an Gonzalo Pizarro
Santiago, 9. August 1546

Nach wie vor ganz der getreue Klient berichtet Valdivia Gonzalo Pizarro von seinem Vorstoß nach Süden, mit der offenkundigen Absicht, hinreichend Interessenten anzulocken, denen er dank der zahlreichen Indianerbevölkerung Encomiendas in Aussicht stellen kann.

Hoher Herr!

Durch den Kapitän Alonso de *Monroy* habe ich auf die Briefe Eurer Gnaden geantwortet und mitgeteilt, was es bis dahin mitzuteilen gab. Und jetzt kann ich schreiben, daß ich ein weiteres Land entdeckt habe, das blühender und reicher an Menschen, Nahrung, Vieh usw. ist als irgendein anderes in Indien. Weil ich weiß, daß Euer Gnaden sich über den Erfolg Ihres Dieners freuen wird, sage ich es hier. Und damit man in jenen Gegenden Bescheid wisse, fertige ich dorthin eine Barke ab, die mir zur Verfügung steht. Ich bitte Euer Gnaden um die Gunst, mir Leute hierher zu schicken. Sagen Sie ihnen, wie blühend dieses Land ist. Es sollen viele kommen, denn es gibt viel Land und seine Besitzer sind sehr mächtig, klug und gut bewaffnet. Das Land beginnt vierzig *Meilen* von dieser Stadt. Mit fünfundsechzig Reitern konnte ich nur zehn *Meilen* eindringen und wenn ich elf vorgedrungen wäre, wäre es uns alle teuer zu stehen gekommen, wenn Gott nicht seine Hand über uns gehalten hätte, wie er es getan hat, als er uns Anlaß zur Umkehr bot, obwohl einige ganz schön verwundet waren. Sie haben mir zwei Pferde getötet, obwohl alle, die wir mitgenommen hatten, ebenso wie wir selbst wohlgepanzert waren. Euer Gnaden mögen wissen, daß ich auch fünfhundert, die kommen, mit Gottes Hilfe anderthalb Jahre nach ihrem Eintreffen so gut versorgt haben könnte, daß sie weder die Bürger von Cuzco noch die Teilnehmer von Cajamarca beneiden müßten, nach allem was ich erfahren habe und aus eigenem Augenschein weiß. Aber natürlich bedauern die Edelleute, die hierher gekommen sind, nicht die Zurückgebliebenen und natürlich wird es Neid geben können. Im übrigen verweise ich auf den Boten, der Euer Gnaden diesen Brief bringen wird.

Ich bitte Euer Gnaden, mir zu schreiben, was Sie von Don Hernando *Pizarro* wissen und die Neuigkeiten, die Sie von ihm haben, und wie es mit seinen Geschäften geht. Ich wünschte mir, daß Gott bewirken möge, daß es mit meinen Geschäften so geht wie mit seinen; das genügt mir. Weiter bitte ich Euer Gnaden, mich wissen zu lassen, wie es jenen jungen Herrschaften geht und was Seine Majestät mit ihnen gemacht hat, denn ich möchte das unbedingt wissen. Der Herr gewähre der Person und dem Hause Eurer Gnaden Schutz und Gedeihen!

Aus dieser Stadt Santiago in Neu-Estremadura, am 9. August 1546.
Euer Gnaden ergebendster Diener küßt Ihnen die Hände.

Pedro de Valdivia

Der Brief an Pizarro wurde vermutlich Juan Dávalos Jufré mitgegeben, der im September 1546 mit Duplikaten der früheren Briefe in einem Boot nach Peru geschickt wurde, um endlich Nachrichten zu bringen und neuen Nachschub zu mobilisieren. Aber erst im September 1547 traf Pastene mit dem Schiff »Santiago« in La Serena ein, das in so schlechtem Zustand war, daß es repariert werden mußte, um Anfang Dezember 1547 nach Valparaiso zu gelangen. Aber Valdivia erhielt sofort Nachrichten aus Peru. In der »Guerra de Quito« 1544-1546 war der Vizekönig Núñez Vela am 18. Januar 1546 in der Schlacht von Añaquito von Pizarro geschlagen und getötet worden. Ulloa hatte auf Pizarros Seite mitgekämpft, nachdem er Valdivias Briefe geöffnet und vernichtet hatte. Monroy war gestorben, und Pastene wurde von Ulloas Helfern in Lima festgehalten, während dieser mit Pizarros Erlaubnis sich Valdivias Gold aneignete und Nachschub für Chile anwarb, mit der eindeutigen Absicht, im Zusammenspiel mit Sancho de Hoz Valdivia zu beseitigen. Erst der alte Kriegskamerad Carvajal verschaffte Pastene Bewegungsfreiheit, freilich gegenüber Pizarro unter dem Vorwand, er sei ein Helfer Ulloas. Nun begann ein Spiel von Intrigen und nautischen Manövern zwischen Ulloa und Pastene, das der letztere als der bessere Seemann zu seinen Gunsten entscheiden konnte. Ulloa kehrte daraufhin mit seinen Leuten nach Peru zurück. Ein Rest von denen, die er in Atacama an Land gesetzt hatte, schlug sich nach Chile durch. In Peru zeichnete sich aber eine neue Lage ab. Zwar gelang es Pizarro und Carvajal den Widerstand der Königstreuen, die »Guerra de Guarina« (oder Huarina) 1546-1547, in der blutigen Schlacht am gleichnamigen Ort am 16. Oktober 1547 zu brechen. Aber inzwischen war ein neuer königlicher Sonderbeauftragter eingetroffen, Pedro de la Gasca, ein schlichter Priester und Jurist mit wenigen Begleitern, aber traumhaften Sondervollmachten. Formell war er Präsident der erneuerten Audiencia von Lima, konnte aber handeln wie der König selbst, z.B. im Bedarfsfall den Vizekönig absetzen und nach Spanien schikken. Vor allem aber brachte er den Widerruf der Abschaffung des Encomiendasystems und die Vollmacht zum Generalpardon mit. Mit großem Geschick versuchte de la Gasca sogar Gonzalo Pizarro zum Einlenken zu bewegen, wenn auch vergebens. Dessen Anhänger aber gingen reihenweise auf die sichere königliche Seite über, wo sie mit offenen Armen aufgenommen wurden. Bald kontrollierte de la Gasca die

Küste und konnte ein Heer zusammenstellen, um ins Hochland zu ziehen und Pizarro zu stellen.

Valdivia entschloß sich, mit dem reparierten Schiff Pastenes nach Peru zu fahren, um auf königlicher Seite mitzukämpfen. Für die Unterstellung, er habe auch mit Pizarro geliebäugelt, lassen die Quellen ungeachtet entsprechender Initiativen Pizarros und Carvajals, ihn zu gewinnen, keinen Raum, wohl aber für die Vermutung, er habe vielleicht anschließend selbst nach Spanien reisen wollen, um die Sache seiner Statthalterschaft endlich zur Entscheidung zu bringen. Er bestellte Villagra zum Vizegouverneur für die Zeit seiner Abwesenheit und verschaffte sich mit List und Gewalt alles Gold, das er bekommen konnte, eines der Details, das er in seinen späteren Berichten verschweigt oder nur andeutet. Valdivia war noch nicht abgefahren, da versuchte eine neue Verschwörung in Santiago Sancho de Hoz an die Macht zu bringen. Aber Villagra machte kurzen Prozeß; am 8. Dezember 1547 wurde Sancho de Hoz enthauptet. Am 13. Dezember konnte Valdivia absegeln, um Mitte Januar 1548 in Lima einzutreffen. Er vervollständigte die Ausrüstung seiner kleinen Gruppe und folgte dem Präsidenten ins Hochland, wo er Anfang März zu ihm stieß. De la Gasca befehligte sein Heer zwar selbst, war aber auf den Rat seiner als Militärs nicht übermäßig kompetenten Berater Alvarado und Hinojosa angewiesen. Er scheint daher den erfahrenen Kriegsmann Valdivia gern in verantwortlicher Rolle eingesetzt zu haben, und es ist wohl nicht übertrieben, Valdivias geschickter Taktik, insbesondere beim Überwinden des Rio Apurimac und beim Plazieren der Artillerie, die entscheidende Rolle beim Sieg in der »Guerra de Xaquixahuana« (oder Jaquijahuana) 1547-1548 am gleichnamigen Ort am 9. April 1548 zuzuschreiben. Es handelte sich freilich weniger um eine Schlacht als um Überlaufen oder Flucht von Pizarros Truppen. Dieser selbst wurde am nächsten Tag geköpft, Carvajal, der 300 von 340 Opfern der Herrschaft Pizarros auf dem Gewissen hatte, gevierteilt. Weitere Hinrichtungen und andere Strafen folgten, es sei denn, man war rechtzeitig auf die königliche Seite übergegangen. Valdivia aber wurde am 23. April 1548 von de la Gasca endlich zum königlichen Gouverneur und Generalkapitän bestellt; die vielleicht geplante Spanienreise hatte sich erübrigt. Er erhielt zwei Schiffe auf Kredit und die Erlaubnis, Leute anzuwerben. Anscheinend wurden jetzt Pizarroanhänger abgeschoben, wie früher Pizarro die Männer Almagros nach Chile geschickt hatte.

VI.

Pedro de Valdivia an Prinz Philipp von Spanien Lima, 15. Juni 1548

Bevor Valdivia aus Lima nach Chile aufbricht, richtet er an den spanischen Regenten Prinz Philipp (der damals gerade im Begriff stand, diese Aufgabe an seinen Vetter Erzherzog Maximilian zu übergeben, was Valdivia aber kaum bekannt gewesen sein dürfte) einen kurzen Bericht mit der Bitte um Ausweitung der von de la Gasca verliehenen Rechte und Befugnisse, vermutlich im selben Sinn wie in den Briefen VIII und IX.

Höchster und gewaltigster Herr!

Nach der Ankunft des Licenciado *Gasca* als Präsident in diesem Königreich *Neu-Kastilien* und im Feldlager, um im Namen Eurer Hoheit gegen die Tyrannei Gonzalo *Pizarros* und seine Rebellen vorzugehen, schrieb ich unserem Monarchen und Kaiser, meinem Herrn, in der Gewissheit, daß der Brief in seine allerheiligsten Hände oder in die Eurer Hoheit gelangen würde. Ich bin mir aber nicht mehr sicher, ob einer der Briefe, die ich bis jetzt geschrieben habe, angekommen ist. In ihnen erstattete ich Seiner Majestät und Eurer Hoheit Bericht darüber, was ich in Ihrem königlichen Dienst in jenem Königreich und in der Provinz *Neu-Estremadura* geleistet habe. Und über die großen Ausgaben, die mir bei der Erhaltung, Besiedlung und Entdeckung entstanden sind und jeden Tag entstehen. Und während ich dort im königlichen Dienst Eurer Hoheit tätig war, erfuhr ich durch ein Schiff, das glücklicherweise dorthin kam, von der Rebellion dieser Königreiche und der Tyrannei Gonzalo *Pizarros*. Da faßte ich den Entschluß, mich Eurer Hoheit zur Verfügung zu stellen, wie ich es seit achtundzwanzig Jahren zu tun pflege. Nachdem ich im Lager Eurer Hoheit angekommen war, gab mir der Präsident zusammen mit dem Marschall Alonso de *Alvarado* als *Feldmeister* die Verantwortung für das Heer. Im Dienst Eurer Hoheit und um das königliche Wohlwollen zu verdienen, tat ich, was er mir im Namen Eurer Hoheit auftrug und trachtete meinerseits danach, alles mir mögliche zu tun, um die Tyrannei mit dem geringstmöglichen Schaden und möglichst wenigen Toten unter den Vasallen Eurer Hoheit am weiteren Fortschreiten zu hindern. Es war Gottes Wille, daß dank des kaiserlichen und königlichen Glücks unseres Monarchen und Eurer Hoheit, der Tüchtigkeit des Präsidenten und des Eifers der Kapitäne seines Heeres, Eure Hoheit mit dem Verlust nur eines einzigen Mannes den Sieg davontrug. Der Präsident ließ Gonzalo *Pizarro* und wen er besonders schuldig fand

Gerechtigkeit widerfahren. Und das tut er täglich, wenn einer es verdient, so daß Eure Hoheit offenbar niemand Sachverständigeren und Dienstfertigeren in diese Königreiche hätte schicken können.

Nachdem die Revolution in diesen Königreichen niedergeschlagen war und der Präsident genau erfahren hatte, was ich im Dienst Eurer Hoheit für die Erhaltung und Besiedlung jenes Landes und für die weitere Entdeckung ausgegeben hatte, was mehr als 300.000 *Pesos* ausmacht, und er meinen Diensteifer gegen Eure Hoheit kannte, ernannte er mich in Ihrem königlichen Namen zum Gouverneur und Generalkapitän jener Provinz *Neu-Estremadura* auf Lebenszeit, kraft der Befugnis und des Auftrags, die er dafür von unserem Kaiser erhalten hatte. Als Grenzen meiner Provinz legte er den 27. Breitengrad im Norden und den 41. im Süden fest und in West-Ost-Richtung eine Breite von einhundert *Meilen*, so wie dies ausführlicher in der Verfügung steht, die er mir kraft seiner Machtbefugnis ausstellte. Ich schicke eine beglaubigte Abschrift mit, ebenso von der Instruktion der *Audiencia* Eurer Hoheit in Peru, die er mir zusammen damit übergab. Desgleichen die *Capitulación*, die ich vom Präsidenten erbat und von ihm im Namen Eurer Hoheit gewährt erhielt. Das alles schicke ich an den königlichen Rat Eurer Hoheit zur Kenntnisnahme, damit Eure Hoheit verfügen kann, was ihm noch für Ihren Dienst erforderlich erscheint.

Aus der zugesandten *Capitulación* wird Eure Hoheit sehen, was mir von dem, was ich erbeten habe, zugestanden wurde; ich erhielt nicht alles, weil der Auftrag Seiner Majestät sich nicht weiter erstreckte. Als ergebener Untertan und Vasall bitte ich Eure Hoheit, mir durch königliche Verfügung zu bestätigen, was mir der Präsident gab, und mir zusammen damit die Gnaden zukommen zu lassen, um die ich in der *Capitulación* bitte. Obwohl Eurer Hoheit noch kein vollständiger Bericht über meine Dienste vorliegt, sind sie doch so annehmbar, daß Ihr mir sicher die erbetenen Gunstbeweise geben werdet. Denn auch wenn ich nicht 300.000 *Pesos* zur Erhaltung, Besiedlung und Entdeckung ausgegeben hätte, würden allein die Erhaltung des Landes trotz des schlechten Rufes, den es hatte, seit der Adelantado *Almagro* aus ihm zurückkehrte, und die Absicht, mit der ich dieses Unternehmen in Angriff nahm, mein ganzes Vermögen für den Dienst Eurer Hoheit aufzuwenden, alle Gnadenerweise rechtfertigen.

Abgesehen von den Ausgaben für die Erhaltung des Landes entstanden mir weitere aus dem Dienst für Eure Hoheit in dem jüngsten Unternehmen und durch meine Flotte. Um den Eingeborenen keinen Schaden zuzufügen, werden sehr wenig Leute kommen und die Mehrzahl davon zur See. Dafür entstanden mir zusammen mit der Galeone und der Galeere aus der königlichen Flotte Eurer Hoheit, die in diesem Hafen lagen und die ich führe, und ebenso für zwei andere Schiffe mehr als 60.000 *Pesos* an weiteren Kosten, wobei ich mehr als 80.000 *Pesos* beiseite lasse, die ich sonst in das Land steckte.

Der Präsident ließ den hiesigen Beamten Eurer Hoheit befehlen, die Galeone und die Galeere und meine Kosten für Lebensmittel zu schätzen und sie mir zu überlassen, wobei ich mich verpflichtete, sie den Beamten zu einem noch festzulegenden

Zeitpunkt zu bezahlen, und man schätzte gut 27.000 *Pesos*. Ich bin verpflichtet, sie an Eure Hoheit zu bezahlen, bitte aber ergebenst, sie anzuweisen, sie nicht von mir zu verlangen, weil sie in Eurem königlichen Dienst ausgegeben wurden und ich nichts im Leben mehr begehre, als sie im Dienste Eurer Hoheit auszugeben.

Ich bitte Eure Hoheit, sich die Gunstbeweise zeigen zu lassen, die ich in der *Capitulación* erbitte und sie mir zu gewähren, da Eure Hoheit seine Diener zu belohnen pflegt und ihnen mehr Gnaden zukommen läßt, als ihren Diensten entspricht, und weil Eure Hoheit finden wird, daß ich tatsächlich mit dem, was ich im Dienst des gegenwärtigen Unternehmens ausgegeben habe, und mit den Ausgaben für meine Flotte mehr als 400.000 *Pesos* ausgegeben haben werde, seit ich dieses Unternehmen aufnahm, um Eurer Hoheit zu dienen. Ich halte sie für gut angelegt, da sie für den Dienst Eurer Hoheit und zur Vermehrung der königlichen Krone verwendet werden.

Als ich die Küste erkunden ließ, wie ich unserem Monarchen schrieb, und das Land im Namen Eurer Hoheit in Besitz nehmen ließ, gelangte das ausgesandte Schiff bis zur Magellanstraße, und wenn es Eurer Durchlaucht beliebt, daß man die Meerenge befahre, möge er mir Anweisungen schicken, weil wir nichts lieber tun würden, als sie mit Gottes Willen zu befahren, um Eurer Durchlaucht damit zu dienen; denn wenn ich mich dafür auch noch mehr verschulden müßte als bisher, um Eurer Durchlaucht noch mehr zu dienen, werde ich doch veranlassen, daß kurze Zeit nach Eintreffen des Befehls Eurer Hoheit ein Schiff in Sevilla sein wird, das sie durchfahren hat; denn wir halten es hier alle für sicher, daß Eurer Durchlaucht damit gedient ist und Ihre Königreiche dadurch bereichert werden.

Unser Herr schütze und erhebe die hohe und gewaltige Person Eurer Hoheit durch den Zugewinn von noch mehr Königreichen und Herrschaften, wie wir es als Vasallen Eurer Durchlaucht wünschen.

Geschrieben in der Stadt Lima in Peru, am 15. Juni 1548.
Höchster und gewaltigster Herr, Euer ergebener Untertan und Vasall, der die königlichen Füße und Hände Eurer Hoheit küßt.

Pedro de Valdivia

Nachdem Valdivia verschiedene Hauptleute mit Soldaten zu Land vorausgeschickt hatte, folgte er mit den Schiffen, ging aber in Nasca an Land, um die Führung seiner ungefähr 120 Leute zu übernehmen, während die Schiffe unter Jeronimo de Alderete weitersegelten – von Nord nach Süd ein langwieriges Kreuzen gegen Wind und Strömung. Unterwegs wurde Valdivia von Hinojosa eingeholt, der ihm zunächst nur bedeutete, daß bei de la Gasca inzwischen schwere Anklagen gegen ihn vorgebracht worden seien, bis er sich schließlich in Atacama getraute, ihm den Befehl des Präsidenten zur Rückkehr vorzulegen. In seinen Berichten tut sich Valdivia nicht wenig auf seinen sofortigen Gehorsam und die Besonnenheit zugute, mit der er die Unruhe un-

ter seiner Soldateska beschwichtigte. Auf einem in Arequipa angetroffenen Schiff kam er am 20. Oktober 1548 wieder in Lima an. Der Präsident begrüßte ihn freundlich, führte aber ein sorgfältiges Verhör vereidigter Be- und Entlastungszeugen durch, dessen Protokolle erhalten sind (Medina: Colección VIII, S. 242-393). Am 2. November durfte Valdivia zu der Liste der 57 buntgemischten Vorwürfe Stellung nehmen. Am gewichtigsten waren die verschiedenen Hinrichtungen, vor allem die eigentlich nicht von ihm zu verantwortende von Sancho de Hoz, dann seine dubiosen Geldbeschaffungsmethoden, die 1546 wegen Indianerknappheit notwendig gewordene Reduzierung der Zahl der Encomenderos von Santiago, die viel böses Blut gemacht hatte, und schließlich sein Verhältnis zu Inés Suáres. Am 19. November 1548 sprach de la Gasca sein Urteil, das angesichts von Valdivias Treue und Verdiensten, vor allem aber wegen seiner Unentbehrlichkeit im Hinblick auf die Begleichung seiner Schulden – so de la Gasca an den Indienrat – zwar auf Freispruch und Bestätigung in seinen Ämtern hinauslief, aber doch mit einer Reihe von Auflagen verschiedenen Anklagepunkten Rechnung trug: Valdivia mußte sich binnen sechs Monaten von seiner Lebensgefährtin trennen und binnen eines Jahres seine Zwangsanleihen zurückzahlen sowie künftig von dieser Praxis Abstand nehmen, er hatte Rückkehrwilligen das Verlassen Chiles zu gestatten und durfte einmal zugeteilte Encomiendas nicht verändern, hatte allerdings auf eine ausreichende Zahl von Indianern zu achten, damit diese nicht überbeansprucht werden. In seinen Briefen spielt Valdivia den Prozeß und die erwähnten bedenklichen Tatsachen herunter oder erwähnt sie überhaupt nicht, obwohl oder gerade weil er wissen mußte, daß de la Gasca darüber nach Spanien berichten würde.

Als Valdivia auf dem Rückweg am Weihnachtsabend in Arequipa ankam, hatte er einen schweren Zusammenbruch und rang angeblich eine Woche lang mit dem Tode. Dennoch machte er sich so rasch wie möglich wieder auf den Weg, denn seine Soldateska, die in Arica auf ihn wartete, erschien nicht nur ihm als eine Bedrohung des nicht allzuweit von dort entfernten Minengebiets von Hochperu, wo Edelmetall für den König angesammelt wurde. So segelte er schon am 21. Januar 1549 mit 200 Mann von dort ab und gelangte nach mühseliger Reise Anfang April nach Valparaiso. Unterdessen hatten die Indianer Mitte Januar die Stadt La Serena überfallen und vernichtet. Nachdem Valdivia Ende Juni vom Stadtrat von Santiago als königlicher Gouverneur akzeptiert worden war, schickte er Francisco de Aguirre nach Norden zur Züchtigung der Indianer und zur Neugründung von La Serena, die am 26. August 1549 erfolgen sollte. Im Juni ging Villagra mit dem vorhandenen Gold nach Peru, um weiteren Nachschub zu beschaffen.

VII.

Pedro de Valdivia an Kaiser Karl V.
Santiago, 9. Juli 1549

Villagra nimmt diesen kurzen Zwischenbericht mit nach Peru, um ihn weiterzusenden. Valdivia spricht von seinen Plänen, über die Kordillere nach Osten auszugreifen – seine Zuständigkeit endete erst 100 Meilen landeinwärts – und den Süden Chiles zu erobern. Er entschuldigt sich, daß er immer noch kein Gold schicken kann, sondern die vorhandenen Mittel für Nachschub benötigt.

Hochheiliger und siegreicher Kaiser!

Nach dem Vorbild meiner Vorfahren habe ich Eurer Majestät gedient, wo immer ich mich befand, hier in Indien und besonders in dieser Provinz *Neu-Estremadura*, die früher Chile hieß. Zuletzt half ich bei der Befriedung Perus während der Rebellion des Gonzalo *Pizarro* im Auftrag des Licenciado de la *Gasca*, des Präsidenten der königlichen *Audiencia* von Lima. Er betraute mich in Vollmacht Eurer Majestät mit dem Amt und der Autorität des Gouverneurs und Generalkapitäns von *Neu-Estremadura*. Ich habe dieses Amt nur begehrt, um noch mehr und bessere Dienste leisten zu können. Von diesem Wunsche beseelt, kehrte ich aus Peru zurück, nachdem alles, was ich von hier mitgenommen hatte, ausgegeben war und ich mich noch mit Schulden beladen hatte, um Soldaten und Kriegsmaterial zur Eroberung und Behauptung des Landes zu beschaffen. Dabei unterstützte mich der Präsident, wie er wohl wie von allem anderen berichtet haben wird und ich selber Eurer Majestät brieflich von Lima aus Nachricht gegeben habe.

Bei meiner Ankunft hier erfuhr ich, daß die Indianer im Tale von *Copiapó*, der ersten Siedlung nach der *Atacama*wüste, wo meine Statthalterschaft beginnt, und auch die der benachbarten Täler sich empört hatten. In diesem Tal und in einer Siedlung namens *La Serena*, die ich vierzig *Meilen* weiter an der Küste bei einem sehr guten Hafen auf halbem Weg zwischen jenem Tal und dieser Stadt angelegt hatte, wurden vierundvierzig Christen getötet, die Niederlassung zerstört und niedergebrannt; die Indianer selbst gebärdeten sich äußerst zudringlich und unverschämt.

Nach meiner Ankunft in diesem Land kam ich zu dem Schluß, daß, wenn erst das *Copiapó*tal befriedet und seine Bewohner für *La Serena* dienstverpflichtet wären, auch der Weg nach *Santiago* gesichert sei, so daß Soldaten aus Peru, wo es zu viele gibt, ohne Gefahr kommen können, um hierzulande Eurer Majestät zu dienen. Das ist nämlich der Schlüssel zur Stadt *Santiago*, die ihrerseits den Zugang zum weiteren Vordringen ins Innere Chiles bildet. Um diesen Zugang für die Verwirklichung meiner Pläne offen zu halten, hatte ich bis heute nur Arbeit, Mühe und Ausgaben für den Unterhalt im Übermaß, ohne daß mir daraus irgendein persönlicher Vorteil erwachsen wäre. Da es wohl Gottes Wille ist, daß ich auf das Begonnene zurückkomme, und um für den weiteren Vormarsch keine Zeit zu verlieren, diese wichtige Stadt durch die aus Peru mitgebrachten Leute vor Zerstörung zu sichern und so den Weg ins Landesinnere offen zu halten, legte ich bei meiner Ankunft am Fronleichnamstag dem Stadtrat die königlichen Verfügungen vor. Dieser nahm sie entgegen, anerkannte mich kraft derselben als Statthalter und Generalkapitän Eurer Majestät und machte dies feierlich und unter allgemeinem Jubel, wie es eben üblich ist und soweit Stadtrat und Einwohner es vermochten, amtlich öffentlich bekannt. Dann bestimmte ich sofort einen Hauptmann mit Soldaten zur Bändigung und Bestrafung der Indianer und zum Wiederaufbau der Stadt. Meinen Stellvertreter schickte ich nach Peru, um dort Leute anzuwerben, mit denen er diesen Sommer jenseits der Hochkordillere, wo die Lage günstig ist und auch Indianer vorhanden sind, in der Gegend von *La Serena* eine weitere Stadt bauen soll, so daß die beiden Siedlungen sich gegenseitig unterstützen könnten. Ich werde inzwischen weiter nach Süden vorrücken, wo, wie ich mich bereits überzeugt habe, die Bevölkerungsdichte und die Fruchtbarkeit des Bodens zunehmen. Alle Spanier vom Rio de la Plata, auch die, welche kürzlich aus jenen Gegenden nach Peru gegangen sind, haben aufs Geradewohl und gut Glück danach gesucht. Ich vertraue dabei auf Eurer Majestät Glück und möchte mit Umsicht an diese Aufgabe herangehen und mit der Zuversicht, daß der Herrgott durch die Hand Eures ergebensten Vasallen einen großen Dienst von Eurer Majestät erwartet. Ausharrend in Mühsal und Pflicht, bin ich erneut bereit, dieses und noch mehr auf mich zu nehmen, solange mir der Herrgott das Leben läßt.

Siegreicher Kaiser, es liegt in meinem eigenen Interesse, von den Herren Eures Hofes für einen Mann von Ehre und hohen Ansprüchen gehalten zu werden. Daher gehört es sich jetzt, alle meine Unkosten hintanzustellen und nur darauf bedacht zu sein, Eurer Majestät einen Mann zu schicken, der Verdienste nachweisen, um Gnadenbewilligungen bitten und sich um meine Frau und Familie kümmern kann. Ich hätte es mit dem Golde getan, das meine Leute während meiner Abwesenheit in Peru eingenommen hatten, wenn nicht plötzlich dieses unglückliche Ereignis eingetreten wäre. Doch infolge des Indianeraufstandes und der Zerstörung der Stadt war es ratsam, mit diesem Gold und dem Geld, das ich bei Freunden leihen konnte, meinen Stellvertreter nach Peru zu schicken, um noch mehr Truppen anzuwerben und diesem Notstand abzuhelfen. So verlangt es die Ehre Eurer Majestät und die Erhaltung des königlichen Besitzes, denn für beide muß ich mein Leben lang meine eigenen Angelegenheiten zurückstellen, weil ich stets die mir angeborene Verpflichtung vor Augen habe, zuerst die Pflichten gegen meinen König zu erfüllen. Und da sich – und das ist die Hauptsache – jetzt Gelegenheit dazu bietet, so betrachte ich meine eigenen Angelegenheiten als nebensächlich. Ich bitte Eure Majestät inständig, in diesem Falle meine Entschuldigungen anzunehmen, zumal sie auf die Erfüllung meiner Pflicht in Eurer Majestät Dienst gegründet sind. Denn was immer ich in Ihrem Dienst leisten kann, bedeutet mir Glück und Weg zum ewigen Heil – augenblicklich die greifbar gewordene Möglichkeit, dichtbevölkerte Länder zu bekehren, im Dienste Gottes und zur Vermehrung des Reiches Eurer Majestät.

Hochheiliger Kaiser, Gott erhalte die hochheilige Person Eurer Majestät auf lange Zeit zum Nutzen der Christenheit und für die Herrschaft über die Welt.

Aus dieser Stadt Santiago in Neu-Estremadura, 9. Juli 1549.
Eurer Majestät ergebenster Untertan und Vasall, der Eure heiligsten Hände küßt.

Pedro de Valdivia

Bei den Vorbereitungen der Südexpedition hatte Valdivia am 8. September 1549 einen schweren Unfall, der ihn erneut an den Rand des Grabes brachte. Erst Anfang Januar 1550 konnte er aufbrechen, zunächst in einer Sänfte. Am 24. Januar erreichte er nach verschiedenen Gefechten mit den Indianern den Bio-Bio, wo er zunächst ein Fort errichtete und nach weiteren Kämpfen am 5. Oktober 1550 die Stadt Concepción gründete. Pastene unternahm unterdessen mit seiner kleinen Flotte flankierende Operationen zur See. Anschließend schickt Valdivia Abgesandte nach Spanien zum Kaiser und an den Indienrat, wahrscheinlich in dem Bewußtsein, auf einem Höhepunkt des Erfolges zu stehen, wo seine Verdienste als getreuer Vasall ins beste Licht gestellt und daher die Erfüllung seiner zusätzlichen Wünsche am ehesten erlangt werden konnten.

VIII.

Pedro de Valdivia an seine Bevollmächtigten bei Hofe Concepción, 15. Oktober 1550

Instruktion Valdivias für seine Abgesandten an den spanischen Hof, die bis ins Detail, allerdings nicht bis in jedes Detail dem ihnen mitgegebenen ausführlichen Bericht an den Kaiser entspricht. Einleitend werden sie angewiesen, bei den Herren des Indienrats und den maßgebenden Höflingen für Valdivia vorstellig zu werden, wobei dem Tenor des Textes nach geradezu neue Klientelverhältnisse gestiftet werden sollen. Zu diesem Zweck haben sie eine ganze Reihe weiterer Schreiben zu überbringen, die aber nicht bekannt sind, so daß sich nicht feststellen läßt, welche Personen jeweils gemeint waren. Der Hauptteil des Briefes besteht in einem eher trockenen Abriß von Valdivias Leistungen im Dienst des Kaisers von den Anfängen in Italien bis zur Gründung von Concepción, der frühere Berichte wiederholt. Seine Vertreter sollen etwas zu erzählen haben! Dementsprechend wird gewichtet und besonders ausführlich beziehungsweise eher knapp oder auch gar nicht berichtet. Den Schluß bilden Valdivias finanzielle und politische Wünsche von höchst konkretem Charakter, teilweise mit ausführlichen Begründungen.

Anweisung und Bericht darüber, worum Sie Seine Majestät und die Herren Präsidenten und Räte Seines Königlichen Indienrates im Namen von Pedro de Valdivia zu ersuchen und zu bitten haben, der im Namen des Kaisers Gouverneur und Generalkapitän dieser Provinzen ist, die er als Entdecker und erster Siedler, Eroberer und Erhalter *Neu-Estremadura* genannt hat. Seine Bevollmächtigten sind der ehrwürdige Vater Bakkalaureus der Theologie Rodrigo *González*, Priester, und Alonso de *Aguilera*, Ritter und Edelmann, wenn es Gott gefällt, sie gesund nach Spanien und an den Hof Seiner Majestät zu führen. Es folgt, was von diesen beiden oder einem von ihnen getan und gesagt werden muß, wenn sie bei Seiner Kaiserlichen Hoheit und den Herren Präsidenten und Räten Seines Königlichen Indienrates vorstellig werden.

Eure Gnaden sollen erstens meine Briefe übergeben, die Sie für Seine Majestät und die genannten Herren Seines Indienrates mit sich führen, und ihnen in meinem Namen mit Ehrfurcht, Gehorsam und demütiger Ergebenheit die Hände küssen, wie ich sie als Vasall und geborener Untertan Seiner Majestät schulde, und dabei bekunden, daß Sie diese Pflicht in meinem Namen erfüllen.

Ferner meine gesonderten Briefe an Ihre Herrlichkeiten und Gnaden übergeben und mich jedem einzelnen als Diener anbieten, mit jenem Maß von Ergebenheit und gutem Willen, das ich Euren Gnaden angegeben habe.

Ebenso meine Briefe an die hohen Herren des Hofes Seiner Majestät, wobei Sie ebenfalls die Hände Ihrer Herrlichkeiten in meinem Namen küssen und mich als ihren Diener darstellen und anbieten sollen, besonders bei Seiner Herrlichkeit, den Sie ebenso wie andere, bei denen es gerechtfertigt scheint, bitten sollen, mich in die Reihe der Diener und Klienten ihrer erlauchtesten Häuser aufzunehmen.

Ebenso werden Eure Gnaden allen übrigen Caballeros und Personen meine Briefe übergeben; Ihr sollt mit jedem über mich sprechen, wie Ihr es in jedem Fall für angebracht haltet, daß sie, mögen sie mich kennen oder nicht, dazu angeregt werden, sich meiner zu bedienen und mir Aufträge zu geben, damit ich sie um den Gefallen bitten kann, mich zu begünstigen und mir in meiner Angelegenheit zu helfen, wie ich das für sie jederzeit tun werde. Und denen, die mich kennen, sollt Ihr in meinem Namen danken, daß sie mir mit demselben Wohlwollen gegenüberstehen wie ich ihnen. Im übrigen verlasse ich mich in dieser delikaten Angelegenheit auf die Klugheit Eurer Gnaden.

Eure Gnaden müssen Seine Majestät und die Herren Seines Königlichen Indienrates über die Dinge unterrichten, die hier angesprochen werden, wobei zu berücksichtigen ist, daß ich zu allen Punkten auch in meinen Briefen an Seine Majestät Stellung nehme, die ich hier nicht wiederholen will, obwohl sie lang und ausführlich sind, denn ich muß über den Zeitraum berichten, seit ich hierher kam, um Seiner Majestät zu dienen, und daß ich ihm dreißig Jahre mit meiner Kriegskunst und durch das Ertragen von Strapazen gedient habe.

Kurz berichten, wie ich Seiner Majestät zur Zeit des Prospero *Colonna* und des Marquis de *Pescara* in Italien diente, bis letzterer bei der Eroberung des Staates Mailand umkam. Ich diente als guter Soldat, um meinen Vorfahren nachzueifern, die täglich dasselbe taten und tun. Und in Flandern, als sich Seine Majestät in Valenciennes befand und der König von Frankreich darüber herfiel.

Bericht erstatten, wie ich im Jahre 1535 hierher nach Indien kam und mich ein Jahr lang an der Entdeckung und Eroberung von Venezuela beteiligte.

Bericht erstatten, wie ich im Jahr darauf, 1536, nach Peru kam, wegen der Nachrichten, die man dort, wo ich war, von der Rebellion des Inka hatte, vom Aufstand des ursprünglichen Herrn des Landes mit allen Eingeborenen gegen den Dienst Seiner Majestät und von der kritischen Lage, in der sich die Christen befanden. Denn mit dem großen Krieg, den er gegen sie führte, wollte er den Marquis *Pizarro*, der sie regierte, und alle übrigen Vasallen Seiner Majestät, Bürger und Conquistadoren, die bei ihm waren, töten. Und wie ich voll Diensteifer hinging, um diesen neuerworbenen Besitz Seiner Majestät verteidigen zu helfen oder zu sterben. Wie mich der genannte Marquis *Pizarro* nach meinem Eintreffen im Namen seiner Majestät zu seinem General*feldmeister* bestellte, weil er meinen Wunsch und meine Erfahrung in der Kriegskunst kannte. In dieser Eigenschaft wirkte ich nicht nur an der Unterdrückung der aufständischen Eingeborenen mit, sondern auch an der Befriedung der Christen, die durch die Leidenschaften des Herrn Adelantado Diego de *Almagro* notwendig geworden war. Und wie ich zweimal die Provinzen *Collao* und *Charcas* eroberte und dort bei der Gründung der Stadt *La Plata* mithalf und das ganze Land zum Frieden führte, das bis heute gehorsam geblieben ist.

Informieren und Bericht erstatten, wie mir der genannte Marquis *Pizarro* in Anerkennung der Dienste, die ich für Seine Majestät vier Jahre lang in den genannten Gebieten geleistet hatte, das ganze Canelatal als *Encomienda* anvertraute, das ich dann, als ich wegging, Kapitän *Peranzúlez*, seinem Bruder Gaspar *Rodríguez* und Diego *Centeno* überließ. *Vaca de Castro* gab dort während seiner Amtszeit drei Conquistadoren zu essen, den Kapitänen Diego *Centeno*, Lope de *Mendoza* und Dionisio de *Bobadilla*, denn das *Repartimiento* wirft jedes Jahr mehr als 200.000 *Castellanos* Ertrag ab. Ebenso half ich die Silberminen in dem Erzberg und Minengelände von Porcos entdecken, und ich besaß dort eine Mine, die mehr als 200.000 *Castellanos* wert war.

Und berichten, daß ich, um Seiner Majestät in diesem Entdeckungs- und Siedlungsunternehmen zu dienen, meine Täler und Indios mitsamt der Mine verließ, damit der Marquis das Ganze an andere Conquistadoren weitergeben und sie damit zufriedenstellen konnte, ohne daß ich einen einzigen *Goldpeso* dafür erhalten hätte.

Informieren und Bericht erstatten, wie das Land Chile den schlechtesten Ruf von ganz Indien hatte, als der Adelantado Don Diego de *Almagro* von dort, wohin er mit 500 Reitern gezogen war, nach Peru zurückgekommen war und es verlassen hatte. Wie ich trotzdem den Marquis *Pizarro* bat, mir im Namen Seiner Majestät den Auftrag zu geben, dorthin zu ziehen und es mit Fußsoldaten und Reitern zu erobern, zu besiedeln und noch weitere Provinzen zu entdecken, denn es war mein Wunsch, mich der Wiedergewinnung des Landes zu widmen, weil ich wußte, daß man Seiner Majestät damit einen sehr großen Dienst erweisen würde. Als der Marquis meinen Wunsch sah, äußerte er sein Erstaunen darüber, daß ich meinen Besitz, der genausoviel abwarf wie der seinige, und jene Mine aufgeben wollte, um eine so mühevolle Aufgabe auf mich zu nehmen. Doch als er meinen Wunsch und meine feste Absicht sah, gab er mir den Auftrag kraft einer *Cedula* Seiner Majestät, die im Jahr 1537 von Francisco de los *Cobos*, dem Sekretär Seines Königlichen Geheimen Rates in Monzón ausgestellt und gegengezeichnet worden war. Darin erhielt der Marquis die Befugnis, die Besiedlung, Eroberung und Verwaltung von *Neu-Toledo* und Chile, woher *Almagro* zurückgekehrt war, in die Wege zu leiten. *Pizarro* beauftragte mich, dorthin zu gehen und meinen guten Vorsatz in die Tat umzusetzen. Und so ging ich denn mit den Befugnissen, die er mir kraft der genannten *Cedula* gab. Im Jahr 1540 brach ich von Peru auf.

Ebenso berichten, daß mir der Marquis *Pizarro* zur Vorbereitung des Unternehmens keinen *Peso* aus der Kasse seiner Majestät oder seiner eigenen gewährte, sondern ich auf meine Kosten und mit meinen Mitteln die Anwerbung der Leute und die übrigen Auslagen finanzierte. Und daß ich in diesem Land Peru 150 Leute zu Fuß und zu Pferd zusammenstellte und mich für das Wenige, was ich geliehen bekam, in Schulden stürzte, die mehr betrugen als das, was ich im Augenblick hatte, nämlich über 70.000 *Castellanos*.

Ebenso von den Strapazen unterwegs berichten, als ich die Leute hierher führte, um im Dienste Gottes und Seiner Majestät zu vollbringen, was vollbracht wurde, damit die Christen nicht an der Öde des Landes und dem Mangel an Nahrungsmitteln und Wasser verderben sollten wie die Indios in unseren Diensten und das Gepäck. Und wie ich gegen die Eingeborenen Krieg führte, nachdem ich das *Copiapó*tal erreicht hatte, und ihnen ihre Befestigungen zerstörte, und ebenso in allen weiteren Tälern, bis ich in das *Mapocho*tal kam, das einhundert *Meilen* vom *Copiapó*tal entfernt ist, dort am 24. Februar 1541 die Stadt *Santiago* del Nuevo Estremo gründete und ihr Stadtrat, Justiz und Verwaltung bestellte.

Ebenso darüber berichten, wie die Eingeborenen rebellierten, nachdem sie uns fünf Monate gedient und Seiner Majestät Gehorsam gezeigt hatten und die Brigg verbrannten, die ich mit großem Aufwand hatte bauen lassen, um Seiner Majestät Boten zu schicken und von mir, dem Land, der Eroberung und der Stadtgründung zu berichten und den Marquis *Pizarro* um Unterstützung an Leuten, Pferden und Waffen zu bitten, um die Eingeborenen zu unterwerfen und weiter vorgeschobene Städte zu gründen.

Ebenso darüber berichten, wie sich dann das ganze Land verbündete und gegen 8.000 Indios aus allen hinteren Tälern kamen, während ich mit einhundert Reitern ausgezogen war, um ihre Befestigungen zu zerstören, die sie für ihre Krieger günstig in fünfzehn oder zwanzig *Meilen* Entfernung von der Stadt angelegt hatten, und *Santiagos* Schutz Kapitän Alonso de *Monroy* mit dreißig Reitern und zwanzig Fußsoldaten überlassen hatte. Und wie sie sich der Stadt bemächtigten und sie niederbrannten, so daß kein Balken stehen blieb und einen ganzen Tag mit den Christen kämpften und dreiundzwanzig Pferde und zwei Christen töteten, wobei sie uns alles verbrannten, was wir besaßen, um die Strapazen des Krieges zu lindern und vorzusorgen und uns nichts als Lumpen ließen und die Waffen, die wir an der Seite trugen. Doch bei Anbruch der Nacht kämpften die Christen trotz ihrer Wunden mit solcher Verbissenheit, daß die Indios kopflos die Flucht ergriffen und dabei die ganze Nacht hindurch getötet wurden. Als ich das erfuhr, kehrte ich um und baute die Stadt wieder auf.

Ebenso darüber berichten, wie ich angesichts der verbrannten Brigg Kapitän Alonso de *Monroy*, Ritter und Edelmann, mit fünf Reitern – mehr konnte ich ihm nicht geben – auf dem Landweg nach Peru sandte, um die Briefe an Eure Majestät dorthin zu bringen, sie von dort abzuschicken und mit soviel Nachschub wie möglich zurückzukommen. Sein Unternehmen wurde so abenteuerlich wie unseres. Von den etwa 10.000 *Castellanos* an Gold, die sie mitnahmen, ließ ich ihnen sechs Paar Steigbügel und Schwertgriffe machen, weil sie auf Widerstand stoßen würden, wenn sie durch Kriegsgebiet und unbevölkerte Landstriche reisen und dort übernachten mußten. Und so nahmen sie Abschied.

Wie die Indios im *Copiapó*tal den Frieden brachen, vier von ihnen töteten, *Monroy* mit seinem letzten Begleiter gefangennahmen und ihnen das Geld und die Briefe raubten. Doch nach drei Monaten töteten sie den Hauptkaziken und flohen zu Pferd nach Peru. Sie kamen dort an, als der Licenciado *Vaca de Castro* regierte, gerade acht Tage nach dem Sieg, den er über den Sohn von Don Diego de *Almagro* errungen hatte. *Monroy* bat de Castro um die gnädige Erlaubnis, Verstärkungen anzuwerben und mit ihnen hierher zurückzukehren. Als er sie erhalten hatte, suchte er jemanden, der ihm dies finanzieren würde. Er bekam ungefähr 8.000 *Pesos*, womit er sechzig Reiter ausrüstete, die er auf dem Landweg mitbrachte, und ein Schiff in Arequipa mit Waren im Wert von etwa 4.000 *Pesos* belud. Darunter war ein halbes Dutzend Krüge mit Wein für die Messe, denn als er wegging, war in unserer Stadt nur mehr ein *Azumbre* übrig, der dann auch fünf Monate bevor er zurückkam, verbraucht war. Und wie ich gezwungen war, dort für Waren und Sold Zahlungsverpflichtungen über mehr als 70.000 *Pesos* einzugehen. Vom Tag seines Aufbruches bis zum Tag seiner Rückkehr vergingen zwei ganze Jahre.

Ebenso über die Strapazen des Krieges in diesen zwei Jahren berichten, und wie ich ein ummauertes Fort errichtete, mit einer Mauer von anderthalb *Mannshöhen*, 1.600 Fuß im Quadrat, wofür man 200.000 Ziegel von einer *Elle* Länge und einer *Spanne* Breite benötigte, und wie wir, die Vasallen Seiner Majestät, die Ziegel und das Fort mit unserer Hände Arbeit schufen. Mit den Waffen an der Seite arbeiteten wir, ohne eine Stunde auszuruhen, bis es fertig war. Nach der Fertigstellung sammelte man dort die kleinen Leute unter dem Schutz der Fußsoldaten, während wir zu Pferde gegen die Indios ausrückten, die unsere Indianersklaven und unsere Kinder an den Türen unserer Häuser töteten, unverschämt wie sie waren, und unsere Saaten ausrissen, denn, wenn sie uns säen sahen, fürchteten sie, daß wir das Land nicht mehr verlassen würden. Um uns dazu zu zwingen, führten sie überall so heftig Krieg gegen uns. Sie aber säten nicht, sondern ernährten sich von bestimmten Zwiebeln und anderen Gemüsearten, die ihr Land hervorbringt. Damit verbrachten wir die genannten zwei Jahre. Im ersten säten wir ungefähr zwei Handvoll Weizen aus, den wir unversehrt in einem halben *Scheffel*, den uns die Indios verbrannt hatten, gefunden und zur Aussaat verwendet hatten. Von den zwei Handvoll erntete man in jenem Jahr zwölf *Scheffel*, die wie von Gott geschenkt kamen. Wir säten sie aus und ernteten im nächsten Jahr ungefähr 2.000. Und mit einer kleinen Sau und einem jungen Eber – alles übrige hatten die Indios getötet – vervielfachten wir unseren Bestand in jenen zwei Jahren. Und von einer Henne und einem Hahn, die eine Dame, die bei uns war, gerettet hatte, zogen wir uns ein Vielfaches an Hühnern heran. Damit sowie mit unserer Verteidigung und mit Angriffen auf die Indianer, die ich nirgendwo in Ruhe leben ließ, verbrachte ich die besagten beiden Jahre. Und ich verteilte großzügig Land, ohne darüber Buch zu führen, weil es zu seiner Erhaltung wichtig war, die Gemüter der Conquistadoren zu besänftigen. So gab ich an mehr als siebzig von ihnen »*cedulas de repartimientos*« aus, um so die Mühen zu belohnen, die sie bis dahin gehabt hatten.

Ebenso berichten, wie im Januar des Jahres 1544 Kapitän Alonso de *Monroy* mit sechzig Reitern in *Santiago* eintraf, und wie vier Monate früher sein Schiff aus Peru eingelaufen war.

Ebenso berichten, wie ich nach Ankunft dieser Leute zur Eroberung des Landes auszog, und die Indios durch die Zerstörung aller ihrer Befestigungen so einschnürte, daß sie von der Flucht durch Schnee und Wälder wie wilde Tiere zu Tode erschöpft zur Unterwerfung kamen und uns bis zum heutigen Tag gedient haben, ohne nochmals zu rebellieren. Ich besichtigte das ganze Land und stellte die Zahl der Kaziken und der wenigen Indios, die ich hatte, fest, von denen ein erheblicher Teil im Krieg umgekommen war.

Ebenso berichten, wie ich dann an einem guten und sicheren Hafen am Meer die Stadt *La Serena* gründete, im *Coquimbo*tal, auf halbem Weg zwischen *Santiago* und dem *Copiapó*tal, zu dem Zweck, daß die Christen künftig ohne Gefahr von Peru hierher kommen können, um Seiner Majestät zu dienen, ohne von den Indios getötet zu werden oder zu verhungern.

Und wieviel Mühe es kostete, diese Stadt zu halten, wie ich abgesehen von den dreizehn Siedlern, die dort lebten, ständig weitere zehn oder zwölf Soldaten dafür abstellte und sie regelmäßig alle zwei Monate mit meinen Leuten auf dem Landweg besuchte oder mit einem Schiff, das ich zu diesem Zweck bauen ließ, und auf dem ich ihnen immer Weizen, Hühner oder Schweine schickte, damit sie züchten, säen und sich ernähren konnten.

Ebenso berichten, wie im darauffolgenden Juni des besagten Jahres 1544 in *Valparaiso*, das der Hafen von *Santiago* ist, ein Schiff unter dem Befehl des Kapitäns Juan Bautista de *Pastene* einlief, den die Herren der königlichen *Audiencia* von Panama zum Cheflotsen des *Südmeeres* bestellt hatten. Es war beladen mit Waren aus Panama im Wert von etwa 15.000 *Castellanos* und brachte einen Diener des Licenciado *Vaca de Castro* namens Juan *Calderón de la Barca* mit. Und berichten, wie ich die Waren, Waffen und anderen notwendigen Dinge für runde 80.000 *Castellanos* erwarb, um sie zwecks Erhaltung des Landes unter die Conquistadoren zu verteilen.

Ebenso berichten, daß ich zu diesem Zweck Soldaten mit Waffen und Pferden versorgt habe, daß ich ihnen manchmal mehr als fünfzig *Pesos* gegeben und andere beträchtliche Ausgaben gemacht habe, um dieses Land für Seine Majestät zu erhalten. Und daß ich durch die Boten, die ich an Seine Majestät und wegen des Nachschubs nach Peru schickte, viel Geld verloren habe, ohne daß ich Nutzen davon gehabt hätte. Und daß auch meine Briefe nicht an Seine Majestät weitergeleitet wurden, was nicht mein Fehler war, sondern auf die Böswilligkeit einiger Boten, über die später berichtet wird, und auf die Veränderungen, die es in Peru gegeben hat, zurückzuführen ist.

Einige der Boten, die ich an Seine Majestät geschickt habe, sind dort geblieben und andere gestorben.

Ebenso berichten, wie ich angesichts des Wunsches des Lotsen und Kapitäns Juan Bautista de *Pastene* und des Eifers, mit dem er diesem Land mit seinem Schiff »San Pedro« zu Hilfe kam, um Seiner Majestät zu dienen, und weil ich ihn als mutigen und klugen Mann mit Erfahrung in Indianerkriegen und Entdeckungen kannte, dessen Angebot, dem Kaiser und mir in dessen Namen zu dienen, annahm, und ich ihn zu meinem Stellvertreter als Generalkapitän zur See bestellte. Ich schickte ihn mit seinem und einem anderen Schiff und mit den nötigen Leuten aus, um mir die Küste zweihundert *Meilen* weiter in Richtung Magellanstraße zu erkunden und Bericht erstatten. Als Begleiter bei der Besitzergreifung des Landes schickte ich Kapitän Jerónimo de *Alderete*, einen Klienten seiner Majestät, und Juan de *Cardenas* mit, den hiesigen Obergerichtsschreiber, zur Beurkundung von Besitzergreifungen, weil alle drei im Dienst Seiner Majestät sehr eifrig sind. Und so geschah es, und sie brachten mir Kunde und ergriffen Besitz, wie man aus der beglaubigten Abschrift des nämlichen Juan de *Cardenas* ersehen kann, die Euer Gnaden mit sich führen, wobei sie bemerken sollen, daß diese Entdeckung mich weitere Goldpesos an Ausgaben kostete, was um mehr als 25.000 *Pesos* die Summe überschritt, die ich brauchte, um dies veranlassen zu können.

Ebenso berichten, wie ich vor dieser genannten Entdeckung unsere Hörigen und die anderen Indios in unseren Diensten in die Minen schicken ließ, denn die Eingeborenen waren mit der Aussaat beschäftigt. Die Vasallen Seiner Majestät brachten ihnen das Essen zu Pferd in die Minen, die zwölf *Meilen* von der Stadt entfernt lagen. Und dieses Essen sparten wir uns vom Munde ab und nahmen die Hälfte von dem, was wir hatten, um uns und unsere Kinder zu ernähren, und was wir mit der Arbeit dieser Leute gesät und geerntet hatten. Und während jenes achtmonatigen Aufenthalts gewann man mit diesen ungefähr fünfhundert Leutchen fast 70.000 *Castellanos*. Alle Vasallen Seiner Majestät gaben und liehen mir, was auf sie entfiel. Damit und mit dem, was ich hatte, beschloß ich, nochmals eines meiner beiden Schiffe mit Boten an Seine Majestät und andere nach Peru zu senden, um sie zu bewegen, mir wieder mehr Hilfe zu schicken.

Ebenso berichten, wie ich dann Hauptmann Alonso de *Monroy* und den Kapitän und Lotsen Juan Bautista de *Pastene* mit seinem Schiff aussandte, den einen zu Land, den anderen zur See, um mir soviel Nachschub wie möglich an Leuten, Pferden, Waffen und den übrigen notwendigen Dingen zu bringen. Und ich schickte einen Boten namens Antonio de *Ulloa* aus Cáceres an Seine Majestät mit, dem ich einen ausführlichen Brief mitgab, in dem ich Seiner Majestät und den Herren Seines Königlichen Indienrates Bericht über die Eroberung des Landes, die Gründung der Stadt *Santiago* und die Entdeckungen auf dem Seeweg erstattete. Und ich teilte das Gold, das man, wie gesagt, geschürft hatte, unter diese drei Männer und zwei Händler auf, damit sie alle das Nötige für dieses Land besorgen konnten und damit Antonio de *Ulloa* zu seiner Majestät gehen konnte, um von mir Bericht zu erstatten und meine Depeschen zu übergeben. Und so fuhr das Schiff am 4. September 1545 ab.

Ebenso berichten, wie ich nach *La Serena* ging, um dieses Schiff mit den Boten an Seine Majestät und nach Peru abzusenden und um jene Stadt zu besuchen und zu sichern, weil ich mich entschlossen hatte, nach der Rückkehr nach Santiago auf dem Landweg zu erkunden, wo ich eine weitere Stadt anlegen könnte. Und so hieß ich nach meiner Ankunft sechzig leichte Reiter sich bereitmachen, gut bewaffnet, mit der Lanze in der Hand, und erkundete das Land bis zu einem großen Fluß, den man *Bio-Bio* nennt und der fünfzig *Meilen* von der Stadt *Santiago* entfernt ist, wo mir ungefähr achttausend Indios eine »heiße« Nacht bereiteten, nachdem ich ihnen schwer zugesetzt hatte. An den folgenden beiden Tagen kämpften sie ausdauernd und behaupteten sich in einem viereckigen Haufen wie die Deutschen ungefähr zwei Stunden lang. Schließlich brach ich sie und sie flohen. Wir töteten ihren Anführer und etwa zweihundert Indios, während sie uns zwei Pferde umbrachten und zehn oder zwölf weitere Christen und Pferde verwundeten. Und da ich sichere Nachricht darüber hatte, daß sich die Indios von beiden Ufern des Flusses, was sehr viele Leute sind, zusammengeschlossen hatten, um alle Wege zu besetzen und uns anzugreifen, beschloß ich den Rückzug, weil die Städte *Santiago* und *La Serena* in Gefahr waren, falls wir einen Rückschlag erlitten, was angesichts des Zahlenverhältnisses unverzeihlich wäre. So beschloß ich zurückzukehren, nachdem ich einen Platz und ein Land gesehen hatte, wo man siedeln kann, und ich gab den Indios zu verstehen, daß ich aus keinem anderen Grund gekommen war.

Ebenso berichten, wie ich nach der Entdeckungsreise, für die ich vom Aufbruch bis zur Rückkehr anderthalb Monate gebraucht hatte, aussäen ließ, weil ich glaubte, daß meine Kapitäne bald mit Leuten kämen, und wie ich etwas Gold schürfen ließ, damit ich weitere Boten aussenden könnte, wenn ich wollte. Dann im Monat September, genau ein Jahr nach ihrem Aufbruch, beschloß ich, mit dem, was ich hatte, Seiner Majestät einen weiteren Boten namens Juan *Dávalos* aus Las Garrovillas zu senden, mit einem Duplikat des Briefes, den Antonio de *Ulloa* bei sich hatte, um von der Entdeckung auf dem Landweg und dem blühenden Land, das ich gefunden hatte, zu berichten. Er hatte auch Geld dabei, um es den Kapitänen zu geben, wenn er sie zufällig antreffen sollte. Er traf den Piloten Juan Bautista und gab ihm nichts. Er war auch nicht bei Seiner Majestät. Er gab die Botschaften in die falschen Hände und nahm mein Gold, ohne daß ich es jemals wiedergesehen hätte. Dieser Bote benutzte eine Barke, die wir zum Fischen gebaut hatten, um uns von dem Fisch zu ernähren, den wir mit einem Zugnetz fingen. In der Barke befand sich mein Geld und das von Privatleuten, zusammen mehr als 70.000 *Castellanos*, die für das Wohl des Landes bestimmt waren. Alles ging verloren und brachte keinerlei Nutzen.

Ebenso berichten, wie dreizehn Monate nach diesem Ereignis Juan Bautista aus Peru zurückkam, siebenundzwanzig Monate, nachdem er sich von mir verabschiedet hatte. Er unterrichtete mich von den Revolten in Peru, von der Gefangenschaft des Vizekönigs Blasco *Núñez Vela*, seinem Untergang in Quito und seinem Ende durch Gonzalo Pizarro und die Seinen. Und wie der genannte Gonzalo *Pizarro* sich empörte und mit dem ganzen Land gegen den Dienst Seiner Majestät rebellierte, und wie Kapitän Alonso de Monroy starb. Antonio de Ulloa, der Bote, den ich zu Seiner Majestät geschickt hatte, öffnete die Depeschen. Und nachdem er sie gelesen und mit anderen Burschen Witze darüber gemacht hatte, zerriß er sie und ging nach Quito, um Gonzalo *Pizarro* zu dienen und kämpfte in der Schlacht gegen den Vizekönig. Und wie er für diesen Dienst von Gonzalo *Pizarro* die Erlaubnis erbat, Leute anzuwerben und mir Hilfe zu bringen. Doch in *Lima* erklärte er, sie kämen um mich zu töten und um das Land dem Gonzalo *Pizarro* zu geben. In seinem Streben nach dem Regiment über dieses Land soll ihn ein gewisser Lorenzo de *Aldana* unterstützt haben, der damals Gonzalo *Pizarros* Statthalter und Oberrichter in *Lima* war. Er nahm *Monroy*, der dort starb, mein Geld weg und gab es *Ulloa*. Der verschwendete es und gab es aus, wie es ihm gefiel, ohne daß ich davon einen Nutzen hatte. Der genannte *Ulloa* war der Grund, weshalb ich mehr als 60.000 *Castellanos* verlor. Noch schlimmer, er erwies mir den schlechten Dienst, meine Depeschen nicht an seine Majestät zu schikken. Doch als er mit seinen Leuten bis *Atacama* gekommen war, kehrte er wieder nach *Charcas* zurück, um sich mit einem gewissen Alonso de *Mendoza* zusammenzutun, dem Bruder von Juan *Dávalos*, den ich zu Seiner Majestät geschickt habe. Er kam nicht hierher, da er der Kapitän von Gonzalo *Pizarro* in Las *Charcas* war, und sie beide die Absicht hatten zu Gonzalo *Pizarro* zu gehen, weil er ihnen hatte sagen lassen, daß er sie bräuchte, um gegen den Präsidenten La *Gasca* vorzugehen, der in Panama sei und auf Befehl Seiner Majestät nach Peru kommen würde.

Ebenso berichten, wie dieser Antonio de *Ulloa* der Grund dafür war, daß die Indios aus dem *Copiapó*tal zehn oder zwölf Christen töteten, entschlossen, nocheinmal soviele zu töten, die aber verwundet davonkamen, obwohl sie ihren Besitz, ihre Diener, Sklaven, Kinder und mehr als siebzig Pferde verloren. Das geschah, weil er ihnen die mitgebrachten Waffen und guten Pferde weggenommen und sie auf Bitten seiner Freunde in *Atacama* gelassen hatte, weil sie zu mir kommen wollten. Für all diese Dinge und noch viele mehr war der genannte Antonio de *Ulloa* verantwortlich.

Ebenso berichten, wie ich, als ich vom schamlosen Verhalten des Gonzalo *Pizarro* gegen seine Majestät gehört hatte, das Schiff nahm, mit dem der Kapitän und Pilot Juan Bautista am 1. Dezember des Jahres 1547 im Hafen von *Valparaiso* angekommen war, und am 10. des Monats schon wieder bereit war, im Dienste Seiner Majestät nach Peru zu fahren, um den Präsidenten zu suchen und um ihm im Namen des Kaisers beim Kampf gegen die Rebellion von Gonzalo *Pizarro* zu helfen.

Ebenso berichten, wie ich von dort aus Kapitän Francisco de *Villagra* zu meinem Stellvertreter bestimmte und ihn zum Schutz dieses Landes zurückließ, damit er es im Dienste Seiner Majestät verteidige und Frieden und Gerechtigkeit erhalte, solange ich in Peru für Seine Majestät gegen Gonzalo *Pizarro* kämpfte. Und wie ich meinen obersten Gerichtsschreiber in Anwesenheit vieler Edelleute, die mit auf dem Schiff waren, um mich zu begleiten, und der Siedler, die gekommen waren, um sich von mir zu verabschieden, aufforderte, mir zu bescheinigen und zu beglaubigen, daß ich diese Provinz *Neu-Estremadura* in der bestmöglichen Weise für Seine Majestät gesichert hätte und daß ich mit jenem Schiff »Sanctiago« in See stäche, um in Peru Seiner Majestät und dem Edelmann, der in seinem kaiserlichen Namen kommen würde, um gegen Gonzalo *Pizarro* und seine Leute vorzugehen, bis zum Tod zu dienen. Danach setzte ich am 13. die Segel und fuhr in zwölf Tagen bis zu dem Ort *Tarapacá* in Peru, der zweihundert *Meilen* von *Lima* entfernt ist. Dort stellte ich Erkundigungen an und erfuhr, daß Gonzalo *Pizarro* vor fünfzehn Tagen in der Provinz von *Collao* mit fünfhundert Leuten einen Sieg über Kapitän Diego *Centeno* errungen hatte, der 1200 gegen ihn ins Feld führte, und in *Cuzco* eine starke Stellung hielt. Ferner, daß der Licenciado La *Gasca* mit der Flotte, die Gonzalo *Pizarro* gehört hatte und die ihm dessen Kapitäne übergeben hatten, von Panama nach Peru unterwegs sei.

Ebenso berichten, wie ich danach umgehend die Segel setzen ließ, um mich nicht weiter aufzuhalten, bevor ich den Präsidenten getroffen hätte. So kam ich nach vierzehn Tagen in Lima an und erfuhr, bevor ich im Hafen anlegte, daß der Präsident mit den Leuten, die ihm gegen *Pizarro* folgen wollten, auf dem Weg nach *Cuzco* war. Ich ankerte im Hafen, ließ das Schiff bei der Flotte Seiner Majestät und begab mich in die Stadt. Umgehend sandte ich dem Präsidenten Nachricht von meiner Ankunft und bat ihn, auf mich zu warten, da ich mich in der Stadt nur acht bis zehn Tage aufhalten und ihm dann folgen würde.

Ebenso berichten, wie ich mich und die Edelleute meiner Begleitung in den zehn Tagen, die ich dort war, mit Waffen, Pferden und anderer Ausrüstung für den Krieg versorgte. Dafür und was ich den Edelleuten zum Kampf für Seine Majestät gab, verbrauchte ich in zehn Tagen 60.000 *Goldcastellanos*. Dann folgte ich dem Präsidenten und traf ihn im *Andaguaylastal*, fünfzig *Meilen* von *Cuzco* entfernt.

Ebenso berichten, daß ich von hier 100.000 *Goldcastellanos* für den Dienst seiner Majestät mitgenommen hatte: 60.000 kamen von mir und von Freunden, die sie mir freiwillig gaben; 40.000 hatte ich Privatleuten abgenommen, dem einen 1.000, dem anderen 1.500 oder 2.000, wobei ich meinem Stellvertreter Order gab, es ihnen nach und nach aus meinem zurückgelassenen Vermögen zurückzuzahlen, wie es die Minen hergäben, jährlich kostenfrei 12.000 oder 15.000 *Pesos*.

Ebenso berichten, wie mich der Präsident nach meiner Ankunft sehr gut und mit großer Freude empfing und desgleichen alle Edelleute und Kapitäne des Heeres. Ich sagte dem Präsidenten, daß ich gekommen wäre, sobald ich von der Rebellion

Gonzalo *Pizarros* und von der Ankunft Seiner Gnaden erfahren hätte, um ihm im Namen Seiner Majestät zu dienen, wie immer es ihm beliebe, mich einzusetzen. Er erwiderte, daß er sich in dieser Lage über die Ankunft meiner Person mehr freue, als über achthundert der besten Krieger. Ich erwiderte seinen Dank, den ich als besonderen Gunsterweis betrachtete.

Ebenso berichten, wie er mir die ganze Gewalt, die er von Seiner Majestät für den Kriegsfall erhalten hatte, übertrug und mir das gesamte Heer Seiner Majestät unterstellte. Dabei sagte er mir, daß er mir diesen Auftrag wegen meiner Erfahrung und Klugheit in Kriegsangelegenheiten gäbe und daß er die Ehre Seiner Majestät in meine Hände lege. Und er sagte allen Edelleuten, Offizieren und Soldaten, daß er sie bitte und im Namen Seiner Majestät befehle, mir in allem zu gehorchen, was ich ihnen allen im allgemeinen und jedem einzelnen im besonderen in Kriegsdingen befehlen würde, genau wie sie ihm gehorchten, weil damit Seiner Majestät gedient sei. Sie antworteten alle, daß sie dies tun würden. Und ich küßte Seiner Herrlichkeit anstelle Seiner Majestät die Hand für diesen großen Gunstbeweis und das Vertrauen, das er mir im Namen des Kaisers schenkte, und sagte, daß ich die Ehre Seiner Majestät in meine Hände nehmen und sie wahren oder für sie das Leben lassen würde.

Ebenso berichten, wie ich dann Ordnung schuf, indem ich Musketiere, Pikenträger und Reiter in eigene Kompanien aufteilte. Ich ließ Waffen an sie verteilen und sie mit Pulver und Zündschnur versorgen. Und ich ordnete an, wohin die Schwadronen und die Artillerie jeden Tag vorrücken mußten. In dieser Aufstellung marschierte General Pedro de *Hinojosa* mit dem Heer, während Marschall Alonso de *Alvarado* und ich immer die Vorhut bildeten, das Gelände erforschten und den Lagerplatz auskundschafteten. So kamen wir bis zum *Apurimac*fluß.

Ebenso berichten, was ich auf jenem Marsch vollbrachte, das heißt über meine Mühe und Sorgfalt beim Überqueren der Brücke, die uns die Feinde verbrannt hatten, weil ein Bürger von Cuzco, der dabei war sie zu bauen, meine Weisung mißachtet hatte, die Seile nicht vom anderen Ufer herüberzuwerfen, bis ich selbst kommen würde.

Berichten, wie ich vorging und dem Feind die Höhe abgewann, während der Präsident, Alonso de *Alvarado* und der General *Hinojosa* zurückblieben, um die ganzen Truppen passieren zu lassen, und wie ich ganz oben ankam und wir dort zwei Tage rasteten, sechs *Meilen* von Gonzalo *Pizarros* Lager entfernt.

Ebenso berichten, wie der Marschall Alonso de *Alvarado* und ich weiter vorrückten, um das Gelände zu erkunden und nach zwei Tagen in Sichtweite der Feinde kamen. Jene ganze Nacht ließ ich alle Leute in Schlachtordnung Aufstellung nehmen, die Reiter mit den Zügeln in der Hand, woraufhin sie mich und wer mich hergebracht hätte, verfluchten. Am Morgen des folgenden Tages hörten der Marschall und ich die Messe. Ich sagte dem Präsidenten, daß er auf unsere Nachricht das Lager aufgeben sollte. Dann rief ich alle Offiziere heraus und stellte alle Einheiten so auf, wie sie marschieren sollten.

Berichten, wie der Marschall und ich bei der Artillerie waren und ich von der Anhöhe vier Schüsse auf den Feind abgeben ließ. Damit zwang ich sie, ihre Zelte abzubrechen und sich in einer Stellung in einem Haufen zu sammeln. Dann sandten der Marschall und ich zum Präsidenten und ließen ihm sagen, daß er das Heer in Bewegung setzen solle. Und ich versprach Seiner Herrlichkeit, ihm an jenem Tag den Sieg über die Feinde zu schenken, ohne dreißig Leute vom Heer Seiner Majestät zu verlieren. Dasselbe sagte ich dem Marschall. Darauf begannen die Indios mit den Zelten in die Berge zu flüchten und auch einige von den Christen. Und sie hatten solche Angst vor der Artillerie, daß Francisco de *Carvajal*, wie er nachher sagte, seine Leute nicht in Schlachtordnung halten konnte. Daraufhin ließ ich die Artillerie in die Ebene herunterkommen, wo sich schon die Reiterei befand. Ich stieg zu Fuß hinunter, weil ich nicht reiten konnte und befahl der Artillerie zu schießen. Da begannen einige zu unserem Heer überzulaufen, und andere liefen weg, um sich zu retten, so daß sich Gonzalo *Pizarro* schließlich gezwungen sah, sich einem Soldaten zu ergeben. So nahm man die Anführer gefangen und ließ an ihnen im Tal von *Xaquixaguana*, wo die Schlacht stattgefunden hatte, Gerechtigkeit walten.

Ebenso berichten, wie ich nach der Gefangennahme des Gonzalo *Pizarro* und seiner Hauptleute zum Präsidenten ging, um ihn zu sprechen und er bei meinem Anblick sagte: »Herr Gouverneur (bis jetzt hatte er mich immer ›Kapitän‹ genannt), Euer Gnaden haben Seiner Majestät das Land zurückgewonnen.« Ich antwortete, daß Gott es gegeben und ich dabei nur als Werkzeug und Vasall gedient hätte, daß ich die Hände Seiner Herrlichkeit für so große Gunst und Gnade küßte, daß ich mit dem, was ich erhielte, vollkommen zufrieden wäre und nur meine Pflicht getan, aber mein Wort erfüllt hätte, den Sieg ohne den Verlust eines einzigen Vasallen Seiner Majestät zu erringen, und daß ich ihm so das Kommando unversehrt zurückgäbe, das er mir im Namen des Kaisers übertragen hätte. Er antwortete mir, daß ich wirklich mein Versprechen sehr gut erfüllt und seiner Majestät das Land zurückgewonnen hätte. Und Marschall Alonso de *Alvarado* meinte damals, daß ich viel mehr getan hätte, wofür er ein guter Zeuge wäre.

Ebenso berichten, wie ich mich mit dem Präsidenten nach dem Sieg in der Schlacht nach *Cuzco* begab und mich dort ungefähr fünfzehn Tage aufhielt. Ich erbat und erhielt seine Erlaubnis, Leute anzuwerben und sie auf dem See- und Landweg in diese Provinz zu befördern. Ich sandte dann einen Kapitän nach *Atacama*, um Lebensmittel bereitzustellen, wenn ich mit dem Rest der Leute käme, und zwei weitere nach *Charcas* und *Arequipa*. Ich selbst brach nach *Lima* auf, um Schiffe zu kaufen. Als der Präsident meine Notlage sah, wies er die Beamten seiner Majestät an, mir eine Galeone und eine Galeere, die Eure Majestät in diesem Hafen hatte, auf Kredit zu verkaufen. Ich kam nach *Lima*, und sie gaben mir die Schiffe. Für die Lebensmittel, die sie mir gaben, und für die Schiffe, die ich brauchte, um Leute und Waffen hierher zu bringen, verbürgte ich mich bei ihnen durch meine Unterschrift mit der Summe von

30.000 *Castellanos*. Ich blieb einen Monat, brachte die Schiffe in Ordnung, kaufte noch eines dazu und machte mich mit ihnen auf den Weg. In jener Jahreszeit ist die Küstenschiffahrt mühsam. Und weil die Schiffe für die Fahrt bis *Atacama* so lange Zeit brauchen, ging ich schon in *Nasca* an Land und überließ die Führung der Flotte Kapitän Jerónimo de *Alderete*, meinem Stellvertreter. Ich begab mich auf dem Landweg nach *Arequipa*, wo ich die Leute vorfand, die meine Kapitäne angeworben hatten. Um den Einwohnern nicht zur Last zu fallen, verließ ich sie nach zehn Tagen und begab mich ins Tal von *Tacana* und *Arica*, wohin ich die Flotte bestellt hatte.

Ebenso berichten, wie mich acht *Meilen* hinter *Tacana* General Pedro de *Hinojosa* einholte, den ich als Diener seiner Majestät und als Freund empfing. Ich fragte ihn, was der Grund seines Kommens wäre. Er antwortete, daß er unterwegs nach Hause gewesen sei, als ihm der Präsident schrieb, er solle sich zu mir begeben, weil er erfahren habe, ich sei im Begriff, das Land und die Eingeborenen auszuplündern und dazu noch die Einwohner von *Arequipa* schlecht zu behandeln. Auf meine Feststellung, daß alles, was er erfahren hätte, falsch sei, antwortete er kühl, ich sollte den Präsidenten aufsuchen. Ich erwiderte, daß ich gerne gehen würde, wenn ich wüßte, daß es ihm recht sei oder er es mir befehlen lasse, daß ich es aber lieber unterließe, weil ich nicht wüßte, ob er es gut aufnehmen würde, wenn aus meiner Umkehr großer Schaden entstünde. Denn ich müßte die Leute sich selbst überlassen, was den Ruin des Landes bedeuten könnte. Es wäre das entfernteste von Peru aus besiedelte Gebiet, und die Besiedlung würde sich so um ein weiteres Jahr verzögern. Hinzu käme noch der lange und mühsame Weg nach Lima, Sandwüsten und tausend andere Umstände, die ich vorbrachte. So glaubte ich, daß es dem Präsidenten nicht recht wäre, mich dort zu sehen, und daß all diese Schäden meine Weigerung entschuldigen würden, daß ich aber dessen ungeachtet gegangen wäre, wenn er es mir befohlen hätte. Er aber antwortete erneut kühl mit nein.

Ebenso berichten, daß er, ohne daß ich wußte wozu, drei oder vier Tage später eines Morgens acht Musketiere mit geladenen Musketen vor die Tür meines Quartiers stellte, da er nicht mehr Leute bei sich hatte, in mein Zimmer trat und mir eine Verfügung seiner Majestät zeigte, die mir befahl, zurückzukehren und zu den Informationen über meine Person und über die Mißhandlungen und Frevel, die ich fortgesetzt begangen haben sollte, Stellung zu nehmen.

Ebenso berichten, daß ich daraufhin satteln ließ und meine Abreise ankündigte, während ich meinen Kapitänen befahl, mit vierzig Reitern und ebensovielen etwas erregten Arkebusieren dort zu bleiben und nicht umzukehren, während ich als loyaler Vasall Seiner Majestät seinem Befehl zurückzugehen gehorchte. So beruhigten sich alle wieder, und binnen vier Stunden beauftragte ich einen Kapitän, bis zu meiner Rückkehr mit den Leuten ins *Atacama*tal weiterzuziehen und Schutz in meinem Haus zu lassen, damit man mich dort erwarte. Wir erreichten *Arequipa* in sieben Tagen, wo meine Galeere im Hafen lag. Die Galeone war bis *Arica* weitergefahren, und das andere Schiff war nach *Lima* gelangt. Wir schifften uns sofort ein, um schneller dorthin zu kommen und uns die Mühe des Landweges zu sparen. Nach zehn Tagen trat ich vor den Präsidenten, der mich mit großer Freude empfing und meine schnelle und gehorsame Rückkehr im Namen seiner Majestät für ein ausgezeichnetes Verhalten und ein Zeichen absoluter Loyalität erklärte und weiter sagte, daß er jetzt wisse, daß man Falschheiten und Lügen gegen mich in Umlauf gesetzt hätte. Er sei bedrückt wegen der Umstände, die er mir gemacht hätte, und ich könnte jederzeit zurückkehren und meine Reise fortsetzen. Ich blieb einen Monat dort, um mich auszuruhen und über verschiedene Dinge zu verhandeln. Als ich mich dann vom Präsidenten verabschiedet hatte, machte ich mich mit zehn oder zwölf Edelleuten auf den Weg, zu Lande, denn die Galeere hatte ich mit einem Kapitän zur Überholung zurückgelassen, damit sie später Edelleuten zum Transport hierher dienen könne.

Ebenso berichten, wie ich am Weihnachtstag in *Arequipa* ankam und wegen meiner Überlastung und der ermüdenden Reise so krank wurde, daß ich am Rande des Todes stand. Gott gefiel es aber, mir innerhalb von acht oder zehn Tagen die Gesundheit wiederzugeben. Noch nicht ganz genesen, machte ich mich auf den Weg zum Hafen von *Arica*, wo ich meine Galeone mit Kapitän Jerónimo de *Alderete* und einiges Fußvolk vorfand, das auf meinen Befehl dorthin gegangen war und mich erwartete. Der Präsident hatte mich gebeten, mich dort nicht aufzuhalten und mit der größtmöglichen Sorgfalt vorzugehen, damit die Leute, die hier widerspenstig herumlungerten, keinen Schaden anrichten könnten, unter dem Vorwand, mit mir zu gehen; denn es bestünde Gefahr für das Silber Seiner Majestät in *Charcas*, das man nicht nach *Lima* bringen könnte, solange ich nicht weg wäre. Deswegen erreichte ich schon am 18. Januar des Jahres 1549 jenen Hafen und ließ am 21. die Segel setzen, um die Rückkehr in diese Provinz anzutreten.

Ebenso berichten, wie ich, um Seiner Majestät diesen Dienst zu erweisen, auf die Galeone »San Cristobal« ging, und nur an drei oder vier Stellen Wasser aufnahm, ohne Wein oder irgendein erfrischendes Getränk, verproviantiert nur mit Mais und ungefähr vierzig eingesalzenen Schafen, dabei aber mit zweihundert Leuten an Bord und zweihundertfünfzig *Meilen* Seereise vor uns, die wir hart am Wind zu segeln hatten, wobei wir beim Kreuzen am einen Tag vier oder fünf *Meilen* gewannen und an anderen das doppelte verloren. Wir kamen so schlecht voran, weil starke Südwinde wehten. So günstig es ist, von dieser Provinz nach Peru zu segeln, so mühsam ist es, von dort nach hier zu gelangen. Es hat Gott aber doch gefallen, mir eine so gute Reise zu geben, daß ich nach dem eiligen Aufbruch aus dem genannten Grund trotz dem schlechten Zustand des Schiffes nach zweieinhalb Monaten im Hafen von *Valparaiso* ankam, wo alle meine Ankunft mit Freude begrüßten. Zehn Tage später kam die Galeere an, die ich in Lima gelassen hatte.

Ebenso berichten, wie ich nach *Santiago* aufbrach und dem dortigen Stadtrat meine Bestallung vorlegte, woraufhin er und das ganze Volk mich als Gouverneur im Namen Seiner Majestät annahmen, und es auf der Plaza mit gebührender Freude und Feierlichkeit ausgerufen wurde. Und wie mir mein Stellvertreter von der Mühe berichtete, die er mit der Erhaltung des Landes gehabt hatte, solange ich weg war. Obwohl es im Dienst Seiner Majestät verblieben war, fand ich doch heraus, daß es von Seiten der Eingeborenen großen Schaden gegeben hatte. Mehr als vierzig Christen und ebensoviele Pferde waren durch ihre Rebellenhände umgekommen, ebenso alle Bewohner von *La Serena*, die Stadt war verbrannt und zerstört, und alle Indianer jener Täler befanden sich im Aufstand.

Ebenso berichten, wie ich einen Kapitän aussandte, um die genannte Stadt wieder aufzubauen und neu zu gründen. Er richtete Stadtrat und Justiz ein und wies den Einwohnern *Repartimientos* zu. Ich ließ das Land bestrafen und erobern, so daß es jetzt ruhig und gehorsam ist. Die Neugründung war am 26. August 1549.

Ebenso berichten, wie ich dann meinen Stellvertreter Francisco de *Villagra* mit 36.000 *Castellanos*, die ich von Freunden bekommen konnte, nach Peru schickte, um mir weiteren Nachschub an Leuten und Pferden zu bringen, denn jetzt gab es dort mehr Leute, die Lust hatten wegzugehen, weil sie dort Seiner Majestät nicht dienen konnten. Ich hatte wenig Leute mitgebracht, weil das erste Mal, als ich aufbrach, nicht so viele mitkommen wollten, wie eigentlich hätten mitkommen sollen, denn dort war das Land noch nicht aufgeteilt und jeder glaubte, er werde daran Anteil haben. Das zweite Mal, als ich zurückkam, hatten sie nichts, womit sie hätten gehen können, denn sie waren entweder selbst pleite oder erwarteten nicht, daß ich ihnen etwas geben könnte, was ja auch richtig war.

Ebenso berichten, wie einen Monat nach meiner Ankunft meine Kapitäne auf dem Landweg mit etwa hundert Leuten und ebensovielen Pferden eintrafen. Ungefähr ebensoviele waren umgekommen.

Ebenso berichten, wie ich am Tag Unserer Lieben Frau im folgenden September aufbrach, um die Leute für meinen Eroberungszug zu mustern, und wie mein Pferd mit mir stürzte, als ich mit den Reitern auf dem Feld plänkelte, und ich mir alle Zehen des rechten Fußes brach und mir die Knochen des großen Zehen splitterten. Ich verbrachte drei Monate im Bett. So kamen die Weihnachtsfeiertage, und da ich sah, wie mir die Zeit davonlief und daß ich die Besiedlung und Eroberung der Stadt *Concepción* um ein weiteres Jahr verschieben müßte, wenn ich nicht binnen eines Monats aufbräche, beschloß ich, mich auf den Weg zu machen, obwohl ich mich kaum auf dem Pferd halten konnte. So brach ich gegen den Willen der ganzen Stadt in einer von Indianern getragenen Sänfte auf, bis ich zur Grenze von *Santiago* und in das Kriegsgebiet kam, wo ich dann einigermaßen genesen war und wieder reiten konnte.

Berichten, wie ich im Kriegsgebiet meine Leute in Schlachtordnung aufstellte, ungefähr zweihundert Mann zu Fuß und zu Pferd. So begann ich in geordneter Aufstellung mit einer Vorhut, einer Nachhut und in der Mitte unser ganzes Gepäck, in das Land einzudringen. Und jeden Tag durchstreifte entweder ich selbst, ein andermal

Kapitän Jerónimo de *Alderete* oder mein *Feldmeister* oder ein anderer Kapitän mit vierzig oder fünfzig Reitern das Land und machte den Ort für unser Nachtlager aus.

Ebenso berichten, wie ich mich ungefähr sechzehn oder siebzehn *Meilen* von der Küste entfernte und einen Fluß überquerte, der zwei Musketenschüsse breit war, sehr flach und ruhig, und den Pferden bis zu den Steigbügeln reichte. Hier schlug mein *Feldmeister*, als er vorrückte, über zweitausend Indios in die Flucht und nahm unter anderem zwei oder drei Kaziken gefangen.

Ebenso berichten, daß ich bei der Verlesung des *Requerimiento* gemäß den Befehlen Seiner Majestät sehr sorgfältig vorgehe und ihnen immer Boten schicke, wie es mir in den königlichen Anweisungen aufgetragen ist, und ich sie ermahne, bevor ich mit ihnen kämpfe, und alles übrige tue, was in diesem Fall vorgesehen ist.

Ebenso berichten, wie ich, nachdem ich diesen Fluß überschritten hatte, an einen sehr viel größeren kam, den man *Bio-Bio* nennt, sehr schlammig, breit und tief, den man nicht zu Pferd überqueren kann. Wie uns dort eine große Zahl von Indianern entgegentrat und sie im Vertrauen auf ihre Zahl auf unser Ufer übersetzten; wir bereiteten ihnen einen heißen Empfang und töteten zehn oder zwölf. Mehr war nicht möglich, weil sie sich ins Wasser warfen.

Ebenso berichten, wie ich anderntags weiter den Fluß hinaufging und eine große Menge von Indianern auftauchte, wohin wir auch gingen. Ich schickte ihnen Kapitän *Alderete* mit zwanzig Reitern entgegen. Sie warfen sich in den Fluß und er mit den Pferden hinter ihnen her. Als ich dies sah, ließ ich weitere dreißig Reiter übersetzen, um ihnen gegen die große Zahl der Indios, die auf dem anderen Ufer auftauchte, den Rücken zu decken. Sie kämpften sehr erfolgreich gegen die Indios, töteten viele von ihnen und kamen am Nachmittag mit mehr als tausend *Schafen* zurück, über die sich das Lager sehr freute.

Ebenso berichten, wie ich weitere drei *Meilen* flußaufwärts das Lager aufschlug und dort zum dritten Mal so viele Indios wie vorher auftauchten, um mir den Weg zu verlegen. Und daß ich mit fünfzig Reitern zu ihnen übersetzen konnte, obwohl das Wasser bis zu den Sätteln reichte, weil es ein kleines steiniges Stück Flußbett gab, und ich ihnen einen harten Kampf lieferte. Es blieben viele auf dem Platz in jener Ebene. Eine *Meile* weit töteten wir, bevor wir uns in das Lager zurückzogen.

Ebenso berichten, wie ich am anderen Tag erneut mit fünfzig Reitern den Fluß überquerte, wobei ich das Lager auf dem anderen Ufer ließ, und zwei Tagereisen bis ans Meer in die Gegend von *Arauco* vordrang, wo ich auf eine erschreckend dichte Bevölkerung stieß. Dann zog ich mich zurück, weil es mir nicht ratsam schien, mehr als eine Nacht von meinem Lager abwesend zu sein, damit es wegen meiner Abwesenheit keinen Schaden litte.

Ebenso berichten, wie ich dort acht Tage lang das Land in jeder Richtung durchstreifte, alle Kaziken zum Frieden aufrief und Vieh zu unserem Unterhalt requirierte, wo wir das Lager aufschlagen mußten.

Ebenso berichten, wie ich wieder den Rückzug antrat, den Fluß *Nibequeten* überquerte und weiter den *Bio-Bio* abwärts zog, bis ich dorthin kam, wo beide zusammenfließen, fünf *Meilen* vom Meer. Ich schlug eine halbe *Meile* vom Bio-Bio in einem Tal bei einigen Süßwasserlagunen das Lager auf, um von dort aus die beste Stelle für eine Siedlung zu suchen, aber nicht ohne für die Nachtwachen und den nötigen Schutz zu sorgen, denn die eine Hälfte wachte die eine Nacht und die andere die nächste. In der zweiten Nacht, nach Mitternacht, fielen drei Haufen von Indianern, mehr als 20.000, über uns her, mit einem solchen Kriegsgeschrei und Ansturm, daß sie das Land zu überschwemmen schienen, und begannen so heftig mit uns zu kämpfen, daß ich in dreißig Jahren bei den verschiedensten Nationen und Leuten noch nie eine solche Ausdauer im Kampf gesehen habe wie dort. Sie waren so stark, daß für drei Stunden kein Haufen mit hundert Reitern durchbrechen konnte. Der Pfeil- und Lanzenhagel war so, daß die Christen ihre Pferde nicht gegen die Indios einsetzen konnten. So kämpften wir, bis ich merkte, daß man die Pferde nicht unter die Indios schicken konnte. Da griff ich sie mit den Fußsoldaten an, und als ich in ihren Haufen eingedrungen war und sie die Schwerter zu fühlen bekamen, verloren sie den Kopf und flohen. Sie verwundeten mir über sechzig Pferde und ebensoviele Christen. Aber es kam nur ein Christ ums Leben, und dieser nicht von der Hand der Indios, sondern durch einen anderen Soldaten, der ihn beim ungeschickten Abfeuern einer Arkebuse traf. Den Rest der Nacht und den folgenden Tag verbrachten wir damit, uns zu pflegen, während ich ausritt, um die Stelle für die Ansiedlung zu besichtigen, die ich auf meiner Entdeckungsfahrt in früheren Jahren gefunden hatte.

Ebenso berichten, wie ich am 23. Februar mein Lager dorthin verlegte und ein Fort baute, umgeben von einem Zaun aus dicken Stämmen und einem breiten und tiefen Graben an einer Bucht der Meeresküste, dem besten natürlichen Hafen, den es in diesem Indien gibt. Auf der anderen Seite fließt ein großer Fluß ins Meer mit einer unendlichen Zahl von Fischen, Barsche, Neunaugen, Schollen, Dorsche und tausend anderen Arten, die sehr gut sind, und auf der anderen Seite läuft ein Flüßchen mit sehr klarem und weichem Wasser vorbei, das das ganze Jahr fließt. Hier schien mir ein guter Platz zu sein, um das Meer zu nutzen und mir von der Galeere und der kleinen Galeone Hilfe bringen zu lassen, die der Pilot Kapitän Juan Bautista de *Pastene* von der Flotte heranführte. Ich hatte ihm befohlen, mich im Gebiet des *Bio-Bio* zu suchen und die Küste entlangzufahren, bis er mich fände.

Ebenso berichten, wie ich am 23. Februar das Fort zu bauen begann und es in acht Tagen fertigstellte. Und das Werk unserer Hände war so wohlgelungen, daß man sich darin gegen die Franzosen verteidigen könnte. Es wurde gebaut, um den Conquistadoren bei der Nachtwache etwas Ruhe zu geben, um unser Gepäck, die Verletzten und die Kranken zu schützen und um dann zum Kampf ausrücken zu können, wann wir wollten und nicht dann, wenn die Indios uns dazu herausforderten.

Ebenso berichten, wie wir am 3. März des Jahres 1550 das Fort bezogen und ich die Wohnplätze zuteilte. Ich teilte alle so für die Nacht- und Tagwachen ein, daß wir einige Nächte ruhen konnten, wenn wir die Nachtwache alle drei Tage wechselten. Wir waren gerade damit beschäftigt, für den Winter, der im April beginnt, unsere Hütten zu bauen, als mich die Nachricht erreichte, das ganze Land habe sich verbündet, um über uns herzufallen. Wir erwarteten diese Stiere täglich, weil wir zu beschäftigt waren, um gegen sie auszurücken und sie zu Hause aufzusuchen.

Ebenso berichten, wie sich eines Abends vier Haufen von schätzungsweise 40.000 Indios auf den Hügeln über unserem Fort zeigten und ihnen ebensoviele und noch mehr zu Hilfe kamen. Als ich vor dem Tor sah, daß man keinen Haufen vor dem anderen schlagen konnte, schickte ich Kapitän Jerónimo de *Alderete* mit fünfzig Reitern vor, der nur einen Büchsenschuß vom Tor entfernt war, als sie auf das Fort vorrückten, um uns einzuschließen. Er aber griff sie so an, daß sie umkehrten. Als die übrigen Haufen das sahen, begannen sie zu fliehen. So errang man den Sieg, tötete gegen zweitausend Indios und verwundete ebensoviele. Dreihundert oder vierhundert Gefangenen ließ ich die rechte Hand und die Nase abschneiden, wobei ich ihnen zu verstehen gab, dies geschähe, weil sie entgegen meiner Warnung und ihrer Versicherung, in Frieden zu kommen, doch in kriegerischer Absicht gekommen waren, und daß ich alle, die sich nicht unterwürfen, ebenso behandeln müßte. Weil darunter einige Oberkaziken waren, sagte ich ihnen, weshalb wir kämen, damit sie Bescheid wüßten und es ihren Leuten sagen könnten. So entließ ich sie.

Ebenso berichten, wie ich alle Lebensmittel des Gebietes einsammeln und ins Fort bringen ließ.

Ebenso von dem guten, fruchtbaren und ergiebigen Land hier berichten, von der guten Witterung, den Feldfrüchten, dem Holzreichtum und allem übrigen, was man braucht, um es zu besiedeln und zu halten. Und mit Recht, denn offensichtlich gefällt es unserem Gott, sich unser zu seiner Eroberung und Erhaltung zu bedienen, denn die Eingeborenen sagen, daß an jenem Tag, als sie in Sichtweite unseres Forts kamen, ein alter Mann vom Himmel unter sie fiel, ganz in Weiß gekleidet und auf einem weißen Pferd, und zu ihnen sagte: »Flieht alle, weil sie euch töten werden, diese Christen«, und so flohen sie. Und drei Tage zuvor, als sie auf dem Weg hierher den großen Fluß überquerten, sei – so sagten sie – vom Himmel eine schöne Frau zu ihnen gekommen, auch in Weiß gekleidet, und habe ihnen gesagt: »Geht nicht mit diesen Christen kämpfen, denn die sind tapfer und werden euch töten.« Doch nachdem diese schöne Vision verschwunden war, kam der Teufel, ihr Schutzherr, und sagte ihnen, daß sie sich massenhaft zusammenschließen und gegen uns ziehen sollten, weil wir bei ihrem Anblick vor Schreck tot umfallen würden und daß er auch kommen würde. Deshalb kamen sie in Sichtweite unseres Forts. Sie nennen uns »ingas« und unsere Pferde »hueques«, was »Schafe des Inga« heißen soll. Bis jetzt haben sie sich nicht mehr gegen uns zusammengeschlossen.

Ebenso berichten, wie nach acht oder zehn Tagen der Kapitän und Lotse Juan Bautista de *Pastene* mit der Galeere und dem Segelschiff in diesem Hafen ankam.

Dann gab ich ihm den Auftrag, die Küste von *Arauco* entlangzufahren und die Schiffe mit Lebensmitteln beladen zurückzubringen. Und ich ließ Kapitän Jerónimo de *Alderete* mit fünfzig Reitern den großen Fluß überqueren, was gut vonstatten ging, um *Arauco* zu durchstreifen und der Flotte Flankenschutz zu geben, was auch geschah. Sie sahen das lieblichste Land der Welt, gesund und mild und ein Ort, um eine Stadt größer als Sevilla zu gründen.

Ebenso berichten, wie er auf eine Insel stieß mit einer Bevölkerung von ungefähr tausend Indios, die ihnen friedlich begegneten und sich unterwarfen. Sie beluden die Schiffe mit Mais.

Ebenso berichten, wie ich den genannten Kapitän und Lotsen nach drei Monaten wieder nach Lebensmitteln aussandte und um den Indios des Landes durch Boten aus der Zahl seiner Gefangenen sagen zu lassen, daß sie herkommen und sich unterwerfen sollten, sonst würden wir ausziehen, um sie zu töten. Er segelte zwanzig *Meilen* weiter über die erste Insel hinaus, wo er eine andere noch stärker besiedelte Insel fand. Nachdem er die Schiffe mit Mais beladen hatte, fuhr er zurück und traf einen Monat später ein.

Ebenso berichten, wie ich nach acht oder zehn Tagen die Flotte noch einmal nach Lebensmitteln ausschickte, und sie auf dem Festland ein Gefecht lieferten, wobei nachts einige Indios getötet wurden, um sie einzuschüchtern und friedenswilliger zu machen.

Ebenso berichten, wie ich in dieser Zeit, als die Flotte kam und ging, dieses ganze Gebiet und die Gemarkung eroberte, die der neuen Stadt dienstbar sein sollte, und wie alle Kaziken in Frieden kamen, um sich zu unterwerfen. Die Stadt habe ich in diesem Fort gegründet, Stadtrat, Justiz und Verwaltung eingerichtet und Landlose und Kaziken unter die Siedler aufgeteilt, die zu ihrer Erhaltung dort bleiben würden. Ich gründete die Stadt am 5. Oktober des gegenwärtigen Jahres 1550 und taufte sie *Concepción.*

Seiner Majestät und den Herren des königlichen Indienrates berichten und Rechenschaft ablegen, wie ich seit dem 13. Dezember des Jahres 1547, an dem ich vom Hafen von *Valparaiso* aufbrach bis zu meiner Rückkehr dorthin im Mai 1549, was siebzehn Monate waren, im Dienst Seiner Majestät in Gold und Silber 186.500 *Castellanos* verbrauchte und eine Million ausgeben werde, wenn ich sie hätte, wenn es genauso nötig ist.

Ebenso berichten, wie ich seit Beginn dieser Reise bis zum heutigen Tag ohne die Ausgaben für meine Person, mein Haus und meine Diener 297.000 *Castellanos* für Pferde, Waffen, Kleidung, Beschläge verbraucht habe, die zur Erhaltung des Landes an die Conquistadoren verteilt wurden. Und daß ich von ihnen dafür keinen einzigen *Goldpeso* oder sonst etwas und auch keine Quittung verlangt habe. Sowie ich frei oder etwas weniger mit Kriegsangelegenheiten beschäftigt bin, werde ich eindeutige Beweise dafür schicken.

Item, ebenso berichten, wie ich mich darauf eingelassen habe, Geld auszugeben, und jetzt von neuem damit beginne, um dieses gute Land für Seine Majestät zu besiedeln, was für die Conquistadoren und für mich sehr mühsam und kostspielig gewesen ist, geblieben ist und sein wird, weil man hier kein Gold auf der Erde gefunden hat wie in Peru; daß es aber, bevölkert, erobert und besiedelt, was ich, so hoffe ich zu Gott, wenn es Ihm gefällt, abzuschließen hoffe, Überfluß an allem haben wird, was wir in diesen Gebieten suchen, denn es ist überaus fruchtbar und stellt jedermann zufrieden, die Conquistadoren so gut wie alle anderen Leute, die sich hier befinden. Und daß mein Hauptanliegen ist, Gott unserem Herrn und Seiner Majestät durch die Besiedlung und die Fortführung einer so guten Sache zu dienen.

Seiner Majestät berichten, daß ich wegen der schlechten Verhältnisse in Peru, die sich auch, nachdem *Vaca de Castro* dort an die Regierung kam, nicht besserten, nicht weiter bin. Bei der Sorgfalt, die ich im Krieg gegen die Indianer und bei der Bemühung um Nachschub angewandt habe, und mit meinen Ausgaben und Verlusten könnte ich das Land bis zur Magellanstraße und zum *Nordmeer* entdeckt, erobert und besiedelt haben und hätte jetzt in diesem Land zweitausend Leute mehr als die, mit denen ich dies hier bewerkstelligt habe.

Seiner Majestät nachweisen und berichten, daß die Frucht der hinter mir liegenden Mühen, die ich hier aufzeichne, aus meinen Diensten und Ausgaben, nicht mehr gewesen ist als die Befriedung und Beruhigung Perus nach der Rebellion Gonzalo *Pizarros*, die Gründung der Städte *Santiago*, *La Serena* und *Concepción* und der Unterhalt von fünfhundert Leuten in dieser Provinz.

Ebenso berichten, daß ich in drei Monaten mit der Hilfe Gottes, mit dreihundert Leuten und den besten Pferden, wobei ich die übrigen zum Schutz der Städte zurücklasse, 25 oder 30 *Meilen* tief in dieses Land eindringen werde, um eine weitere Stadt zu gründen.

Ebenso von der Behandlung berichten, die ich den Indios bis zum heutigen Tag angedeihen ließ und lasse, die sich ganz nach den Befehlen Seiner Majestät richtet. Und daß ich darin außerordentlich große Vorsicht und Wachsamkeit walten lasse, damit der Wille Seiner Majestät geschieht, weil es die Hauptsache ist, daß jeder gute Gouverneur so zur Entlastung des kaiserlichen Gewissens beiträgt. Dafür rufe ich Gott zum Zeugen an und den Ruf, der sich verbreiten wird, und das Zeugnis, das die Personen ablegen, die jetzt nach Spanien gehen, nachdem sie einige Zeit in diesem Land gelebt haben und das, was Euer Gnaden, meine Herren, als gute und glaubwürdige Zeugen sagen werden.

Item, wenn Ihr über alles berichtet habt, was in dieser Schrift enthalten ist, und was Euer Gnaden sonst passend scheint, und Ihr die Fragen Seiner Majestät und der Herren Seines königlichen Indienrates beantwortet habt, sollt Ihr ergebenst in meinem Namen um das bitten, was in den hier folgenden Kapiteln enthalten ist, die ich in meinem Brief und Bericht, den Euer Gnaden bei sich haben, niederschreibe und hier an das Ende des Briefes stelle, damit sie Beachtung finden und Ihr daraus ersehen könnt, worum es geht und was Ihr zu antworten habt, wenn Ihr mit Seiner Majestät und den Herren Seines Indienrates sprecht und darüber befragt werdet.

Wie aus den Verfügungen hervorgeht, die der Herr Präsident de la *Gasca* kraft kaiserlicher Vollmacht zu meinen Gunsten getroffen hat, setzte er folgende Grenzen meines Amtsbezirks fest: Nord-Süd an der Küste entlang den 41. Grad und West-Ost einhundert *Meilen* Breite. Und weil ich das Land von hier bis zur Magellanstraße noch wenig besiedeln konnte und es der Person, der man es geben würde, eher eine Last als von Nutzen wäre, während ich es ganz besiedeln und unter die Vasallen Seiner Majetät und die Conquistadoren aufteilen werde, bitte ich ergebenst um gnädige Bestätigung des Gewährten sowie um zusätzliche Erweiterung meiner Grenzen der Küste entlang bis zu der genannten Meerenge und landeinwärts bis zum Nordmeer. Der Grund dafür ist, daß wir Kunde haben, daß die Küste des Rio de la Plata vom 40. Grad bis zum Eingang der Meerenge menschenleer ist, und ich fürchte, daß sich das Land sehr verengt. Denn als ich den Piloten Juan Bautista de *Pastene*, meinen Stellvertreter zur See, zur Erkundung der Küste bis zur Meerenge aussandte, war er am 41. Breitengrad nahe daran, sich zu verirren, weil er in Spanien gedruckte Seekarten benutzte, woraus man sieht, daß die spanischen Karten sich hinsichtlich der Magellanstraße beträchtlich irren, wenn man der Sache auf den Grund geht. Weil man den Kern der Sache noch nicht herausgefunden hat, schicke ich keinen Bericht darüber, bis sie ganz durchfahren ist, damit die Fehler der besagten Karten verbessert werden können und die Schiffe in diesen Gebieten den rechten Weg finden und nicht Gefahr laufen, sich zu verirren. Der Irrtum bei der Suche nach der genannten Meerenge liegt, wie ich informiert wurde, nicht bei den Breitengraden, sondern bei den Längengraden. Ich erbitte diese Gunst nicht wie andere Leute, um Land zu horten, denn mir genügen sieben Fuß für ein Grab. Aber um es meinen Erben erhalten zu können, damit die Erinnerung an mich darin fortdauere. Dazu möge mir Seine Majestät gnädigst für meine kleinen Dienste seine Gunst gewähren, die ich pflichtgemäß schätzen werde, so klein sie auch sein möge, erbitte ich sie doch nur zu dem Zweck, weiter zu dienen und neue Mühen auf mich zu nehmen. Sowie ich klar sehe und sichere Nachricht habe, werde ich sie Seiner Majestät senden, damit er es aufteilen oder an zwei oder mehr Gouverneure geben kann, wenn es beliebt.

Ebenso bitte ich Seine Majestät, mir meine Statthalterschaft auf Lebenszeit zu bestätigen und mir außerdem die Gunst zu erweisen, sie nach meinem Tod auf Lebenszeit zwei aufeinanderfolgenden Erben zu gewähren oder Personen, die ich benennen werde.

Ebenso bitte ich Seine Majestät, mir und meinen Erben gnädigst das Amt des *Alguacil mayor* der genannten Provinz für immer bestätigen zu lassen.

Ebenso bitte ich Seine Majestät, mir gnädigst die Besetzung der öffentlichen Schreiberstellen und der Räte der Städte, Dörfer und Ortschaften, die ich hier gründen werde, zu gewähren, und wenn Seine Majestät anderweitig darüber verfügt haben sollte, soll mein Besetzungsrecht eintreten, wenn die Erstbesetzung ausläuft.

Desgleichen, wenn Seine Majestät meine Dienste ganz oder zum Teil annehmen sollte – ist doch die Absicht, in der ich sie bis heute geleistet habe und weiterhin leisten werde, die des ergebensten und loyalsten Dieners, Untertanen und Vasallen seiner kaiserlichen Person, den man finden kann – dann bitte ich ergebenst, als Belohnung dafür mir und meinen Nachkommen gnädigst den achten Teil des Landes zu überlassen, das ich erobert, besiedelt und entdeckt habe und noch entdecken, erobern und besiedeln werde, und daß ich den Teil davon wählen darf, der mir gefällt, mit einem Adelstitel, den mir Seine Majestät gnädigst dazu verleihen wolle.

Ebenso bitte ich Seine Majestät um Bestätigung des Rechts, in jeder Siedlung, die ich im Namen Seiner Majestät in dieser Provinz gründe, drei Stadträte auf Lebenszeit ernennen zu dürfen, und daß er mir dazu die Gnade gewähre, daß diese von mir ernannten Räte nicht die Bestätigung des königlichen Indienrats einholen müssen wegen der Ausgaben und des möglichen Schadens, die mit der langen und mühsamen Reise verbunden sind.

Ebenso bitte ich Seine Majestät angesichts der hohen Ausgaben, die mir in Zukunft erwachsen müssen, da ich bis zum heutigen Tag keine 10.000 *Pesos* Einkommen habe, aber jedes Jahr nach meiner Schätzung mindestens 100.000 ausgeben werde, daß er mir gnädigst gestatte, aus Spanien oder den Kapverdischen Inseln oder aus anderen Gebieten 2.000 Neger frei von allen königlichen Abgaben in diese Statthalterschaft einzuführen und daß niemand ohne meine Erlaubnis mehr als zwei Sklaven in diese genannte Statthalterschaft mitbringen darf, bis ich die genannte Zahl erreicht habe.

Ebenso bitte ich Seine Majestät angesichts der Riesenausgaben, die ich seit dem Beginn dieses Unternehmens für die Entdeckung, Eroberung und Besiedlung, für die Erhaltung und den Fortbestand dieser Provinzen gehabt habe, und der zusätzlichen, die mir entstanden, als ich die Rebellion des Gonzalo *Pizarro* bekämpfen half, wie es aus Abschnitten des Briefes hervorgeht, den ich Seiner Majestät schreibe, daß Er geruhen möge, mich von meinen Schuldverschreibungen zu entbinden, die in den königlichen Kassen der Städte *Lima* und *Santiago* vorliegen und über folgende Summen lauten: eine über 50.000 *Pesos*, die ich in Gold aus der Kasse Seiner Majestät der Stadt *Santiago* nahm, als ich, wie gesagt, nach Peru fuhr, um dort zu kämpfen; ein weiterer Schuldschein über 30.000 *Pesos*, den ich den Beamten in *Lima* für die Galeone und die Galeere ausgestellt habe, die sie mir aus königlichem Besitz überließen, und für die Lebensmittel, die sie mir im Hafen von *Arica* gaben, um die Leute zu versorgen, die ich hierher brachte; und mehr als 38.000 *Pesos*, die ich laut weiteren Schuldscheinen einem *Calderón de la Barca*, einem ehemaligen Diener des *Vaca de Castro* schulde, der Rest einer Schuld von 60.000 *Pesos* für Waren, die seitens des genannten *Vaca de Castro* auf dem Schiff des Lotsen und Kapitäns Juan Bautista de *Pastene* hierher geschickt wurden, um den Leuten zu helfen, die Seiner Majestät in diesem Land dienten, ein Anspruch, der nun von *Vaca de Castro* auf Seine Majestät übergegangen ist, so daß diese drei genannten Posten 118.000 *Goldpesos* betragen. Ich bitte Seine Majestät noch einmal, mich gnädigst davon zu entbinden.

Ebenso bitte ich Seine Majestät, mir gnädigst die zusätzliche Gnade zu erweisen und mir mit weiteren 100.000 *Pesos* aus der Kasse Seiner Majestät aushelfen zu lassen, um mich teilweise von den großen Ausgaben, die jeden Tag auf mich zukommen, zu entlasten. Denn mein Vertreter Francisco de *Villagra* ist noch nicht mit dem Nachschub zurückgekommen, nach dem ich ihn ausgeschickt habe; und jetzt schicke ich mit den Boten, die diesen Brief mit sich führen, einen weiteren Kapitän mit mehr Geld nach Peru, um zusätzliche Leute anzuwerben. Und wenn mein Vertreter zurückkommt, wird ein anderer gehen, und so muß es geschehen, damit meine Anstrengungen im Dienst Seiner Majestät Wirkung zeigen.

Ebenso bitte ich Seine Majestät, da dieses dichtbevölkerte und kriegerische Land von der Küste her besiedelt werden muß, mir gnädigst die Erlaubnis zu geben, zum Schutz seiner königlichen Untertanen von hier bis zur Magellanstraße drei oder vier Forts anzulegen, an Stellen, die mir geeignet erscheinen, und jedem von ihnen soviel Eingeborene zuzuweisen, wie mir zu Bau und Unterhalt angemessen scheint, und ihnen wie den Conquistadoren geeignetes Land zu ihrem Unterhalt zu überlassen. Diese genannten Forts möge Seine Majestät mir und meinen Erben gnädigst als Besitz verleihen, mit einem Gehalt von einer Million *Maravedís* im Jahr für jedes Fort.

Ebenso bitte ich Seine Majestät, mir angesichts der Tatsache, daß das Land so teuer und so weit von unserem Spanien entfernt ist, gnädigst jährlich 10.000 *Pesos* Gehalt und Kostenbeihilfe anweisen zu wollen.

Ebenso wird Seine Majestät gebeten, diesem Land und seinen Untertanen die Gunst zu erweisen, den Vater Bakkalaureus Rodrigo *González* zum Bischof ernennen zu lassen. Und Ihr, Herr Alonso de *Aguilera*, mögt besonders darauf achten, dies zu betreiben, da er den Bischofstitel nicht annehmen wird, wenn Seine Majestät es ihm nicht gebietet, weil ihm nichts dünkelhafter erscheint, als Ehrenämter. Ihr werdet berichten, was Ihr von seiner Integrität wißt, und daß wir ihn alle lieben, wegen seiner Gelehrsamkeit, seiner Predigten und seines vorbildlichen Lebens.

Aus dieser Stadt Concepción, am 15. Oktober des Jahres 1550:
Pedro de Valdivia
Im Auftrag seiner Herrlichkeit, des Herrn Gouverneurs:
Juán de Cárdenas.

IX.

Pedro de Valdivia an Kaiser Karl V. Concepción, 15. Oktober 1550

Dieser Bericht, der längste von allen, entspricht abgesehen von den dort gegebenen einleitenden Anweisungen bis ins Detail den Instruktionen an Valdivias Abgesandte, das heißt, er besteht aus einem Bericht über die Leistungen des getreuen und tüchtigen Vasallen im Dienst des Kaisers von den Anfängen bis zur Gründung von Concepción und einer damit begründeten Liste von finanziellen und politischen Wünschen, praktisch einer Bittschrift, am Schluß. Was Valdivia berichtet, dürfte sachlich richtig sein, aber er setzt Schwerpunkte, erwähnt manche Dinge nur beiläufig oder verschweigt sie gar, um den Text in seinem Sinne zu gestalten. Gegner werden geschickt in schlechtes Licht gerückt. Der Stil ist lebhaft und steigert sich bisweilen zu dramatischen Effekten. Details tauchen auf, die in der Instruktion für die zwei Abgesandten fehlen, etwa das in kritischer Lage an Valdivia herangetragene Ansinnen, sich zum Anführer eines Aufstands der Unzufriedenen in Peru zu machen, das er voll Entrüstung ablehnt. Die Affäre erscheint geradezu zu einer »Versuchung des Valdivia« stilisiert – die »Versuchung des Pescara«, seines damaligen Kommandeurs, dürfte Valdivia miterlebt haben.

Heilige, Kaiserliche, Katholische Majestät!

Nachdem ich Eurer Majestät, wie es mir die Pflicht gebot, in Italien unter Prospero *Colonna* und dem Marquis von *Pescara* bei der Eroberung Mailands und der Gefangennahme des Königs von Frankreich gedient hatte, begab ich mich im Jahre 1535 hierher nach Indien. Nachdem ich an der Entdeckung und Eroberung Venezuelas teilgenommen hatte, ging ich auf eigenen Wunsch 1536 nach Peru, wo ich Eurer Majestät als *Feldmeister* unter dem Marquis *Pizarro* seligen Angedenkens bei der Befriedung dieser Provinzen diente, bis nach Beendigung des Bürgerkriegs unter den Christen und nach Unterdrückung des Indianeraufstands der Friede wieder eingekehrt war.

Da der Marquis so eifrig auf Euer Majestät Dienst bedacht war und auch meine Dienstbereitschaft kannte, wollte er mir eine Gelegenheit verschaffen, sie zu bewähren. Er besaß von Eurer Majestät eine Vollmacht, die 1537 in Monzón ausgestellt und vom Sekretär des Geheimen Rates Eurer Majestät, Francisco de los *Cobos*, gegengezeichnet war, um die Eroberung und Besiedlung der Statthalterschaft *Neu-Toledo* und der Provinz Chili zu betreiben, da Don Diego de *Almagro*, der diesen Plan eigentlich ausführen sollte, ihn wieder aufgegeben hatte. Der Marquis hieß mich, diesen Auftrag ausführen und diese Statthalterschaft übernehmen und auch die von allem Land, das ich noch dazu entdecken, erobern und besiedeln würde, soweit es Eurer Majestät Wunsch und Wille sei. Ich gehorchte und beschloß, mich zu bemühen, Eurer Majestät dieses Land zu erhalten, obschon es einen schlechten Ruf hatte, seit *Almagro* wieder umgekehrt war und das Unternehmen aufgegeben hatte, obwohl er doch so viele und so tapfere Soldaten bei sich hatte. In Peru verzichtete ich auf das *Canelatal* in der Provinz *Charcas*, einen Besitz ebenso ertragreich wie der des Marquis, der nachher unter drei Conquistadoren verteilt wurde, an Diego *Centeno*, Lope de *Mendoza* und *Bobadilla*; dazu kam noch eine Silbermine, die seitdem über 200.000 *Castellanos* erbracht hat, ohne daß ich auch nur den geringsten Vorteil davon gehabt oder der Marquis mich damit bei meinem Unternehmen unterstützt hätte.

Nach meiner Bestallung durch den Marquis brach ich im Januar 1540 von *Cuzco* auf, zog bis zum *Copiapó*tal, wo südlich der *Atacama*wüste dieses Land beginnt, und noch 100 *Meilen* weiter bis zu dem Tal, das Chili heißt. Bis dahin kam *Almagro*, kehrte dann aber um, und seitdem war das Land so verrufen. Damit dieser schlechte Ruf in Vergessenheit gerate, nannte ich das Land, das er entdeckt hatte und das ich bis zur Magellanstraße noch entdecken konnte, *Neu-Estremadura*. Ich rückte noch zehn *Meilen* weiter vor und gründete im *Mapocho*tal zwölf *Meilen* vom Meer am 24. Februar 1541 die Stadt *Santiago* del Nuevo Extremo und setzte den Stadtrat und die Justizbehörden ein.

Von damals bis heute habe ich mich bemüht, Eurer Majestät ausführlich Bericht zu erstatten und Rechenschaft zu geben von der Gründung und Besitznahme dieser Stadt, von der Entdeckung und dem Wohlstand des weiter im Süden gelegenen Teils des Landes, von den großen Schwierigkeiten, die ich dabei zu überwinden hatte, und von den großen Ausgaben, die ich machen mußte und noch täglich habe, um meinen Plan zum guten Ende zu führen. Wie oft habe ich zu bestimmten Zeitpunkten – ich werde noch darauf zurückkommen – schon durch Boten berichtet, wie ich redlich und sorgfältig meine Pflicht als getreuer Vasall Eurer Majestät getan habe. Wenn meine Briefe und Berichte nicht in Eurer Majestät Besitz gelangt sind, war das nicht meine Schuld, sondern die einiger heimtückischer Boten, die lieber in dem reichen, damals von inneren Unruhen erschütterten Peru blieben; anderen Boten wurden ihre Berichte auf der langen Reise von Indianern abgenommen, wieder anderen vom Tod.

Nach der Stadtgründung nötigte ich die Indianer durch Kampf und durch die Besetzung ihres Landes zum Frieden. Solange sie gewillt waren, uns zu dienen – alle diese Barbarenvölker neigen freilich von Natur zu Verrat und Rebellion – ließ ich eine Kirche und Häuser errichten, wobei ich alle geeigneten Vorsichtsmaßregeln traf. Um Nachschub herbeizuholen und Eurer Majestät Bericht zu erstatten, ließ ich eine Brigg bauen, was uns, weiß Gott, viel Mühe und Anstrengung kostete. Als sie fertig war, verbrannten sie mir die Indianer und erschlugen acht von den zwölf Christen, die das Schiff bewachen sollten, aber meinen Befehl mißachtet hatten. Mit einem Schlag erhob sich innerhalb von sechs Monaten das ganze Land, und es begann ein erbarmungsloser Krieg. Da mir nichts anderes mehr übrigblieb, schickte ich unter großen Schwierigkeiten und Gefahren für die Boten wie auch für uns Zurückbleibende meinen Stellvertreter, den Kapitän Alonso de *Monroy*, auf dem Landwege nach Peru, mit fünf Reitern, denn mehr konnte ich ihm unmöglich mitgeben. Er verließ uns im Januar 1542. Im Copiapótal töteten die Indianer vier seiner Gefährten, nahmen ihn selbst mit seinem letzten Begleiter gefangen, raubten die achttausend bis zehntausend *Pesos*, die sie bei sich hatten, und zerrissen die Briefe. Drei Monate später brachten die zwei Gefangenen den obersten Kaziken um und entflohen nach Peru, jeder auf einem der Pferde, deren sich die Indianer, als sie die beiden gefangen nahmen, bemächtigt hatten. Da nördlich davon die Wüste anfängt, konnten sie mit Gottes Hilfe und dank ihrer Schnelligkeit entkommen. Sie gelangten nach *Cuzco*, als *Vaca de Castro* Statthalter war und gerade die Anhänger des jungen *Almagro* besiegt und diesen selbst gefangen genommen hatte.

Monroy verhandelte dort mit *Vaca de Castro* wegen der Erlaubnis, Soldaten für Chile anzuwerben. Er warb sechzig Kavalleristen an, mit denen er nach einer Abwesenheit von genau zwei Jahren zu mir zurückkehrte. Er trieb für etwa 12.000 *Pesos* Ausrüstung und Pferde für diese Soldaten auf, um sie hierher zu bringen und auch ein Schiff, für das er 4.000 *Pesos* anlegte. Seinen Gläubigern zahlte ich hier über 80.000 *Castellanos* aus.

Im Januar 1544 kehrte Kapitän *Monroy* mit den sechzig Kavalleristen nach *Santiago* zurück; das Schiff, das er uns aus Peru schickte, warf in *Valparaiso*, dem Hafen von *Santiago*, schon vier Monate früher Anker. In der Zwischenzeit führte ich mit den Indianern pausenlos Krieg und setzte ihnen ununterbrochen zu; dazu war ich mit der Sorge für unseren Unterhalt und dem Schutz unserer Saatfelder beschäftigt, und da sie an Zahl viele, wir aber nur wenige waren, gab es reichlich zu tun. Dadurch wurde ich dauernd in Atem gehalten.

Wir freuten uns alle über die glückliche Ankunft der Soldaten. Nachdem sie sich einen Monat ausgeruht hatten, setzte ich den Indianern so heftig zu und ließ ihnen keine Ruhe weder bei Tag noch bei Nacht, so daß sie sich zum Frieden bequemen und uns dienen mußten, wie sie es seither getan haben.

Während ich damit beschäftigt war, kam im Juli des erwähnten Jahres 1544 der Kapitän Juan Bautista de *Pastene*, ein Genuese, der von der königlichen *Audiencia* in Panama zum Cheflotsen auf dem *Südmeer* ernannt worden war, mit seinem Schiff in *Valparaiso* an. Um Eurer Majestät zu dienen und aus Rücksicht auf den Statthalter *Vaca de Castro* hatten er und einer von dessen Dienern es mit Waren im Wert von ungefähr 15.000 *Pesos* beladen, um uns damit zu unterstützen. Ich kaufte wieder für über 80.000 *Castellanos* von diesen Waren und stattete alle meine Soldaten damit aus.

Als ich von der Absicht erfuhr, mit der der Kapitän und Lotse Juan Bautista de *Pastene* gekommen war, und als er sich erbot, Eurer Majestät und mir in Ihrem Namen zu dienen, und ich seinen Rang als Lotse, seine Klugheit und Erfahrung in der Schiffahrt auf dem *Südmeer*, bei der Entdeckung neuer Länder sowie in allem übrigen, was dem Dienst Eurer Majestät, dem Wohl Eurer Vasallen und diesem Lande von Nutzen ist, kennengelernt hatte, ernannte ich ihn im September desselben Jahres 1544 zu meinem Stellvertreter zur See. Ich beauftragte ihn alsbald, 150 bis 200 *Meilen* Küste in Richtung auf die Magellanstraße zu erforschen und mir von allem zu berichten. Das führte er auch während des ganzen genannten Monats aus, mit aller Vorsicht, wie ich ihm im Namen Eurer Majestät befohlen hatte.

Nachdem mir der Kapitän und seine Begleiter von ihrer Erkundungsfahrt, von der Besitzergreifung und dem Wohlstand des Landes, von seiner zahlreichen Bevölkerung und seinem Viehreichtum berichtet hatten, ließ ich die dienstverpflichteten Indianer und Indianerinnen, die wir aus Peru mitgebracht hatten, in den Minen arbeiten, was sie gern taten, um uns zu helfen. Es kostete freilich nicht wenig Mühe, da es an die fünfhundert Stück waren. Auf unseren Pferden brachten wir ihnen das Essen aus der zwölf *Meilen* entfernten Stadt und teilten redlich mit ihnen die Lebensmittel, über die wir zum eigenen Unterhalt und zur Ernährung unserer Kinder verfügten und die wir eigenhändig gesät und geerntet hatten. Das alles geschah, um Eurer Majestät erneut Boten schicken zu können, die von mir und diesem Land Bericht erstatten sollten, und um zu seiner Besiedlung weitere Hilfe aus Peru herbeizuholen. Denn ohne Gold war es unmöglich, auch nur einen Mann hierherzubringen, und selbst wenn man Gold mitbrachte, würde es noch viel Mühe kosten, auch nur ein paar herauszulocken bei dem ungebundenen und großartigen Leben, das die Spanier in Peru führten, und bei dem schlimmen Ruf, in den unser Land gekommen war.

Neun Monate arbeiteten die Indianer in den Minen, und etwas über 60.000 *Castellanos* wurden dabei gewonnen. Ich beschloß, die Kapitäne Alonso de *Monroy* und Juan Bautista de *Pastene* mit einem Schiff abzuschicken, um mir, der eine auf dem Landweg, der andere zur See, Soldaten, Pferde und Waffen herbeizuschaffen. An Bord des Schiffes schickte ich auch einen gewissen Antonio de *Ulloa* aus Cáceres, der allgemein als Ritter und Edelmann galt, als Boten mit Briefen an Eure Majestät. In meinem Schreiben berichtete ich von allem, was es bis dahin zu berichten gab: von mir, von der Entdeckung, der Eroberung und der Besiedlung des Landes. Unter diese drei Boten und zwei Kaufleute, die auch notwendige Ersatzgüter beschaffen sollten, wurde das aus den Minen geförderte Gold verteilt: an *Ulloa*, damit er die Mittel hätte, sich zu Eurer Majestät zu begeben, an die Kapitäne und die Kaufleute, um ihnen die Beschaffung von Nachschub zu erleichtern.

Während ein Teil der Soldaten die Förderung des Goldes durch unsere Indianer überwachte, ließ ich von den übrigen an der Meeresküste die Stadt *La Serena* errichten, an einem sehr guten Hafen im Tal von *Coquimbo*. Sie liegt auf halbem Weg zwischen dem *Copiapó*tal und *Santiago* und ist daher das Tor, durch das die Leute aus Peru, die Eurer Majestät in Chile dienen wollen, ohne Gefahr hierherkommen können. Ich begab mich dorthin, bestellte den Stadtrat und die Justizbehörden und setzte einen Stellvertreter ein. Und dort verabschiedete ich am 4. September 1545 die Boten und das erwähnte Schiff in der zuversichtlichen Erwartung, spätestens in sieben bis acht Monaten von Alonso de *Monroy* Antwort zu erhalten. Zu diesem Zweck nahm er Indianer aus Chile mit, die sich anheischig machten, in höchstens vier Monaten mit Briefen von Peru zu mir hierher zurückzukommen.

Nachdem das Schiff in *La Serena* in See gestochen war, ließ ich dort eine ausreichende Besatzung zurück und begab mich wieder nach *Santiago*. Im Januar des Jahres 1546 ließ ich erneut nach Gold graben, wie zuvor. Da in diesem Jahr viel mehr Getreide als bisher geerntet worden war und ich nicht daran zweifelte, daß der Nachschub bald kommen würde, beschloß ich, das Land noch fünfzig *Meilen* weiter nach Süden zu erkunden, um festzustellen, wo man noch eine Stadt anlegen könne, sobald die Hauptleute, die ich nach Peru geschickt hatte, mit neugeworbenen Soldaten wieder da wären. Schnell stellte ich sechzig wohlausgerüstete Kavalleristen bereit und führte meinen Erkundungszug durch. Ich hatte dafür Vorsorge getragen, daß weiter Gold gegraben wurde, während ich unterwegs war, bis ich mit Gottes Hilfe wieder zurückkäme, denn ich war fest überzeugt, das dichtbesiedelte Land fange weiter südlich an, wo ich es dann auch wirklich antraf.

Am 11. Februar des genannten Jahres brach ich auf und zog etwa dreißig *Meilen* durch das Gebiet, das wir schon erkundet hatten und dessen Bewohner uns unterworfen waren. Als wir noch zehn *Meilen* weiter vorgerückt waren, stießen wir auf dichte Bevölkerung und nach sechzehn *Meilen* auf bewaffnete Indianer, die uns den Weg verlegten und Widerstand leisteten. Wir fielen in ihr Gebiet ein und die Indianer, die wir gefangen nahmen, schickte ich als Boten zu den Kaziken dieser Gegend und ließ sie zum Frieden mahnen. Eines Morgens traten uns dreihundert Indianer entgegen; sie sagten, man hätte ihnen schon mitgeteilt, was wir wollten. Aber wir seien nur wenige, und sie wollten uns umbringen. Wir griffen sie an und erschlugen ungefähr fünfzig von ihnen; die übrigen flohen.

In derselben Nacht überfielen uns während des ersten Viertels sieben- bis achttausend Indianer. Über zwei Stunden lang kämpften wir mit ihnen, und sie wehrten sich tapfer in geschlossenen Haufen wie die deutschen Landsknechte. Schließlich wichen sie, wir töteten viele von ihnen, darunter auch ihren Befehlshaber. Sie töteten uns zwei Pferde, verwundeten fünf oder sechs und ebensoviele Christen. Nach der Flucht der Indianer verbrachten wir den Rest der Nacht damit, die Wunden unserer Pferde und die eigenen Verletzungen zu verbinden. Am nächsten Tage rückte ich noch vier *Meilen* vor und kam zur Mündung eines sehr großen Flusses, des *Bio-Bio*, der eine halbe *Meile* breit ist. Ich entdeckte einen zur Anlage einer Stadt wohlgeeigneten Platz, stellte aber auch fest, daß ich mich unter der dichten indianischen Bevölkerung mit so wenig Truppen nicht behaupten konnte.

Ich erfuhr, daß die gesamte Bevölkerung von diesseits und jenseits des Flusses über mich herfallen werde. Doch weil ich wußte, daß ich den Verlust des ganzen Hinterlandes aufs Spiel setzte, wenn mir jetzt ein Rückschlag widerführe, kehrte ich vierzig Tage nach meinem Abmarsch nach *Santiago* zurück, zur großen Befriedigung derer, die mit mir ausgezogen waren, als auch jener, die zum Schutz der Stadt zurückgeblieben waren. Denn alle hatten nun die Bestätigung, daß es in unserer Nähe fruchtbares und dichtbesiedeltes Land gab, womit ich sie zur Belohnung ihrer Verdienste für alle ihre Mühen entschädigen konnte.

Durch meine Rückkehr beruhigten wir die Indianer wieder, die Santiago unterworfen waren, und ebenso jene aus den Tälern, die der Stadt *La Serena* zu dienen hatten. Sie waren etwas in Aufruhr infolge meines Vormarsches und hielten es schon für sicher, daß die Indianer uns alle erschlagen würden, da sie so zahlreich, wir aber nur wenige waren. Daher lagen sie auf der Lauer und planten, sobald sie nur etwas erführen, sich wiederum zu erheben und über die Städte herzufallen. Gott aber hat es anders gelenkt, als sie dachten! Alsbald teilte ich den Christen in *La Serena* meine Rückkehr mit und gab ihnen Nachricht von dem fruchtbaren Land, das ich entdeckt hatte, worüber sie sich nicht wenig freuten. Nächsten Mai ließ ich eine große Menge Weizen säen, damit alle reichlich zu essen hätten, denn ich war fest überzeugt, daß binnen kurzem die neu angeworbenen Soldaten kommen würden. Und so säten wir mit Gottes Hilfe viele Felder an!

Sieben Monate waren seit dem Aufbruch meiner Kapitäne nach Peru vergangen, und ich hatte weder sichere Kunde noch einen Brief von ihnen erhalten. Daher ließ ich ein Schiff, das ich zum Fischfang mit Netzen hatte bauen lassen, so herrichten, daß damit sieben oder acht Mann nach Peru segeln könnten, falls es notwendig werden sollte.

Als ich die Stadt *Santiago* gründete, teilte ich das Land, ohne wirklich Kenntnis davon zu haben, den Eroberern zu, weil ich sie zufriedenstellen mußte und löste die Gebiete der Kaziken auf, um jedem Indianer als Diener zuzuweisen. Als ich dann das Land erobert und befriedet hatte, bekam ich Einblick in die wirklichen Verhältnisse und erkannte, wie gering die Bevölkerung war, daß die wenigen vorhandenen Indianer auf über sechzig Ansiedler verteilt waren und die meisten von ihnen bald zerstreut und tot sein würden, wenn nicht Abhilfe geschaffen würde. *Santiago* bildet aber den Zugang zum Süden Chiles und ist der Ort, wo die gegenwärtigen und zukünftigen Eroberer sich erholen müssen. Daher beschloß ich zur Erhaltung der Indianer und zur Sicherung der Stadt, die Zahl der über sechzig Bürger auf die Hälfte zu reduzieren und unter sie alle vorhandenen Indianer zu verteilen, damit sie etwas mehr Möglichkeit hätten, die bei sich aufzunehmen, die uns zu Hilfe kommen würden. Das tat ich im Hinblick auf das fruchtbare Land, das ich entdeckt hatte und das gut die Bürger ernähren konnte, denen ich ihre wenigen Indianer genommen hatte, um sie unter die übrigen zu verteilen. Ich versichere Eurer Majestät, daß nichts Besseres und

Nützlicheres zur Erhaltung und Bewahrung des Landes im Besitz Eurer Majestät getan werden konnte und um die Indianer an der Zerstreuung zu hindern.

Im August waren schon elf Monate vergangen, und noch hatte ich nichts aus Peru erfahren. Mit dem Gold, das einige meiner Indianer gegraben hatten und dem, das die Bürger ihrerseits besaßen und das mir alle liehen, manche sogar sehr gern, sandte ich Juan *Dávalos* aus Garrovillas als weiteren Boten an Eure Majestät ab mit Duplikaten der Schreiben, die Antonio de *Ulloa* mitgenommen hatte, und Nachricht von allem, was ich Neues zu berichten hatte, von dem Zug, den ich unternommen, und von dem Lande, das ich entdeckt hatte. Er sollte auch meinen Kapitänen helfen, wenn er ihnen unterwegs begegnen und es nötig sein würde.

Das Schiff fuhr ab, und die Reisenden nahmen, wie gesagt, von mir und Privatleuten fast 60.000 *Pesos* mit, ein großer Betrag, wenn man damit woandershin als nach Peru ginge; aber da jenes Land wohlhabend und reich an Silber war und ist, würde man diesen Betrag dort ebenso gering schätzen wie wir ihn hochschätzen, da uns jeder *Peso* 100 Bluts- und 200 Schweißtropfen gekostet hat. Das Schiff stach im September des genannten Jahres 1546 von *Valparaiso* aus in See.

Da ich täglich Nachschub erwartete, war mein Hauptanliegen, rechtzeitig Mais und Weizen säen zu lassen und Gold zu fördern, soweit dies überhaupt möglich war, um immer wieder Soldaten, Pferde und Waffen herzubringen; denn das brauchen wir hier am nötigsten, da alles übrige, was wir suchen, mit Gottes Hilfe im Überfluß vorhanden sein wird, wenn wir nur Soldaten haben.

Schon dreizehn Monate war das Schiff mit dem Boten Juan *Dávalos* an Bord von *Valparaiso* abgefahren, als im gleichen Hafen der Lotse und Kapitän Juan Bautista de *Pastene* auf der Rückreise aus Peru ankam, fast ohne Lebensmittel auf einem Schiff, das nur noch aus dem Rumpf bestand und nicht für einen *Peso* Ware oder sonst etwas von Wert an Bord hatte. Siebenundzwanzig Monate waren vergangen, seit sie aus Chile abgefahren waren und ich keinerlei Nachricht von ihnen bekommen hatte. Nach so langer Zeit hatte ich alle Hoffnung aufgegeben, ihn je wiederzusehen, und glaubte, das Schiff und seine Besatzung seien bestimmt untergegangen und alle ertrunken.

Als ich ihn erblickte, weinte ich vor Freude und hieß ihn herzlich willkommen. Ich umarmte ihn und fragte ihn, warum er so lange habe auf sich warten lassen und wie und wo die Freunde, die er mitgenommen habe, geblieben seien. Er erwiderte, er werde mir Auskunft geben, er habe wahrlich genug zu berichten, und ich würde mich wundern, wenn ich hörte, was in Peru geschehen sei und noch geschähe. Es sei Zulassung Gottes, daß jene Lande mitsamt ihren Bewohnern vom Teufel besessen seien; und damit setzten er und seine Gefährten sich zum Essen nieder, was ihnen wahrlich nottat.

Er berichtete mir, wie sie nach einer Reise von vierundzwanzig Tagen in *Lima* ankamen und dort von der Ankunft des Vizekönigs *Blasco Núñez* Vela mit den königlichen Verordnungen und in Begleitung von Richtern zur Errichtung einer *Audiencia* hörten, von der Absetzung und Verhaftung *Vaca de Castros*, von der Verhaftung des Vizekönigs durch die Richter und von seiner Befreiung. Wie Gonzalo *Pizarro* mit einer Anzahl Soldaten dem Vizekönig nach Quito nachsetzte, und wie der Kapitän Alonso de *Monroy*, der den größten Teil meiner Gelder bei sich hatte, bei der Landung verstarb. Und daß Antonio de *Ulloa* seinen Entschluß änderte und es unterließ, Eurer Majestät meine Berichte zu überbringen, vielmehr sie öffnete, sie in Gegenwart vieler anmaßender und törichter Burschen vorlas, womit er sich als deren Gesinnungsgenosse erwies, sich darüber lustig machte und sie dann zerriß. Mit Unterstützung eines gewissen Lorenzo de *Aldana*, seines leiblichen Vetters, der als Oberrichter und Stellvertreter Gonzalo *Pizarros* für das ganze Land in *Lima* geblieben war, und dadurch, daß er sich auf die Seite der Gegner des Vizekönigs schlug, erreichte er, daß mein Gold, das der verstorbene Alonso de *Monroy* hinterließ, beschlagnahmt wurde, bis er Gonzalo *Pizarro* persönlich Bericht über Chile erstattet hätte. So geschah es, und alsbald brach er auf, um bei Gonzalo Kriegsdienste zu tun. Er kam rechtzeitig, um an der Schlacht teilzunehmen, in der der Vizekönig fiel. Er erklärte, er wolle mir Verstärkungen bringen und bat *Pizarro* aufgrund geleisteter Hilfe und unterstützt von einem gewissen *Solis*, seinem Vetter und *Pizarros* Haushofmeister, arglistig um die Erlaubnis und Vollmacht dazu. Er bekam sie und dazu eine Verfügung, er dürfe all mein Gold, wo es sich auch fände, an sich nehmen; damit bemächtigte er sich des Goldes, das Alonso de *Monroy* hinterlassen hatte, gab es aus und warb Soldaten an, um sie, wie er behauptete, mir zuzuführen.

Als Antonio *Ulloa* dann nach Quito aufbrach, verbot Lorenzo de *Aldana* bei Strafe dem Kapitän Juan Bautista, *Lima* zu verlassen. Dieser verhielt sich abwartend, bis er Nachrichten über den Vizekönig erhielt und erfuhr, worauf *Pizarros* Zug abzielte, obgleich er aus einigen Anzeichen, die er beobachtete, den Verdacht schöpfen mußte, daß es sich zwischen den beiden Vettern um irgendeine Abmachung gegen meine Interessen handle. Mittlerweile kam die Nachricht von der Niederlage und dem Tode des Vizekönigs, von *Ulloas* Heldentat und seinen Verdiensten, die er als so bedeutend hinstellte, weil er in der Schlacht gegen den Vizekönig dabeigewesen war. Ich bürge dafür, sie hätten es mit jenem nicht aufgenommen, wären sie alle aus seinem Stoff gewesen, der nun mit noch größerer Anmaßung und noch mehr Dünkel zurückkam, als er schon von hier mitgebracht hatte, wobei er mich ständig schlecht machte. Als *Aldana* merkte, daß sie nach dem Siege ihrer Partei alles erreichen konnten, was sie beide zu meinem Schaden vorhatten, verbot er aufs neue dem Kapitän Juan Bautista bei Todesstrafe und Verlust seines Vermögens, die Stadt ohne seinen ausdrücklichen Befehl zu verlassen und beschlagnahmte sein Schiff.

Vermutlich gerade damals kam der *Feldmeister* Francisco de *Carvajal* nach *Lima*. Er kam aus dem *Collao*, wo er einen gewissen Lope de *Mendoza* und Diego de *Centeno* geschlagen hatte, die mit ihren Soldaten die Provinzen *Collao*, *Charcas* und die Städte *Cuzco* und *Arequipa* gegen *Pizarro* aufwiegelten. *Carvajal* erschlug *Mendoza* und übernahm seine Soldaten; Diego *Centeno* floh und verbarg sich so gut, daß er nicht zu finden war, obwohl er ihn eifrig suchte. *Carvajal* bekam von *Pizarro* Nachricht von seinem Sieg über den Vizekönig und erfuhr durch andere Personen von den Machenschaften *Ulloas* gegen mich mit Unterstützung seiner Vettern *Aldana* und des Hofmeisters *Solis*. Als Kapitän Bautista *Carvajal* in meinem Namen besuchte, erzählte ihm dieser, daß wir uns von Italien her kannten und dort befreundet waren, daß er mich für den fähigsten Soldaten in diesen Landen hielt, daß er mir zuliebe alles nur Mögliche tun würde und sehr geneigt sei, meine Angelegenheit zu fördern. Er fragte Juan Bautista, warum er nicht selber in Quito in meiner Sache verhandelt habe. Dieser erwiderte, *Aldana* habe ihm bei Todesstrafe verboten, *Lima* zu verlassen und ihm sein Schiff genommen. Da *Carvajal* vorsichtig und klug war und *Pizarro* aufrichtig diente, war ihm *Aldana* wegen seiner Verschlagenheit, Feigheit und seines maßlosen Dünkels verhaßt. Es verdroß ihn sehr, daß die beiden, da sie nicht den Mut hatten, ihren Plan auszuführen, indem sie sich offen als meine Feinde bekannten, wie der schlimme *Ganelon* ihre Schandtat gegen den, der ihnen sein Vertrauen schenkte, unter dem Anschein von Freundschaft planten. »Wißt, Kapitän«, sagte *Carvajal*, »*Aldanica* (!) und *Ulloa* planen heimlich Valdivias Tod, um sich an seine Stelle zu setzen, und sie wollen die Freundschaft, die mein Herr, der Gouverneur, für Valdivia hegt, für sich nutzen, um Soldaten anzuwerben; denn sie wissen, daß er außer für Valdivia derzeit keinen Mann außer Landes gehen ließe, nicht einmal seinem Vater zuliebe, wenn der an Valdivias Stelle wäre. Doch ist es ratsam zu schweigen, denn die beiden stehen in hoher Gunst, und wenn Ihr ihren Plan aufdeckt, um ihn zu vereiteln, wird man Euch nicht glauben, sondern sie werden Euch umbringen und so ihr Ziel erreichen. Ich kenne Valdivia als einen Mann, der sich, wenn er gewarnt wird, gegen schlaue Füchse zu helfen weiß, und erst recht gegen diese kläglichen Karnickel. Doch wenn ihr nicht für ihn auf der Hut seid, weiß ich nicht, wie die Geschichte ausgeht. Daher beherzigt den Rat, den ich Euch für Valdivia und Euch selbst geben will, denn ich halte Euch für einen aufrichtigen und verschwiegenen Mann: Begebt Euch alsbald zum Gouverneur *Pizarro*, meinem Herrn; ich gebe Euch die Erlaubnis dazu. Da Hauptmann Valdivia unter dem Marquis *Pizarro*, seinem Bruder, diente, schätzt er ihn, und da auch Ihr früher in dessen Dienst standet, wird er Eure Bitte erfüllen, solange ihr ihm nur keine Soldaten und Waffen aus Peru fortnehmen wollt, weil er sie selbst braucht, und die genügen, die *Ulloa* mit Unterstützung seiner Vettern mitnehmen wird, nicht Valdivia zuliebe, sondern im eigenen Interesse. Darum seid vorsichtig, mehr sage ich Euch nicht! Bemüht Euch um die Gewährung einer Reiseerlaubnis, damit Ihr wenigstens mit den verfügbaren Matrosen und einem Schiff aufbrechen könnt, wobei Ihr durchblicken laßt, *Aldana* und *Ulloa* wären Valdivias Freunde. Dem *Ulloa* sagt Ihr, daß Ihr als sein Kapitän segeln würdet und stellt ihn soweit möglich mit Geld und schönen Worten zufrieden, bis Ihr auf hoher See seid. Dort tut dann, was nach Eurer Meinung Eurem

Auftraggeber nützt, aber traut dem *Ulloa* nicht, damit er Euch nicht hinterlistig umbringe, weil Ihr nicht auf der Hut seid, wenn er so tut, als wäre er Euer Freund.«

Pastene brach also nach Quito auf, um Gonzalo *Pizarro* aufzusuchen. Während er die Küste entlang reiste, kam *Ulloa* über das Gebirge nach *Lima* zurück. In Quito angekommen, bat er um die Lizenz, sie wurde ihm erteilt, und er kehrte alsbald nach *Lima* zurück. *Pizarro* sagte ihm, er schicke mir mit *Ulloa* auf dem Land- und Seeweg Hilfe, weil er mich für seinen Freund halte, und ich solle wohl würdigen, was er für mich tue, wenn er der Anwerbung von Soldaten unter den gegenwärtigen Umständen zustimme; wäre sein eigener Bruder Hernando hier, würde er es nicht erlauben, wohl aber mir, weil er mich gern habe und persönlich schätze. In der Tat beurlaubte er diejenigen, die ihm als Soldaten aus dem Heer des Vizekönigs verdächtig schienen, obwohl *Ulloa* als Offiziere und Kapitäne zehn oder zwölf sehr eifrige und aufrührerische Parteigänger der *Pizarros* mitbrachte, die in Peru schlimme Untaten begangen hatten und auch hier diese Saat ausstreuen mochten. Und er riet dem Kapitän Juan Bautista, sich zu *Ulloa* freundschaftlich und kameradschaftlich zu verhalten, und *Pastene* erwiderte, er werde völlig nach seinem Geheiß handeln, worüber sich *Pizarro* außerordentlich freute; und damit machte sich *Pastene* alsbald auf den Rückweg nach *Lima*. Und da *Ulloa* den Kapitän Bautista für sehr klug hielt und ihm nicht traute, nahm er ihm sein Schiff und setzte einen Kapitän seines Vertrauens darauf, ebenso auf ein zweites Schiff, das mit Waren beladen war und zehn oder zwölf Familien an Bord hatte, welche die Erlaubnis besaßen, hierher zu kommen, um den Unruhen und Kämpfen in Peru zu entgehen. Beide Schiffe fertigte er nach dem Hafen von *Tarapac*(!) ab, zweihundert *Meilen* südlich von *Lima*; dort sollten sie auf ihn warten, während er mit den Soldaten den Landweg einschlug.

Als der Kapitän Juan Bautista mit *Pizarros* Lizenz in *Lima* ankam und sich ohne Schiff sah, da man es ihm tatsächlich weggenommen hatte, zeigte er *Aldana* und *Ulloa* die Lizenz Gonzalo *Pizarros* und bat sie, ihm das Schiff zurückzugeben. Da sie die Vollmacht sahen, wagten sie es nicht, Einwendungen zu machen, sondern sagten ihm, er könne aufbrechen, wann er wolle, da es ihr Gebieter, der Statthalter *Pizarro*, befehle, das Schiff aber könnten sie ihm nicht geben, weil es Dinge befördere, die zur Eroberung Chiles unerläßlich seien. Sie hätten es nur deshalb beschlagnahmt, weil sie es notwendig brauchten. Sie dachten nämlich, er werde wegen seiner Verschuldung nicht die Mittel zum Kauf eines anderen aufbringen. *Ulloa* hoffte, es werde ihm gelingen, während *Pastene* ein anderes Schiff ausfindig zu machen suchte, mittlerweile hier seine niederträchtigen Pläne auszuführen.

Da der Kapitän Juan Bautista merkte, was gespielt wurde, beschloß er, sie in Sicherheit zu wiegen, indem er mit *Ulloa* einen Vertrag schloß, und das letzte Geld, das er besaß, mit ihm gemeinsam anlegte. Es sei sehr gut, sagte er ihm, daß die zwei Schiffe vorausführen; nach ihrer Ankunft in Chile werde er noch eines kaufen und mit Waren zu ihrer beiden Nutz und Frommen nachkommen. Und damit verabschiedete sich *Ulloa*, obgleich er, wie man nachher erfuhr, mit Bautistas Vollmacht gar nicht zufrieden war und den Verdacht hegte, Bautista möchte es bei seiner Umsicht darauf abgesehen haben, ihm zuvorzukommen, obgleich er ihn ohne Mittel, ohne Schiff und nach seiner Meinung auch ohne einen Bekannten, der ihm beides leihen könnte, in *Lima* zurückließ; er verließ sich darauf, daß *Aldana* in diesem Fall alles ihm Mögliche unternehmen werde, um dies zu verhindern, wie es auch geschah.

Kapitän Juan Bautista machte von dem Kredit, den er für seine Person aus seiner Zeit in den Diensten des Marquis in Peru genoß, so geschickt Gebrauch, daß er jemanden fand, der ihm ein Schiff für einiges über tausend *Pesos* verkaufte, wofür ich hier 7.000 in Gold bezahlen sollte. Für weitere 2.000 *Pesos*, die er zum gleichen Preis bekam, beschaffte er sich etwas Schiffsproviant für die Reise und stach mit etwa dreißig Mann, teils Soldaten, teils Matrosen, welche die Reiseerlaubnis bekommen hatten, in See. Aber er erreichte erst nach sechs Monaten die Breite von *Arica* und *Tarapac* (!). Zu dieser Zeit befanden sich *Ulloa* und seine beiden Schiffe schon zwischen *Tarapac* und *Atacama*. Damals erhielt Kapitän Juan Bautista Kunde, daß *Ulloa* ganz heimlich seinen Offizieren und Ratgebern eröffnet hatte, wie er mich umbringen wolle und daß er die zwei Schiffe vorausschicke, um mich über die Zeit seiner Ankunft zu täuschen. Nach meinem Tod werde er alle Indianer unter jene acht oder zehn verteilen und das Land Gonzalo *Pizarro* übergeben. Aus diesem Grunde wolle er den Kapitän Bautista töten, sobald er eintreffe, da er überzeugt war, daß er ihn nicht für sich gewinnen könne. Mit der in Aussicht gestellten Belohnung und der Abtretung des Landes an *Pizarro* waren alle einverstanden und bereit, seinen Willen zu tun.

Mittlerweile kam Kapitän Bautista mit seinem Schiff in Sicht der beiden Schiffe *Ulloas*, und erneut beschloß dieser mit seinen Freunden, ihn unter irgendeinem Vorwand umzubringen. Er ließ ihn begrüßen und ihm seine Freude bezeugen, beglückwünschte ihn zu seiner Ankunft und tat, als freue er sich sehr. Er bat ihn, er möge ihn an einem bestimmten Tag aufsuchen, denn er wünsche, daß der Kapitän die zwei anderen Schiffe mitnehme. Aber es wagte sich einer auf ein Floß und warnte Bautista vor dem hinterlistigen Anschlag *Ulloas*; Bautista war jedoch schon gewarnt.

Als Kapitän Bautista dem Boten erwiderte, er könne sein Schiff nicht verlassen und müsse die Reise fortsetzen, und als *Ulloa* diese Antwort erfuhr, begann er ihm zu drohen. Dann setzte er die Ladung und die Frauen an dieser wasserlosen Sandküste, wo fast alles zugrundeging, schnell an Land und schiffte sich mit fünfzig Arkebusieren ein, um Bautistas Schiff zu entern und, wenn möglich, ihn selber zu töten oder das Schiff in Grund zu bohren. Obgleich sie einander gegenüberlagen, wollte Gott, daß ihnen das Manöver nicht gelang, da Bautista dem Kapitän von *Ulloas* Schiff in der Kunst des Navigierens überlegen war; so fuhr er weiter und ließ das andere Schiff hinter sich zurück, bis sie es überhaupt aus den Augen verloren.

Weiter berichtete der Kapitän, wie nach der Schlacht gegen den Vizekönig und dessen Tod Gonzalo *Pizarro* sich mit dem ganzen Lande empörte und verschwor, wenn Eure Majestät es ihm nicht verleihe, werde er es dennoch halten und verteidigen; desgleichen hatte er mit einer starken Flotte, mit Kapitänen und Soldaten widerrechtlich *Nombre de Dios* und Panama genommen. Das kam mir so schändlich und verabscheuungswürdig vor, daß ich mir die Ohren zuhielt, um es nicht hören zu müssen, und ich am ganzen Leibe zitterte bei dem Gedanken, daß ein erbärmlicher Mensch und treuloser Vasall einen so schändlichen Verrat gegen die Herrschaft eines so großen und katholischen Monarchen, gegen seinen König und natürlichen Herrn nicht nur geäußert, sondern geplant und sogar ins Werk gesetzt habe. Meine Empfindung war so stark, daß ich mich sofort entschloß, im Vertrauen auf Gott und das Glück Eurer Majestät, nach Peru zu ziehen und alle Verluste und Mühen, die mir daraus erwachsen konnten, außer acht lassend nur noch an den Kriegsdienst für Eure Majestät dachte. Allein schon durch den Glauben an die Treue und meine Pflicht in Eurem kaiserlichen und königlichen Dienst mußte ich zum Werkzeug werden, um jenen in seiner vermessenen Raserei, die durch Wahnsinn, Mangel an Urteil und diabolischen Stolz entstanden sein mußte, zu demütigen.

Als mir der Kapitän Juan Bautista dies berichtete, bedauerte ich, daß sein Schiff nicht im Hafen von *Valparaiso* vor Anker gegangen war und er es zwölf *Meilen* weiter nördlich zurückgelassen hatte. Da er gegen den heftigen Südwind nicht vorankommen konnte, ging er dort mit acht oder zehn Mann an Land, um mir die Nachrichten zu überbringen. Er fürchtete nämlich, daß *Ulloa*, als er ihn weiterfahren sah, vielleicht mit einer Anzahl Soldaten in aller Eile vorgerückt sei, um seinen schändlichen Anschlag auszuführen, oder daß er mindestens die hier im Lande Weilenden aufgewiegelt habe, so daß wir alle, Land und Leute, zugrunde gingen. Bautista glaubte, mit dem Schiff könnte sich seine Ankunft in *Valparaiso* weiter verzögern, und dann wären alle seine Anstrengungen umsonst gewesen.

Gerade damals kamen auf dem Landweg acht Christen in *Santiago* an, darunter einer meiner Diener, den ich auf dem Schiff mit Juan *Dávalos* nach Peru geschickt hatte. Sie saßen auf elenden Mähren und sahen aus, als kämen sie aus dem Jenseits. Sie brachten mir Neuigkeiten von *Ulloa*, von dem sie sich in *Atacama* getrennt hatten, und berichteten mir, als es ihm nicht gelang, Kapitän Bautistas Schiff zu entern, habe er die Soldaten aus seinem Schiff ausgebootet, die Frauen, die er an Land gesetzt hatte, wieder an Bord geschafft und dann beide Schiffe wieder nach *Lima* zurückgeschickt. Obgleich diejenigen, die an Bord waren, hierher fahren wollten, erlaubte er es ihnen nicht und gab ihnen Kapitäne aus den Reihen seiner Komplizen. Er selbst kehrte nach *Charcas* um, weil ihm der Hauptmann Alonso de *Mendoza*, der, wie schon erwähnt, in Pizarros Auftrag dort war, sagen ließ, er möge mit allen seinen Soldaten zu ihm stoßen. Denn *Pizarro* hatte ihm geschrieben, er solle das *Ulloa* in seinem Auftrage mitteilen, weil er seiner Freunde dringend bedürfe und es höchste Zeit sei, daß sie ihm beistünden. Er habe nämlich die Nachricht erhalten, daß in Panama ein Ritter mit Auftrag des Königs angekommen sei und seine Kapitäne diesem die Flotte ausgeliefert hätten, auch wenn er es noch nicht glauben könne. Sei es wie es wolle, er sei entschlossen, weder jenen noch sonst jemand ins Land zu lassen, und er erwarte zuversichtlich, *Ulloa* werde dasselbe tun. Und so brach dieser auf und hatte wahrlich allen Grund, sich darüber zu freuen wie die Rückkehr hierher zu fürchten, wohl wissend, daß er mir in der Wüste nicht entgehen würde.

Auf Bitten einiger seiner Freunde ließ er bei seinem Aufbruch etwa zwanzig Mann in *Atacama* zurück, die hierherkommen wollten, darunter drei oder vier Personen, die sechzig Pferde mitführten, wahrlich die beste, nützlichste und notwendigste Habe, die man in unser Land mitbringen konnte. Doch da *Ulloa* nur Unheil anrichten kann, nahm er ihnen, wenn er ihnen schon die Erlaubnis geben mußte, zurückzubleiben, wenigstens die guten Pferde, Panzer und Lanzen weg; das war der Anfang von ihrem Ende.

Da die Indianer in *Atacama* so kriegerisch, sie selbst aber so wenige waren und dazu noch durch die Pferde aufgehalten wurden, und auch nur wenige indianische Diener bei sich hatten, drangen sie in die Wüste in der Erwartung ein, sich im Tal von *Copiapó* wieder erholen zu können. Als die Indianer im *Copiapó*tal von den *Atacamas* erfuhren, daß der Kapitän umgekehrt, in Peru Unruhen ausgebrochen seien und nur zwanzig unbewaffnete Christen kämen, überfielen sie diese bei ihrer Ankunft im Tal und erschlugen zwölf von ihnen, die übrigen flohen schwerverwundet, jeder auf einem noch ungezähmten Pferde. Als es Nacht wurde, entkamen sie aus dem Tale und erreichten die Stadt *La Serena*; sie ließen ihr ganzes Gepäck, Pferde, Neger, ihre Indianer und fünf oder sechs Kinder im Stich. Da die Indianer im *Copiapó*tal von anderen Stammesgenossen benachrichtigt wurden, daß Christen aus *La Serena* ausrückten, verfolgten sie die Flüchtlinge nicht weiter; nur deshalb wurden sie nicht alle getötet. So kamen sie in der Stadt an, nur noch Schatten von Menschen infolge ihrer Wunden, der Strapazen, die sie erduldet, und des Hungers, den sie gelitten hatten. Der Urheber dieser und noch viel schlimmerer Untaten war, wie ich schon sagte, *Ulloa*; sein Vetter *Solis* half ihm dabei, und *Aldana* beriet ihn.

Am 1. Dezember 1547 kam Kapitän Bautistas Schiff an und ging im Hafen von *Valparaiso* vor Anker. Am 10. des Monats hatte ich mich bereits eingeschifft mit zehn Edelleuten, die ich mitnahm, um in Peru gegen den Aufstand des Gonzalo *Pizarro* an der Seite derjenigen Person zu kämpfen, die mit dem Auftrag und der Autorität Eurer Majestät jenes Land wieder der kaiserlichen und königlichen Obedienz Eurer Majestät unterwerfen sollte.

Da ich meinen *Feldmeister* Kapitän Francisco de *Villagra* für einen aufrichtigen und eifrigen Diener und Vasallen in Eurer Majestät Dienst hielt, bestellte ich ihn zu meinem Statthalter. Solange ich in der erwähnten Angelegenheit in Peru Kriegsdienst leisten und bis ich mit Gottes Hilfe nach Chile zurückkehren würde, sollte er für den Schutz, die Befriedung und die Erhaltung der Städte *Santiago* und *La Serena*, für Eurer Majestät Untertanen, für das ganze Land und seine Bewohner sorgen, wie ich es mir immer hatte angelegen sein lassen. Dazu hinterließ ich ihm Weisungen, wie sie mir zur guten Regierung und zur Erhaltung des Ganzen angebracht erschienen, und sandte ihn alsbald nach *Santiago*, damit er dem dortigen Stadtrat seine Bestallung vorweise und dieser sie entgegennehme. Mittlerweile wartete ich an Bord des Schiffes, bis der Stadtrat sie entgegengenommen und auf der Plaza öffentlich bekannt gemacht hatte. Am Morgen des dritten Tages wurde ich benachrichtigt, daß die Stadträte meinen Anordnungen Folge geleistet hätten; sie schickten mir ihre Schreiben, worin sie Eurer Majestät meine ständige Dienstfertigkeit und Besorgnis um das Gemeinwohl und die Erhaltung der Provinz Chile bezeugten.

Sobald ich die Antwort des Stadtrats hatte, ersuchte ich Juan de *Cardenas*, den Ober gerichtsschreiber der Provinz *Neu-Estremadura*, der anwesend war und mich begleitete, mir zu beglaubigen, damit es jederzeit Eurer Majestät, den Mitgliedern Eures königlichen Rates, den Gerichten und *Audiencias* in Spanien und Indien oder jedwedem Edelmann, der in königlichem Auftrage nach Peru kommt, vorgelegt werden könne, daß ich diese Provinz *Neu-Estremadura* zu Nutz und Vorteil Eurer Majestät in möglichst großer Sicherheit zurückließ, während ich mich auf der »Santiago« nach Peru einschiffte, um Eurer Majestät und besagtem Edelmann gegen Gonzalo *Pizarro*, gegen seine Anhänger und Rebellen wider den Kaiser und gegen alle, die sich dergleichen anmaßten, zu dienen, und mit der Waffe in der Hand mit Feuer und Schwert Krieg führen wollte, bis sie die Waffen streckten und freiwillig oder mit Gewalt zu Gehorsam, Unterwerfung und Lehenspflicht zurückkehrten und alle entsprechend ihrer Taten nach Recht und Gerechtigkeit abgeurteilt waren. Ich bat meine Begleiter und noch zehn oder zwölf Ritter und Edelleute, Bürger von *Santiago*, die im Begriff waren, sich von mir zu verabschieden und heimzukehren, mir als Zeugen für meine Erklärung zu dienen, damit jederzeit klar sei, daß ich redlich und ohne Vorbehalt, ein aufrichtiger Diener, Vasall und Untertan Eurer Majestät bin. Damit entfernten sich die Personen, die im Boot an Land gehen sollten, und als das Boot wieder an Bord gehievt war, ließ ich am 13. Dezember die Segel setzen, um Eurer Majestät Glück zu dienen und entschlossen, dafür Person, Leben und Ehre einzusetzen, nebst den 100.000 *Castellanos*, die ich von hier mitbrachte, und weiteren Geldmitteln, die ich hoffte, in Peru auftreiben zu können. 60.000 kamen von mir und von Freunden, die sie mir freiwillig gegeben hatten; 40.000 lieh ich dazu noch bei zehn oder zwölf Privatleuten, beim einen 1.000, beim nächsten 1 500. Ich hatte befohlen, daß die Beträge ihnen allmählich aus den Erträgnissen, die meine Indianer aus den Minen förderten und die alljährlich netto 12.000 bis 15.000 *Pesos* betragen würden, zurückbezahlt werden sollten. Ich war bereit, in Euren kaiserlichen Diensten alles daranzusetzen und alles, auch das Leben, hinzugeben oder alle pflichtvergessenen und ehrlosen Vasallen Eurer Majestät zu vernichten.

Nach zwei Tagen Seefahrt kam ich in *La Serena* an, das ich an der Küste angelegt hatte, ging an Land, hielt mich aber nur einen Tag auf. Dem Kommandanten und dem

Stadtrat gab ich Anweisung, was sie zu tun hatten, wie sie vor den Eingeborenen auf der Hut sein und in allem meinem Statthalter gehorchen sollten. Ich teilte ihnen mit, daß ich Eurer Majestät gegen den Rebellen Gonzalo *Pizarro* Kriegsdienste leisten wolle und welche Absicht mich leitete. Am 15. Dezember schiffte ich mich wieder ein und setzte meine Reise fort. Bei der Abfahrt befahl ich den Matrosen, eine Unmenge Pflanzen, die sie von hier nach *Lima* mitnahmen, ins Meer zu werfen, um nicht das Trinkwasser zu verbrauchen; denn ich sagte ihnen, daß ich erst Halt machen würde, wenn ich den Beauftragten Eurer Majestät sprechen könnte; und so wurden die Pflanzen über Bord geworfen.

Am Vorabend von Weihnachten ankerten wir im Hafen von *Tarapac*, schon in Peru, achtzig *Meilen* von der Stadt *Arequipa* und zweihundert von *Lima* entfernt. Ich schickte das Boot aus mit einem halben Dutzend Edelleuten, die aber auf dem Meer bleiben sollten und von denen nur einer an Land gehen sollte, um bei Indianern oder irgendeinem Christen Erkundigungen einzuziehen, was im Lande los sei. Der vor unser aller Augen an Land ging, stieß auf zwei Spanier, die ihm mitteilten, daß Gonzalo *Pizarro* vor vierzehn Tagen dreißig *Meilen* von dort landeinwärts im *Collao* mit nur 500 Mann, denn mehr hatte er nicht, den Kapitän Diego *Centeno*, der 1.200 gegen ihn ins Feld führte, in die Flucht geschlagen habe und jetzt in *Cuzco* mächtiger sei denn je und ihm das ganze Land gehorche. Nach Neuigkeiten aus Spanien befragt, sagten sie, in Panama solle sich ein Präsident namens Licenciado de la *Gasca* aufhalten, dem Gonzalos Kapitäne die Flotte ausgeliefert hätten. Aber er habe keine Gefolgschaft und kein Heer und werde Peru bestimmt nicht betreten. Sollte er es trotzdem wagen, werde man ihn und seine Begleiter töten; denn Gonzalo habe bei der Madonna geschworen, daß er ihm an Lichtmeß in *Lima* entgegentreten werde.

Auf diese Nachricht hin ließ ich noch in derselben Nacht unser Schiff fertig machen und Segel setzen. In achtzehn Tagen erreichte ich die Höhe von *Lima* und erfuhr, daß der Präsident hier an Land gegangen und mit seinen Soldaten in Richtung *Cuzco* gegen Gonzalo *Pizarro* gezogen war. Ich lief den Hafen an und begab mich mit allen meinen Edelleuten in die Stadt. Mein Schiff reihte ich zur Dienstleistung in Eurer Majestät Flotte ein. Dem Präsidenten gab ich in aller Eile Nachricht von meiner Ankunft und teilte ihm meine Absicht mit, ihm in Eurer Majestät Namen zu dienen. Ich bat ihn dringend, er möge auf mich warten, da ich mich in *Lima* nur acht oder zehn Tage aufzuhalten gedächte, um Kriegsausrüstung zu kaufen. Ich hielt mich in der Tat auch nicht länger auf und kaufte Waffen, Pferde und anderen Bedarf für mich persönlich und für die Edelleute in meiner Begleitung. Dafür und zur Unterstützung weiterer Edelleute, damit auch sie Eurer Majestät dienen könnten, gab ich in den zehn Tagen 60.000 *Goldcastellanos* aus. Ich setzte dem Präsidenten mit allen Begleitern nach, wobei ich an einem Tag drei Tagesmärsche zurücklegte, und holte ihn und Eurer Majestät Heer fünfzig *Meilen* vor *Cuzco* im Tal von *Andaguaylas* ein.

Als mich der Präsident erblickte, freute er sich sehr und empfing mich freundlich. Meine Reise und die Mühe, die ich mir gegeben hatte, um bei dieser Gelegenheit zur Stelle zu sein, rechnete er mir im Namen Eurer Majestät sehr hoch an. Öffentlich sagte er, meine Person sei ihm mehr wert als 800 der besten Soldaten, die in diesem Augenblick zu ihm stoßen könnten. Ich dankte ihm und betrachtete seine Worte als ganz besondere Auszeichnung. Sodann übertrug er mir alle Gewalt, die ihm Eure Majestät für den Kriegsfall erteilt hatte, und stellte das ganze Heer unter mein Kommando. Er befahl allen Edelleuten, Offizieren und Soldaten im Namen Eurer Majestät, sie sollten im Kriege allen meinen Befehlen gehorchen und sie ausführen, als wären es die seinigen, und auch für seine Person bat er sie dringend darum, denn der Dienst des Kaisers verlange das. Und so erklärte sich das ganze Heer dazu bereit. Mir selbst sagte er, daß er mir Eurer Majestät Ehre anvertraue. Ehrerbietig küßte ich ihm als dem Vertreter des Kaisers die Hand und erwiderte, daß ich die erteilte kaiserliche und königliche Vollmacht übernehmen und davon im Dienste Eurer Majestät und mit dem Beistand von Eurer Majestät allergetreuestem Heer mit allem Eifer, aller Umsicht und Erfahrung, die ich in Kriegsangelegenheiten besäße, Gebrauch machen wollte. Damit und im Vertrauen auf Gott und Eurer Majestät Glück hoffte ich, das Land wiederzugewinnen, es zum Gehorsam und zur Lehenspflicht zurückzuführen und Gonzalo *Pizarro* und seine Anhänger niederzuwerfen, damit sie entsprechend ihren Vergehen gerichtet würden, oder ich würde in der Schlacht fallen. Das ganze Heer war zufrieden und freute sich über meine Anwesenheit so wie ich mich über das Heer. Ich wies dann die Erklärung vor, die ich im Hafen von *Valparaiso* vor dem Gerichtssekretär abgegeben hatte, und sein Zeugnis, daß ich ihn, den Beauftragten des Kaisers, aufsuchen und unter ihm im Namen Eurer Majestät Kriegsdienst tun wollte. Damit war er sehr zufrieden und meinte, meine Erwählung und sein Vertrauen in meine Person entsprächen meiner Treue und meinen Taten bei der Erfüllung der Eurer Majestät geschuldeten Vasallenpflicht. Er nahm die Urkunden entgegen und sagte, er wolle sie Eurer Majestät zuschicken, und damit hatte es sein Bewenden.

Alsbald nahm ich die Kavallerie- und Infanteriekompanien in Augenschein und bildete aus den Arkebusieren eine eigene. Ich stellte die Haufen in der zweckmäßigsten Ordnung auf und ließ sie mit Pulver, Lunten, Piken und Lanzen und allen vorhandenen Waffen ausrüsten, damit jeder zu gelegener Zeit davon Gebrauch machen könnte. Der Artillerie wies ich ihren Platz in der Marschkolonne zu, befahl ihr, was sie täglich zu tun hatte und daß sie sich immer zu dem marschierenden Heer halten solle. An der Spitze einer ausreichenden Zahl Soldaten erkundeten General Pedro de *Hinojosa*, Marschall Alonso de *Alvarado* und ich das Gelände, um an geeigneter Stelle das Lager aufzuschlagen. Ich schrieb von dort an Eure Majestät; mein Brief ging gleichzeitig mit den Berichten ab, die der Präsident am 12. März 1548 abschickte.

Auf diese Weise legte das Heer in guter Ordnung alltäglich die Strecke zurück, die ich für notwendig hielt. Manchmal bedurfte es langer Tagesmärsche, um aus dem

Schneegestöber herauszukommen, wo es durch die Kälte und den Mangel an Lebensmitteln Schaden erleiden konnte, dann wieder kurzer, damit Soldaten und Pferde sich erholen konnten. So gelangten wir an einen großen Fluß, den *Apurimac*, zwölf *Meilen* von *Cuzco*.

Innerhalb zwanzig *Meilen* überqueren fünf Brücken den Fluß, für Reisende aus *Lima* oder aus den Gegenden, woher wir kamen, aber alle fünf waren verbrannt. Da die Feinde wußten, wo wir den Fluß überschreiten mußten, wollten sie uns den Übergang verwehren. Als das Heer noch acht *Meilen* vom Fluß entfernt war, schickte ich Hauptleute mit Arkebusieren an alle fünf Brücken, welche die Brückentaue wiederherstellen sollten. Man nennt sie »criznejas« und macht sie aus einer Art Esparto- oder Weidengeflecht, zehn bis zwölf Schritt länger als der Fluß breit ist, den man überschreiten muß, und etwa zwei *Spannen* dick. Für eine Brücke genügen ein halbes Dutzend solcher Seile, die man dann oben mit weiteren Zweigen durchflicht. So sollten die Soldaten und das Gepäck den Fluß überqueren, die Pferde aber mußten in den Fluß getrieben werden, der durch enge Schluchten rasch und ohne Furt dahinbraust. Doch wenn die Taue fertig wären, sollten sie die Brücke zum anderen Ufer auf keinen Fall vor meinem Eintreffen schlagen. So besichtigte ich am Gründonnerstag die Brücke und den Zugang und befahl nach der Besichtigung dem Lope *Martín*, der die Arbeit durchführte, er solle kein Tau noch sonst etwas ans andere Ufer schaffen, bevor ich mit dem ganzen Heere eingetroffen oder sonstwie zu ihm zurückgekehrt sei. Am Karfreitag kam ich dann in unser Lager zurück, wo der Präsident und die übrigen Hauptleute zusammentraten und mich nach meiner Meinung fragten. Ich sagte ihnen, es wäre gut, das Lager bald abzubrechen und möglichst rasch zu diesem Flußübergang vorzurücken. Am Samstag trafen wir unsere Vorbereitungen, und am Ostermorgen brachen der Marschall Alonso de *Alvarado* und ich auf und setzten uns mit der Vorhut in Marsch. Um acht Uhr trafen wir einen Dominikaner, Bruder Bartolomäus, der in aller Eile die Anhöhe heraufritt und uns benachrichtigte, daß Lope *Martín* am Samstagabend die Brücke geschlagen habe, da ihn dünkte, er könne das Spiel schon wagen, mit der Bemerkung: vielleicht gewinne ich es, ohne zu bedenken, was er wirklich riskierte. Und in derselben Nacht wären die Feinde gekommen und hätten die Brücke verbrannt, und alle Kameraden, die sie zusammen mit Lope *Martín* errichtet hatten, wären geflüchtet, die Brücke wäre verloren und man könnte an dieser Stelle unmöglich über den Fluß setzen. Angesichts dieser schlimmen Nachricht befahl ich zwei Arkebusierhauptleuten, die dabei waren, mir zu folgen, denn es war keine Zeit, den Präsidenten, der sich bei der Nachhut befand, zu benachrichtigen. Es folgten mir also 200 Arkebusiere unter dem Befehl des Kapitäns *Palomino*. Die Artillerie ließ ich auf einer Anhöhe eine *Meile* oberhalb der Brücke Halt machen, während ich die Indianer, die sie heranbrachten, mit vier oder fünf kleinen Stücken herunterkommen ließ, um unsere Stellung an der Brücke zu verstärken, falls vom anderen Ufer aus ein Angriff erfolgen sollte. Nach zwei Stunden Sonne kamen wir an und sahen auf dem anderen Ufer etwa zwanzig Spanier mit ein paar Indianern stehen, die in derselben Nacht einen Steinpfeiler am jenseitigen Ufer, woran solche Brücken gewöhnlich befestigt werden, niederreißen sollten. Hätten sie ihn wirklich niedergerissen, so wären uns daraus sehr große Schwierigkeiten erwachsen, denn bis zur nächsten Brücke hätten wir zwölf bis dreizehn *Meilen* durch Schnee marschieren müssen, und das Heer war schon sehr erschöpft. Wären wir aber zu der erwähnten nächsten Brücke emporgestiegen, hätten wir den Feind im Rücken gehabt, und er hätte nach *Lima* gelangen und dem Heer Eurer Majestät die Versorgung abschneiden können, denn in vier Wochen war die Ernte, und dann konnte das Heer nicht länger im Felde liegen. Das habe ich dem Präsidenten mehrfach klargemacht, denn einige Leute, die die Schwierigkeiten nicht beachteten oder sie aus Mangel an Erfahrung oder aus Eigendünkel nicht begriffen, beschwerten sich über mich, weil ich sie so weit marschieren ließ, wie es eben die Lage erforderte. Aber ich verpfände mein Ehrenwort bei der Treue, die ich Eurer Majestät schulde, hätte ich mich nur um eine Stunde verspätet und mich mit dem Präsidenten wegen der Zerstörung der Brücke in Verbindung gesetzt, so weiß ich nicht, wie es abgelaufen wäre, und dann hätte Gott schon ein Wunder tun müssen, damit wir noch siegen konnten. Doch bei unserer Ankunft an der Brücke, wie gesagt, zogen sich die Leute auf dem anderen Ufer, als sie soviele Soldaten herabsteigen sahen, eine *Meile* weit auf eine Anhöhe zurück. Als ich das sah, ließ ich fünf Arkebusiere mit einem Seil, an dem ein Brückentau befestigt war, hinüberschwimmen. Dann ließ ich in der Nacht drei oder vier Flöße herstellen und von Mitternacht an alle meine vornehmsten Begleiter übersetzen. So überquerten 200 Mann den Fluß, die keinen Bissen zu sich nehmen durften, bis alle Brückentaue angebracht waren. Unsere Indianer ließ ich Seile und anderes Zubehör, das verbrannt war und wovon eine große Menge benötigt wurde, herstellen und mit den Brückentauen verbinden. Am nächsten Tag, dem Ostermontag, um die Mittagszeit traf der Präsident mit dem ganzen Heer ein. Ohne mich auch nur einen Augenblick von dort zu entfernen, beeilte ich mich so sehr, daß die Brücke am letzten Ostertag fertig wurde.

Am selben Tag, spätnachmittags, ließ ich den Präsidenten zur Brücke rufen und sagte zu ihm: »Herr, ich will den Fluß überschreiten und die Anhöhe besetzen, denn wenn sie die Feinde vor uns einnehmen, dürfte es uns viel Mühe kosten hinaufzukommen.« Er stimmte zu, ich sollte es um Gotteswillen tun und bedenken, daß mir Eurer Majestät Ehre anvertraut sei. Ich erwiderte, entweder würde ich das Leben verlieren oder die Angelegenheit erledigen, wie es sich gebühre. Dann rief ich in seinem Beisein den Marschall Alonso de *Alvarado* und sagte ihm, er solle sich nicht von der Brücke entfernen, das Kriegsvolk übersetzen, jedoch kein Gepäck hinüber lassen, bis alle Soldaten auf dem anderen Ufer seien, damit die Brücke sich nicht senke und reiße. Die Pferde sollten in den Fluß getrieben werden, wie man es am gleichen Tage schon einmal gemacht hatte. So überschritt ich denn in Gottes Namen und im Vertrauen auf Eurer Majestät Glück den Fluß. Mitten auf dem Berghang stieß ich auf einen Soldaten namens Juan *Núñez de Prado*, der aus dem feindlichen Lager geflohen war. Er berichtete mir, daß Juan de *Acosta* mit 210 Arkebusieren und 80 Kavalleristen im Anrücken sei, um die Brücke zu verteidigen. Ich sandte ihn zum Präsidenten, erstieg die Höhe vollends und bezog eine gut geeignete Stellung, von wo aus ich Gonzalo *Pizarro* mit seinem ganzen Heer in die Flucht schlagen konnte, obgleich es bereits dunkel war und ich nur 200 Mann bei mir hatte. Im Hinblick darauf und weil der Kapitän *Acosta* nur eine halbe *Meile* entfernt stand, ließ ich um ein Uhr nachts Alarm schlagen, damit unser Kriegsvolk herbeieile. Der Alarm gelangte bis zur Stellung des Präsidenten, und so hatte ich binnen zwei Stunden ungefähr 500 Infanteristen, die 400 Arkebusiere und gegen 50 Kavalleristen bei mir, die ich während der ganzen Nacht in Schlachtordnung bereithielt.

Am folgenden Tage sammelte ich das ganze Heer, und wir erholten uns zwei Tage in dieser Stellung. Fünf *Meilen* entfernt, im Tal von *Xaquixaguana*, lag das feindliche Heer. Nach Ablauf der zwei Tage rückten wir zwei *Meilen* vor, und am Tage darauf rief ich alle Offiziere heraus und stellte das Heer so auf, wie ich es für geboten hielt. Inzwischen hatte ich schon Patrouillen ausgeschickt, da wir den Gegner bereits täglich zu Gesicht bekamen. Nachdem die Aufstellung des Heeres beendet war, begaben der Marschall und ich uns vor zu den Patrouillen nahe beim feindlichen Lager. Es kam zu Geplänkel mit dem Feind, und wir zwangen ihn, sich in sein Lager zurückzuziehen. Es gelang uns, die feindliche Stellung zu erkunden und eine für uns besonders günstige Position ausfindig zu machen, und nach sorgfältiger Besichtigung derselben sagte ich zum Marschall: »Obgleich es schon spät ist, wollen wir uns zum Heer zurückbegeben, da es ratsam ist, es hier in Stellung zu bringen. Morgen, auf mein Ehrenwort, werde ich ohne Verluste die feindlichen Truppen zersprengen und aus ihrer Stellung werfen.« Wir kehrten also zurück, brachen unser Lager ab, wo die Soldaten bereits ihr Quartier bezogen hatten, und schlugen es an der erwähnten Stelle auf. Die Truppen blieben in Marschordnung aufgestellt; so sollten sie auch ihr Essen fassen und sich nicht in die Zelte begeben, obgleich alle, besonders aber die Kavalleristen, welche bei ihren gesattelten Pferden bereitstehen mußten, Valdivia mitsamt dem, der ihn hergebracht habe, verwünschten, denn es war sehr kalt. Während der ganzen Nacht kamen der Marschall und ich nicht aus dem Sattel. Um Mitternacht stellten wir vier Kompanien Arkebusiere, die ich aufgestellt hatte, als mir der Präsident den Oberbefehl über das Heer übertrug, auf Abruf bereit. In aller Frühe schickten wir den Kapitän *Pardavé* mit fünfzig Schützen seiner Kompanie vor, er solle sich auf der Seite unserer Nachhut mit den Feinden in ein Geplänkel einlassen, und das tat er. Bei Tagesanbruch hörten der Marschall und ich die Messe und ließen den Präsidenten wissen, was zu tun sei: daß die Arkebusiere schrien, sie hätten keine Lunten; und er ging von Mann zu Mann und forderte sie auf, sich aus Baumwollmatratzen Lunten zu drehen. Wir teilten ihm ferner mit, die Soldaten sollten in ihrer Aufstellung bleiben, während wir mit den Arkebusieren hinunterstiegen, um eine Stellung zu besetzen, die wir am Nachmittag vorher ausfindig gemacht hatten. Wenn wir sie besetzt hätten, würden wir es alsbald melden, damit das Heer nachkommen könne. Wir stiegen also mit unseren Schützen hinunter und besetzten die Stellung. Alsbald schickte ich Jerónimo de *Alderete*, einen Diener Eurer Majestät, zum Präsidenten, er möge die Artillerie und das Heer herunterführen, weil die Stellung besetzt sei und ich jetzt das Versprechen erfüllen würde, das ich ihm vor vielen Tagen gegeben hatte, daß nämlich keine dreißig Mann auf Seiten Eurer Majestät fallen würden. Sobald *Alderete* beim Präsidenten ankam, begannen die Artillerie und danach das Heer sich in Marsch zu setzen. Vier Geschütze kamen auf die Anhöhe, wo ich mich befand, die die feindliche Stellung beherrschte und an deren Fuß unser Heer Stellung beziehen sollte. Diese vier Geschütze ließ ich sofort richten, wie es nötig war. Doch wenn auch unsere Kanoniere nicht so gewandt waren, wie es sich eigentlich gehörte, betrieb ich die Beschießung mit so gutem Erfolg, daß ich die Feinde zum Rückzug in eine feste Stellung ihrer Truppen zwang. Ihre Indianer brachen die Zelte ab und begannen, sich auf einen hohen Berg jenseits ihres Lagers zu flüchten, und auch Christen flohen, die einen zu unserem Lager, die anderen, um sich in Sicherheit zu bringen. Auf diese Weise erhielt unser Heer Gelegenheit, die für uns günstige Stellung zu besetzen, wie ich es wünschte. Danach stieg ich zu Fuß, da es zu Pferd nicht möglich war, hinunter in die Ebene, wo wir Stellung bezogen hatten, ließ die Artillerie nachkommen und brachte die Geschütze an Stellen, wo wir den Feinden, nicht aber sie uns Schaden zufügen konnten. So groß war der Schrecken, den ihnen unsere Artillerie einjagte, wie mir *Carvajal* später gestand, daß niemand sie mehr zusammenhalten konnte, sie den Kopf verloren, und Gonzalo *Pizarro* sich schließlich einem Soldaten ergeben und sein Leben dessen Schutz anvertrauen mußte, ohne daß Eurer Majestät Heer irgendeinen Verlust erlitten hätte.

Nachdem die Schlacht zu Ende war, die Hauptschuldigen gefangengenommen und an Ort und Stelle gerichtet worden waren, begab ich mich zum Präsidenten und richtete in Anwesenheit des genannten Marschalls, des Generals Pedro de *Hinojosa*, dreier Bischöfe, aller Offiziere und Edelleute des Heeres folgende Worte an ihn: »Mein Herr und meine Herren, ich bin meines Versprechens und Ehrenwortes ledig, das ich täglich Eurer Herrlichkeit und Euch, Edle Herren, gab und erst gestern dem Marschall wiederholte, daß ich die Feinde in die Flucht schlagen werde, ohne auch nur dreißig Mann dabei zu verlieren.« Der Präsident erwiderte darauf: »Herr Statthalter, Seine Majestät schuldet Euch großen Dank« – bisher hatte er mich immer nur Kapitän genannt. Auch der Marschall erklärte, ich hätte sehr viel mehr geleistet, als ich versprochen hätte. Damit gab ich dem Präsidenten die Vollmacht zurück, die er mir zu Anfang der geschilderten Ereignisse von Eurer Majestät übertragen hatte. Den Hauptleuten und Soldaten dankte ich für alles, was sie in Eurer Majestät Dienst geleistet hatten, und daß sie mir in Treue und mit gutem Willen in allem gehorcht hatten, was ich ihnen im Namen des Kaisers befohlen hatte. Freudig bewegt dankten wir Gott für seinen Beistand, während die Richter in Sachen der Rebellen Recht sprachen. Wie ich an seiner persönlichen Rechtschaffenheit erkannt habe, ist der Präsident ein gewissenhafter Mann und ein aufrichtiger Diener und Vasall Eurer Majestät; daher verlasse ich mich darauf, daß er von den Diensten, die ich Eurer Majestät in diesem Feldzug geleistet habe, wahrheitsgemäß berichtet hat und weiter berichten wird.

Nach der Hinrichtung des Rebellen *Pizarro* und einiger seiner Kapitäne auf dem Schauplatz ihrer Niederlage, was zwei Tage brauchte, begab sich der Präsident nach *Cuzco*, um Ordnung zu schaffen, was dem Lande dringend nottat. Ich zog mit und hielt mich vierzehn Tage in *Cuzco* auf. Dort erhielt ich die Ernennung zum Statthalter dieser Provinzen im Namen Eurer Majestät kraft der Vollmacht, die der Präsident dafür besaß. Als ich ihn aber um bestimmte Gnadenerweise als Lohn meiner Dienste bat, sagte er mir, er hätte keine Vollmacht, mir gegenüber noch mehr zu tun, als er schon getan habe. Ich möchte aber mein Gesuch an den königlichen Indienrat richten, und er werde für mich bei Eurer Majestät Fürsprache einlegen. Ich bat ihn um Erlaubnis, auf dem Land- und Seeweg Soldaten aus Peru zum kaiserlichen Dienst nach Chile zu schaffen; er gewährte sie und auch jede weitere Unterstützung. Als er von meinen Ausgaben für die Reise und den Feldzug und meiner Verschuldung erfuhr, so daß ich mir keine Schiffe beschaffen konnte, befahl er den kaiserlichen Beamten, mir eine Galeone und eine Galeere der königlichen Flotte, die im Hafen von *Lima* lagen, auf Kredit zu überlassen, weil ich meiner Flotte und meinen Soldaten umgehend den Befehl zum Aufbruch geben wollte. Von *Cuzco* aus sandte ich einen Kapitän mit achtzig Reitern ab, der in aller Eile ins *Atacama*tal ziehen und so viel Lebensmittel wie möglich zusammenbringen sollte, damit sie und die Soldaten, die ich mitbrächte, die große *Atacama*wüste durchqueren könnten; denn binnen drei Monaten waren in jenem Tale alle Feldfrüchte abgeerntet, aber wenn die Indianer sie noch nicht geerntet hatten, konnten sie sie auch nicht vor uns verbergen. So brachen wir gleichzeitig auf, der Kapitän nach *Atacama* und ich nach *Lima*. Andere Offiziere schickte ich nach *Arequipa*, um Soldaten anzuwerben und mit ihnen dort auf mich zu warten. Einen anderen schickte ich mit dem gleichen Auftrag nach *Charcas*; er sollte mit den Soldaten, die mit ihm ziehen wollten, nach *Atacama* marschieren.

Ich begab mich nach *Lima*, wo mir die Beamten Eurer Majestät zwei Schiffe für 28.000 *Pesos* überließen. Ich erwarb noch ein weiteres dazu, rüstete die Flotte aus und brach binnen eines Monats auf. Weil aber die Schiffahrt in dieser Jahreszeit hier äußerst mühsam und zeitraubend ist, ließ ich zur Beschleunigung meiner Reise Jerónimo de *Alderete*, Euren Diener, als meinen Stellvertreter auf der Flotte zurück, damit er mit ihr südwärts segle. Ich selbst ging in Nasca an Land und kam nach *Arequipa*, um dort die Soldaten, die meine Kapitäne bei sich hatten, zu übernehmen und mit ihnen nach *Atacama* weiterzuziehen.

In *Arequipa* hielt ich mich nur zehn Tage auf, damit die Soldaten kein Unheil anrichteten, und setzte meinen Marsch mit den Soldaten meiner Hauptleute an der Küste entlang fort auf das Tal von *Arica* zu, wohin ich meine Flotte bestellt hatte. Sollte ich dort vor ihr ankommen, würde ich ihr den Befehl zur Weiterfahrt zurücklassen.

Am 31. August 1548 setzte ich also mit den Soldaten, die ich in *Arequipa* vorgefunden hatte, den Marsch auf dem Landweg fort. Als ich aber im *Sama*tal angekommen war, holte mich der General Pedro de *Hinojosa* in Begleitung von acht oder zehn Arkebusieren ein. Ich empfing ihn voll Freude als Diener Eurer Majestät und meinen Freund und fragte ihn, weshalb er gekommen sei. Er erwiderte, der Präsident sei benachrichtigt worden, daß ich das Land ausplünderte und die Indianer mißhandelte. Deshalb habe er ihm befohlen, mich aufzusuchen, das Küstenland zu inspizieren und festzustellen, was vor sich gehe. Ich fragte ihn, was er in der Angelegenheit herausgefunden habe, und er erwiderte, gerade umgekehrt sei es, und auch von den Bürgern von *Arequipa* habe er erfahren, wie gut ich mich allen gegenüber verhalten hätte. Doch ersuchte er mich, ich möchte umkehren und den Präsidenten aufsuchen. Da fragte ich ihn, ob dies seines Wissens unerläßlich sei und ob er einen Befehl überbringe; dann würde ich sofort umkehren. Sollte es sich jedoch anders verhalten, warum sollte ich mir dann die Mühe machen und diesen langen und mühsamen Weg, der bis *Lima* 140 *Meilen* durch Sandwüste führt, erneut zurücklegen, wo ich doch bereits an der letzten peruanischen Ansiedlung angekommen war. Am meisten aber befürchtete ich den Schaden, den meine Soldaten während meiner Abwesenheit anrichten könnten, solange sie auf mich warteten. Vielleicht werde sich der Präsident nicht freuen, wenn er erfahre, wie großen Schaden meine Umkehr bringen könnte. Und damit brachen wir zum nächsten Tale auf, dem von *Tacana*. Wenn ich jetzt nicht umkehrte, erklärte ich dem General weiter, könnte ich nächste Weihnachten eine neue Stadt gründen, kehrte ich aber um, nicht vor einundeinhalb Jahren. Er möge daraus den Nachteil für Eure Majestät und den offensichtlichen Schaden für mich ermessen. Der General erwiderte, er werde von dort auf seine Besitzungen in *Charcas* gehen, und ich sollte meinen Weg fortsetzen. Doch als wir zwei oder drei Tage danach in *Atacama* ankamen, stellte der General eines Morgens seine Begleiter mit geladenen Arkebusen im Hofe meiner Herberge auf, trat in mein Zimmer und überreichte mir eine Verfügung der königlichen *Audiencia*, worin mir befohlen wurde, nach *Lima* zurückzukehren und mich vor Eurer Majestät wegen der gegen mich erhobenen Beschuldigungen, die in dem Schriftstück aufgeführt wurden, zu rechtfertigen. Ich verstehe nicht, warum mir der General die Verfügung so lange vorenthielt, da ich ihm doch freiwillig erklärt hatte, auf einen Befehl würde ich umkehren. Meine Offiziere, die mit etwa vierzig Reitern und ebensovielen Arkebusieren zugegen waren, begannen sich aufzuregen, aber sofort gebot ich, daß keiner sich rühre, denn als Vasall Eurer Majestät sei ich zu Gehorsam und Erfüllung der königlichen Verfügung verpflichtet, und ich erklärte dem General, daß wir sofort aufbrechen wollten. Innerhalb vier Stunden bestimmte ich jemanden, der mein Haus in jenem Tal bis zu meiner Rückkehr betreuen sollte, und beauftragte einen Hauptmann, alle diese Soldaten nach

Atacama zu führen; denn ich würde mit Gottes Hilfe wieder bei ihnen sein, wenn sie dort anlangten. Dann ließ ich satteln und nur von vier Edelleuten begleitet brach ich mit dem General auf. In sieben Tagen waren wir in *Arequipa*. Dort erfuhr ich, daß meine Galeere im Hafen der Stadt lag; wir schifften uns ein, um schneller als auf dem Landweg voranzukommen. Die Galeone war nach *Arica* weitergefahren, und das dritte Schiff, das ich gekauft hatte, war in zehn Tagen in *Lima* angekommen. Als die Galeere im Hafen der Stadt vor Anker ging und der Präsident unsere Ankunft erfuhr, suchte er uns am Meer auf. Ich sagte ihm, ich bedauerte, daß er sich die Mühe, eine Verfügung zu erlassen, gemacht hätte; denn auf einen einfachen Brief wäre ich auch sofort umgekehrt. Er rechnete es mir namens Eurer Majestät als besonderes Verdienst an und sagte, er wisse wohl und sei überzeugt, daß alles, was man von mir behauptet habe, Verleumdung und Neid sei. Aber er freue sich, daß ich so ruhig und ehrerbietig gehorcht und ein rühmliches Beispiel gegeben hätte, damit auch andere gehorchen lernten, was bei den Verhältnissen in jenem Lande überaus notwendig sei. Ich erwiderte, daß ich jederzeit wieder das Gleiche tun würde, auch wenn ich mich am Ende der Welt befände. Ich würde dem Befehl des Kaisers und der Herren des Indienrates untertänig Folge leisten, weil ich Gehorsam für die erste Pflicht eines Soldaten hielte und keinen anderen Willen als den des Königs und natürlichen Herren hätte, dem ich jederzeit gehorche, ohne etwas anderes zu verlangen.

Einen Monat blieb ich beim Präsidenten und erholte mich dort; dann beurlaubte er mich, und ich trat mit nur zehn Edelleuten zu Land den Rückweg an. Am Weihnachtsabend kam ich in *Arequipa* an, wo ich vor Erschöpfung und infolge der früheren Strapazen krank wurde und bis an den Rand des Grabes kam. Der Herrgott ließ mich aber nach acht Tagen wieder genesen, und nach den Feiertagen brach ich, noch Rekonvaleszent, ins *Tacana*tal auf, wo ich hergekommen war, und noch acht *Meilen* weiter bis zum Hafen *Arica*. Dort traf ich den Kapitän *Alderete*, der mich mit der Galeone erwartete. Der Präsident hatte mich ersucht, ich sollte mich dort nur möglichst kurz aufhalten, damit die Soldaten, die unter dem Vorwande, sie wollten sich mir anschließen, im Lande herumlungerten, keinen Schaden anrichteten und weil das Silber, das für Eure Majestät bestimmt in Los *Charcas* lag, nicht nach *Lima* geschafft werden konnte, bevor ich mit allen dort anwesenden Soldaten abgezogen sei.

Am 18. Januar 1549 kam ich in *Arica* an, und schon am 21. stach ich wieder in See, um hierher zurückzukehren. Ich schiffte mich mit zweihundert Mann auf der Galeone »San Cristobal« ein, die an drei oder vier Stellen leckte, und hatte eine mühselige Fahrt mit nichts als Mais und fünfzig eingesalzenen Schafen als Verpflegung, ohne einen Krug Wein oder sonst ein Getränk. Da die Nordwinde nicht in diese Breite reichen, sondern starke Südwinde wehen, muß man rudern und kreuzen, womit man täglich drei oder vier *Meilen* vorankommt, um an anderen Tagen doppelt soviel und manchmal noch mehr zurückzufallen. Und wir hatten noch 250 *Meilen* vor uns – so angenehm die Seefahrt von Chile nach Peru ist, so mühselig ist die Rückreise.

Als ich von *Lima* auf dem Landweg aufbrach, übergab ich die Galeere einem Kapitän, damit er sie mit Soldaten so schnell wie möglich nach Chile brächte. Aber man mußte sie vorher kalfatern und kielholen, und ich konnte und durfte unmöglich so lange warten.

Als ich zum ersten Mal meine Rückreise nach Chile antrat, hatte der Präsident das Land noch nicht völlig aufgeteilt. Da jeder glaubte, das Los müsse auf ihn fallen, wollten sie ihr Glück nicht in Chile suchen, obgleich sich um die ungefähr zweihundert freigewordenen *Repartimientos* 1500 Leute bewarben; deswegen brachte ich damals nur wenig Soldaten hierher mit. Als ich das zweite Mal zurückkehrte, waren es die meisten Edelleute inzwischen leid, noch länger vergeblich auf eine Belohnung zu warten, die man ihnen doch nicht geben konnte. Aber nur sehr wenige Fußsoldaten konnten mir auf dem Seeweg folgen, und ich hatte weder selbst die Mittel, ihnen zu helfen, noch war ich in der Lage, eine Anleihe aufzunehmen. So mußten sie auf eine bessere Gelegenheit warten, und ich brach so schnell wie möglich auf. Ich versichere Eurer Majestät, als ich zum zweiten Mal zurückkehrte, war die Stimmung im Lande so gereizt und das unzufriedene Kriegsvolk so wütend, weil es nur für diejenigen Tuch gab, die der Präsident einkleidete, daß viele angesehene Kriegsleute erwogen, was nicht gut war, den Präsidenten, den Marschall, die Offiziere und die Bischöfe in seinem Gefolge zu töten. Danach wollten sie mich zu ihrem Anführer machen, das in Los *Charcas* liegende Silber Eurer Majestät rauben und sich wie zuvor mit dem ganzen Land gemeinsam empören, und wenn ich es nicht gutwillig täte, wollten sie mich gewaltsam dazu nötigen oder mich töten. Das deuteten sie mir an und stellten mir das Unrecht vor Augen, das man mir angetan habe und noch antue, es sei nicht recht, daß jemand Unrecht erleide, der so treu gedient habe wie ich und tausend andere Unzufriedene, worauf ich erwiderte, Eurer Majestät Befehl umzukehren, sei für mich keine Kränkung, sondern ein Gnadenerweis. Und da ich wohl merkte, wo sie hinauswollten, gab ich ihnen vorsichtig das Gegenteil zu verstehen, wenn sie glaubten, Unmut könne mich über ihren Eigennutz und ihre Habsucht täuschen, und wenn sie aus mir herauslocken wollten, wie ich in dieser Hinsicht dächte. Gewöhnlich gab ich denen, die solche Gespräche mit mir anfingen und mir sagten, alle Soldaten im Lande seien dieser Meinung, zur Antwort, daß ich aller Freund und Diener und ohne die mir von Eurer Majestät erteilte Autorität nur ein geringer und auf sich allein gestellter Soldat sei, und wenn ich einiges gelte, dann allein wegen meiner Treue im kaiserlichen Dienst. Es sei undenkbar, daß man von so treuen Vasallen derartiges gewärtigen müsse, insbesondere wenn sie mit Gnadenerweisen belohnt worden seien für den großen Sieg, den ich wenige Tage vorher über den Rebellen *Pizarro* errungen hatte. Ich sagte ihnen, wenn sie dächten, ich sei geeignet, weil ich nach Gottes Willen das Werkzeug wurde, um jenen Greuel aus der Welt zu schaffen und das Land zum Frieden und Gehorsam gegen Eure Majestät zurückzuführen, so sollten sie wissen, daß sie sich täuschten, denn weder bedürften sie meiner, noch würde ich mich anschließen. Und wenn Gott unserer Sünden wegen seinen Zorn von diesem Lande nicht hinweggenommen habe, so sollten sie mich eher Glied um Glied zerstückeln, als daß ich gezwungen oder freiwillig, um irgendeines Vorteils willen, einem so schändlichen Verrat zustimmen würde; denn Eurer Majestät mit dem Willen und der Tat zu dienen und zu verwirklichen, was ich mit Worten bekannt habe, sei es, was mir Ehre und Vorteil zuerst gebieten. Damit begab ich mich in eine Gefahr, die bedrohlich werden konnte, wenn ich mich nicht mit allen besonderer Leutseligkeit befleißigte. In dieser Situation nämlich, wo die Soldaten so aufgebracht waren, durfte man ihnen nicht drohen oder sie gar bestrafen, sondern man mußte sie beschwichtigen; und das tat ich, indem ich das Land Peru schleunigst verließ. Gott gewährte mir so gute Fahrt, daß ich trotz des erwähnten Lebensmittelmangels und wenig seetüchtigen Schiffs nach zweiundeinhalb Monaten in *Valparaiso* ankam. Mit größter Freude vernahm man in *Santiago* die Nachricht von meiner Ankunft.

Zehn oder zwölf Tage nach meiner Ankunft im Hafen lief auch die Galeere ein, die ich in *Lima* zurückgelassen hatte. Ich wartete einundeinhalb Monate auf meinen Stellvertreter, Francisco de *Villagra*, der im *Coquimbo*tal gerade eine Strafexpedition gegen die Indianer durchführte; denn während meiner Abwesenheit hatten sich Indianer von *Copiapó* und allen jenen Tälern verbündet, über vierzig Mann, ebensoviele Pferde und alle Bürger von *La Serena* getötet, die Stadt zerstört und niedergebrannt, obwohl der Kapitän, den ich von *Cuzco* mit den achtzig Mann abgeschickt hatte, schon im Lande war. Als er meine Ankunft erfuhr, kam er alsbald und berichtete mir, was er in Eurer Majestät Dienst zur Erhaltung des Landes während meiner Abwesenheit getan und von den Schwierigkeiten, die er dabei zu überwinden hatte, die sicherlich sehr groß gewesen sein müssen.

Dann brach ich nach *Santiago* auf, wo ich am Fronleichnamstag ankam, und wo mich Stadtrat, Gericht und Beamte mit großer Freude empfingen. Ich legte ihnen die Verfügungen Eurer Majestät vor, durch die ich zum Gouverneur und Generalkapitän von Chile ernannt wurde; als Stadtrat versammelt vollzogen sie die Erlasse und anerkannten mich auf Grund derselben als ihren Statthalter und Generalkapitän. Auf dem Hauptplatz der Stadt wurden dann die Erlasse mit der gebührenden Feierlichkeit und größtmöglichen Festlichkeit bekanntgemacht.

Alsbald beauftragte ich einen Kapitän, *La Serena* wieder zu besiedeln, bestimmte die Bürger und setzte Stadtrat, Gericht und Behörden ein. Die Indianer jener Täler ließ ich für die Ermordung der Christen und das Niederbrennen der Stadt bestrafen; sie sind nun sehr friedfertig und erfüllen ihre Dienstpflicht. Die Stadt wurde am 26. August 1549 neu errichtet.

Am 9. Juli schickte ich meinen schon genannten Stellvertreter Francisco de *Villagra* auf einer Fregatte mit 36.000 *Castellanos*, die ich bei Freunden aufgebracht hatte, nach Peru, um mir Nachschub an Soldaten und Pferden zu beschaffen; denn die Leute, die in Peru keine Tätigkeit finden konnten, hatten vielleicht mehr Lust zu kommen, wenn ein Kapitän sie herführte. *Villagra* sollte auch dem Präsidenten berichten, daß ich das Land trotz der Ermordung der obenerwähnten Christen und der Zerstörung ihrer Stadt immer noch im Dienst Eurer Majestät gefunden hätte und daß mich Eurer Majestät Vasallen bei meiner Rückkehr mit so großer Freude empfangen hätten. Gleichzeitig schrieb ich Eurer Majestät und schickte den Brief an den Präsidenten, damit er ihn mit seinen Schreiben absende. Er trug das Datum vom 9. Juli 1549.

Einen Monat nach meinem Empfang als Statthalter in *Santiago* trafen auch die Soldaten ein, die ich mit meinen drei Hauptleuten auf dem Landweg hierher geschickt hatte; es waren freilich nicht mehr viele, und unterwegs waren mir über hundert Pferde eingegangen.

Nachdem die Leute in *Santiago* anderthalb Monate ausgeruht hatten, beschloß ich, eine Musterung vorzunehmen um festzustellen, wieviele kriegstauglich wären, damit sie sich für Dezember zu einem Einfall ins Land rüsten könnten. An Mariä Geburt im September – sie sei gebenedeit – führte ich das durch. Doch als ich mit den Kavalleristen im Gelände Schwenkungen ausführte, stürzte das Pferd mit mir und ich fiel derart auf den rechten Fuß, daß ich sämtliche Zehenknochen brach, der Gelenkknochen des großen Zehens splitterte und im Verlauf der Kur stückweise entfernt werden mußte. Drei Monate lag ich zu Bett, denn die Kur war sehr langwierig, und es gab solche Zwischenfälle, daß mich oft alle für tot hielten. Die Vasallen Eurer Majestät und das Stadtregiment wissen es und werden es bezeugen, wenn es Ihnen zur Ergänzung des schon Gesagten nötig erscheint, wie sie meinen Ausfall von Eurem kaiserlichen Dienst und der Sorge um das Gemeinwohl zu spüren bekamen.

Anfang Dezember stand ich allmählich wieder auf, konnte aber nur auf dem Stuhl sitzen und noch nicht stehen. Mittlerweile wurde es Weihnachten. Ich erkannte, daß ich jetzt zur Gründung der Stadt *Concepción* und zur Eroberung des Landes aufbrechen mußte, denn wenn die Feldfrüchte auf dem Acker standen und man mit der Ernte begann, würde ich die Stadtgründung um ein Jahr verschieben müssen, weil es nicht ratsam ist, im Winter, der hierzulande im April anfängt, mit dem Vormarsch zu beginnen, und wenn man fertige Häuser als Unterkunft für zwei oder drei Monate haben will. So ließ ich mich in einer Art Sänfte von Indianern tragen und brach mit 200 Mann Infanterie und Kavallerie von *Santiago* auf, obwohl ich noch nicht wiederhergestellt und die ganze Stadt dagegen war; denn sie sahen, daß ich weder auf den Beinen stehen noch das Pferd besteigen konnte. Bis wir die Grenzen *Santiagos* gen Süden überschritten, brauchten wir zwanzig Tage; da fühlte ich mich etwas kräftiger und konnte wieder reiten. Ich stellte meine Truppen neu auf und rückte in geschlossener Formation vor, die Nachhut immer wohl versorgt und unsere Indianer und das Gepäck in der Mitte. Mit dreißig oder vierzig Mann ritten manchmal ich, ein anderes Mal mein Stellvertreter, dann wieder der *Feldmeister* oder andere Kapitäne voraus, durchstreiften und erkundeten das Land, erforschten seine Beschaffenheit und suchten einen geeigneten Lagerplatz; dabei hatten wir Scharmützel mit den Indianern, die immer wieder versuchten, uns den Durchzug zu verwehren.

Heilige Majestät, bevor ich mit meinem Bericht von der Eroberung fortfahre, will ich zunächst darlegen, ohne mich jedoch zu lang dabei aufzuhalten, daß ich die Anweisungen, die man mir in Eurem kaiserlichen Namen gab, und die Verlesung des *Requerimiento*, die auf Eurer Majestät Anordnung vor Beginn von Feindseligkeiten vorzunehmen ist, durchgeführt habe. Die Kaziken des Landes waren über alles unterrichtet, denn ich tat in diesem Falle gewissenhaft, wozu ich in Erfüllung der kaiserlichen Erlasse verpflichtet bin und was sich gehört.

Nach Überschreitung des *Itata*flusses vierzig *Meilen* südlich von *Santiago*, wo die Jurisdiktion dieser Stadt endet, rückte ich noch dreißig *Meilen* vor, vierzehn oder fünfzehn *Meilen* von der Meeresküste entfernt, und überschritt einen Fluß, der zwei Musketenschuß breit ist, sehr langsam und ruhig dahinfließt und dessen Wasser den Pferden bis zum Steigbügel reichte. *Nibequeten* heißt der Fluß und mündet in den *Bio-Bio*, fünf *Meilen* oberhalb von dessen eigener Mündung. Als wir den Fluß überschritten, schlug mein *Feldmeister*, der an diesem Tag die Vorhut führte, ungefähr 2.000 Indianer in die Flucht und nahm zwei oder drei Kaziken gefangen.

Nach Überquerung jenes Flusses kam ich am 24. Januar dieses Jahres 1550 an den *Bio-Bio*. Als wir uns anschickten, ihn auf Flößen zu überschreiten, da man nicht mit den Pferden hinüberkonnte, weil er sehr sumpfig, breit und tief ist, erschien eine Menge Indianer, um uns den Übergang zu verwehren. Im Vertrauen auf die Übermacht griffen sie uns sogar auf dem diesseitigen Ufer an. Mit Gottes Hilfe schlug ich sie am Flußufer in die Flucht, zehn oder zwölf von ihnen wurden getötet, die anderen warfen sich in den Fluß und flohen.

Um keines meiner Pferde zu gefährden, suchte ich flußaufwärts einen besseren Übergang. Da trat uns zwei *Meilen* flußaufwärts eine große Anzahl Indianer entgegen. Mit zwanzig Reitern griff Kapitän *Alderete* sie an, sie warfen sich in den Fluß und *Alderete* hinter ihnen her. Als ich das sah, schickte ich ihm noch dreißig Kavalleristen zu Hilfe, denn auf der anderen Seite waren über 20.000 Indianer erschienen. Meine Leute gingen über den Fluß, und dabei ertrank ein tüchtiger Soldat, weil er ein tückisches Pferd ritt. Sie töteten eine Menge Indianer und kamen mit über tausend *Schafen* ins Lager zurück, worüber sich alle freuten, denn der Soldat stirbt lieber im Kampf als vor Hunger. Ich zog zwei oder drei *Meilen* flußaufwärts und schlug dort mein Lager auf. Zum dritten Mal wollte mir diesmal eine noch größere Zahl Indianer den Übergang verwehren. Zwar ging das Wasser den Pferden bis zum Sattel, aber das Flußbett bestand diesmal aus Kieselsteinen; so ging ich mit fünfzig Reitern über den Fluß, griff sie an und setzte ihnen gehörig zu. Viele Gefallene bedeckten das Schlachtfeld, wir verfolgten sie über eine *Meile* weit und erschlugen noch viele, und erst abends zog ich mich zurück. Am folgenden Tag überschritt ich wieder mit fünfzig Reitern den Fluß, beließ aber das Lager auf dem diesseitigen Ufer. Ich erkundete die Gegend in Richtung zum Meer hin, südlich von *Arauco*, wo ich auf erschreckend dichte Bevölkerung stieß. Ich kehrte um, da ich es nicht wagte, mich weiter vom Lager zu entfernen, um es nicht durch meine Abwesenheit zu gefährden.

Acht Tage ruhte ich mich dort aus, unternahm aber immer wieder Streifzüge hierhin und dorthin und requirierte Vieh zu unserem Unterhalt, wo wir gerade lagerten. Dann ließ ich das Lager abbrechen, überschritt wieder den *Nibequeten* und zog den *Bio-Bio* abwärts der Meeresküste zu. Eine halbe *Meile* vom Meer entfernt schlug ich in einem Tal bei einigen Süßwasserlagunen das Lager auf, um von dort aus eine geeignete Gegend ausfindig zu machen. Zwei Tage blieb ich an dieser Stelle, besichtigte geeignete Plätze, blieb aber auf der Hut und ließ die eine Hälfte von uns die erste Hälfte der Nacht wachen, die andere während der zweiten. In der zweiten Nacht überfiel uns gerade bei der Ablösung der ersten Nachtwache eine große Schar Indianer, wohl über 20.000. Von der einen Seite her, weil uns auf der anderen die Lagune schützte, griffen uns drei große Haufen mit solchem Ungestüm und Kriegsgeschrei an, als sollte die Welt untergehen, dermaßen begannen sie zu kämpfen. Schon dreißig Jahre diene ich Eurer Majestät, und ich habe gegen viele Nationen gefochten, aber, auf mein Ehrenwort, noch nie habe ich Soldaten so erbittert kämpfen sehen, wie diese Indianer sich mit uns schlugen. Drei Stunden lang konnte ich auch mit hundert Reitern in keinen der Haufen einbrechen, und wenn es uns einmal gelang, standen uns soviele mit langen Lanzen und Keulen bewaffnete Indianer gegenüber, daß wir unsere Pferde nicht gegen sie einsetzen konnten. So kämpften wir, wie gesagt, drei Stunden lang, und als wir sahen, daß die Pferde nicht in die Reihen der Indianer eindringen konnten, griffen wir zu Fuß an. Und als ich in ihren Haufen einbrach, wir sie zu verwunden begannen und sie unsere Klingen zu spüren bekamen, die ganze Arbeit verrichteten und ihnen schwere Verluste zufügten, da gaben sie auf. Immerhin verwundeten sie mit Pfeilen und Lanzen sechzig Pferde und ebensoviele Christen, obwohl beide aufs beste gewappnet waren. Doch nur ein Pferd ging nach acht Tagen ein, und ein Soldat tötete einen Kameraden, als er unvorsichtig seine Arkebuse abfeuerte. Während der Nacht und am folgenden Tage war man nur damit beschäftigt, Menschen und Tiere zu verbinden. Ich besichtigte den Platz, wo ich schon in früheren Jahren eine Stadt gründen wollte, einundeinhalb *Meilen* nördlich des großen Flusses, des *Bio-Bio*, am besten Hafen von ganz Indien, und an einem großen Fluß bei einem Kap, das ins Meer vorspringt, wo es die besten Fische der Welt gibt, Sardinen in Menge, Barsche, Thunfische, Dorsche, Neunaugen, Schollen und noch vielerlei andere Arten und auf der anderen Seite ein Flüßchen mit weichem, klarem Wasser, das während des ganzen Jahres fließt.

Hierher verlegte ich am 23. Februar das Lager, um mich der Galeere und der kleinen Galeone bedienen zu können, die mir mein Stellvertreter zur See, Kapitän Juan Bautista de *Pastene*, der Küste entlang herbrachte, denn ich hatte ihn beauftragt, mich in der Gegend dieses Flusses zu suchen. Am Morgen des folgenden Tages beschäftigte ich mich zunächst damit, eine befestigte Stellung zu errichten, aus der wir nach unserem Gutdünken zum Kampfe ausrücken konnten und nicht, wenn uns die Indianer herausforderten. Wir errichteten sie aus dicken Baumstämmen, die in den Boden getrieben, dann untereinander zu einer Umzäunung verbunden und ringsum mit einem sehr breiten und tiefen Graben umgeben wurden. Damit erhielten die Conquistadoren einige Entlastung vom Wachdienst, der bisher äußerst anstrengend gewesen war, weil sie Tag und Nacht unter Waffen sein mußten; sie brauchten nun keinen Dienst zu tun und weder die Kranken noch die Verwundeten zu schützen. Mit unserer Hände Arbeit errichteten wir innerhalb von acht Tagen ein so starkes Lager, daß es gegen die tapferste und kriegerischste Völkerschaft der Welt verteidigt werden konnte. Nach seiner Fertigstellung bezogen wir alle am 3. März 1550 das befestigte Lager, und ich teilte allen geeignete Plätze als Quartier und Behausung zu.

Neun Tage später, am 12. März, erfolgte der Angriff dieser Stiere, den wir täglich erwartet hatten. Wir hatten nämlich schon drei Tage vorher die Nachricht erhalten, daß sich sämtliche Bewohner der Gegend verbündet hätten, um uns zu überfallen, weil wir wegen der Befestigungsarbeiten nicht gegen sie ausrücken konnten. Am Abend erschienen bei einigen Hügeln in Sichtweite unseres Lagers über 40.000 Indianer und dahinter standen mehr als noch einmal soviele, die sich nicht zeigen konnten. Höchst herausfordernd rückten vier Haufen näher, auserlesene und kampfbereite Krieger, wie wir hierzulande noch keine gesehen hatten. Sie waren überdies gut geschützt mit Lama- und rauhen Seehundfellen in vielerlei Farben und mit Federbüschen geschmückt, ein außerordentlich prächtiger Anblick, und alle trugen Sturmhauben aus dem gleichen Leder nach Art großer Klerikerbarette. Keine noch so scharfe Streitaxt vermochte den Träger einer solchen Sturmhaube zu verletzen. Bewaffnet waren sie mit Pfeilen und Bogen, mit zwanzig bis fünfundzwanzig *Spannen* langen Lanzen, mit Keulen und Knüppeln; Steine benutzen sie nicht beim Kampfe.

Als ich sah, daß die Indianer uns von vier Seiten angreifen wollten, daß aber ihre Abteilungen sich gegenseitig nicht beistehen konnten, weil sie uns einschließen und belagern wollten, ließ ich den Kapitän Jerónimo de *Alderete* aus einem Lagertor mit fünfzig Reitern einen Ausfall machen, um die Abteilung, die gerade dieses Tor angreifen wollte und einen Musketenschuß weit entfernt war, zu zersprengen. Die Reiter waren noch nicht herangekommen, als die Indianer kehrtmachten und flohen, und die anderen Haufen, als sie den ersten zersprengt sahen, taten dasselbe. Bis in die Nacht hinein dauerte die Verfolgung; etwa fünfzehnhundert oder zweitausend wurden erschlagen, viele mit der Lanze getötet und andere gefangengenommen. Ich ließ etwa zweihundert die Hände und die Nasen abschneiden zur Strafe für ihren Ungehorsam; denn ich hatte ihnen oft genug Boten geschickt und ihnen die *Requerimientos* Eurer Majestät bekanntgemacht. Nachdem dieser Akt der Gerechtigkeit vollzogen war und alle versammelt waren, sprach ich erneut zu ihnen, da unter ihnen einige Kaziken und besonders angesehene Indianer waren. Ich erklärte ihnen, daß dies geschehe, weil ich sie oft hätte rufen und zum Frieden auffordern lassen. Ich teilte ihnen weiter mit, wozu mich Eure Majestät in ihr Land geschickt habe. Sie hätten die Botschaft wohl empfangen, aber den Befehlen nicht gehorcht; und ich fügte hinzu, was mir außerdem noch zur Erfüllung der Befehle Eurer Majestät und zur Beruhigung Eures königlichen Gewissens notwendig schien. Und damit entließ ich sie.

Ich ließ dann Feldfrüchte, die es in der Gegend gab, einsammeln und in unser Fort schaffen, begann das Land zu durchstreifen und es zu besetzen. Mit Gottes Hilfe, dem Beistand Unserer lieben Frau und des Apostels St. Jakob, die sich uns bei diesem Feldzug gnädig zeigten und den Indianern erschienen, wovon später noch berichtet wird, befriedete ich in vier Monaten die ganze Gegend, deren Bewohner nun der Stadt, die ich hier angelegt habe, untertänig sind.

Ich versichere Eurer Majestät, seit der Entdeckung der Indien wurde bis heute noch kein derartiges Land für Eure Majestät entdeckt. Es ist dichter bevölkert als *Neu-Spanien*, sehr gesund, sehr fruchtbar und anmutig. Es besitzt ein sehr mildes Klima und ist außerordentlich reich an Goldminen; nirgends hat man erfolglos geschürft. Es hat Überfluß an Menschen, Vieh und Nahrungsmitteln, und – eine wichtige Nachricht – ganz in der Nähe findet man eine Menge Gold an der Erdoberfläche. Nur eines fehlt ihm: Christen und Pferde! Das Land ist sehr eben, abgesehen von ein paar mäßigen Anhöhen, und reich an schönem Holz. Es ist so dicht besiedelt, daß es in den bewohnten Gegenden keine wilden Tiere gibt, keine Füchse, keine Wölfe und anderes derartiges Getier; und gibt es welches, dann muß es schon zahm sein, denn nur zwischen den Häusern und den Feldern der Indianer könnten sie ihre Jungen aufziehen. Ich vertraue zu Gott, daß ich hier in Eurer Majestät Namen mehr Conquistadoren eine Existenz verschaffen kann, als in *Neu-Spanien* und in Peru. Ich kann mehr *Repartimientos* einrichten als in jenen beiden Provinzen, und jeder wird reichlich und seinen Diensten entsprechend bekommen. Anscheinend will unser Gott dieses Land in seinem Dienst erhalten, auf daß er darin verehrt werde und der Teufel daraus entweiche, der hier so lange verehrt wurde. Denn die Indianer sagen, daß an dem Tag, als sie gegen unser Fort zogen, gerade in dem Augenblick, als die Reiter sie angriffen, plötzlich inmitten ihrer Haufen ein alter Mann auf einem weißen Pferde erschien und ihnen zurief: »Flieht alle, diese Christen werden euch töten«, und so groß war der Schrecken, der sie ergriff, daß sie flohen. Weiter erzählten sie, drei Tage vorher, als sie den *Bio-Bio* überschritten, um uns zu überfallen, sei bei ihnen an einem Samstag, gerade um die Mittagszeit, ein Komet niedergegangen. Viele Christen sahen ihn auch von unserem Fort aus in jene Richtung ziehen, viel leuchtender als andere Kometen, die sie früher beobachtet hatten. Nachdem er niedergegangen war, trat eine sehr schöne weißgekleidete Frau daraus hervor und sprach zu ihnen: »Unterwerft euch den Christen und leistet ihnen nicht länger Widerstand, denn sie sind sehr tapfer und werden euch alle töten.« Als die Frau wieder aus ihrer Mitte verschwand, kam Satan, ihr Schutzpatron und Führer und sagte ihnen, sie sollten sich massenhaft zusammenrotten, und er werde mit ihnen ziehen; denn wenn wir solche Scharen von Feinden auf uns zukommen sähen, würden wir vor Angst tot umfallen, und so hätten sie den Angriff fortgesetzt. Die Indianer nennen uns »Ingas« und unsere Pferde »hueque ingas«, d. h. Schafe der Ingas.

Acht Tage nachdem wir die Indianer bei diesem Fort in die Flucht geschlagen hatten, kam der Kapitän und Pilot Juan Bautista mit der Flotte, worüber wir uns sehr freuten, während die Indianer mutlos wurden. Alsbald schickte ich die Flotte nach *Arauco*, um Mais zu laden und zu ihrer Unterstützung den Kapitän Jerónimo de *Alderete* auf dem Landweg mit sechzig Reitern. Sie brachten reichlich Lebensmittel von einer Insel zehn *Meilen* von *Concepción* entfernt, deren Bewohner ihnen friedlich begegneten. Die Unsrigen sahen eine der blühendsten Gegenden von ganz Indien und Plätze, wunderbar geeignet zur Gründung einer Stadt größer als Sevilla. Sie brachten Indianer aus *Arauco* mit und berichteten, daß diese bereit seien, den Christen zu dienen.

Vier Monate später schickte ich denselben Kapitän und Piloten erneut mit der Flotte aus, mit dem Auftrag, er solle Indianer von der Insel, wo er bei der ersten Expedition gelandet und von deren Bewohnern er im Frieden geschieden war, als Friedensboten an die Kaziken auf dem Festlande und den Inseln, wo er landen würde, schicken und sie auffordern, als Freunde zu mir zu kommen; wenn sie nicht kämen, würde ich sie töten lassen. Sie sollten auch noch mehr Nahrungsmittel beschaffen, denn wir brauchten sie notwendig. Er fuhr also weiter und kam zwanzig *Meilen* südlich zu einer anderen großen und dichtbevölkerten Insel, wo er Lebensmittel lud; gerade vor einem Monat kehrte er zurück. Vor zehn Tagen schickte ich die Schiffe zum dritten Male aus, um noch mehr Lebensmittel herbeizuschaffen und das Land an jener Küste zu erkunden und zu veranlassen, daß die Indianer zu uns kämen; denn sie hatten mir sagen lassen, sie wollten nicht kommen, da wir nicht zu ihnen kämen.

Als ich nun sah, daß die Kaziken dieser Gegend schon friedlich kamen und sich mit ihren Indianern unterwarfen, gründete ich an dem Platz, wo wir das Fort errichtet hatten, eine Stadt und nannte sie *Concepción* del Nuevo Extremo. Am 5. Oktober 1550 bestellte ich den Stadtrat, das Gericht und das Stadtregiment, errichtete die Richtstätte, bestimmte die Bürger der neuen Stadt und teilte die Kaziken unter sie auf. Und so sind sie, gottlob, zufrieden.

Ich habe es gewagt, so viel Geld auszugeben und Schulden zu machen, und ich tue es wieder, weil ich über ein so großes und fruchtbares Land verfüge. Eure Majestät möge bedenken, wie günstig sich Peru am Anfang für seine Entdecker und Eroberer darstellte, und wieviel Mühe dagegen unser Land bis jetzt verursacht hat und noch weiterhin machen wird, bis es unterworfen ist. Aber nachher, dafür bürge ich, werden seine Bewohner erschöpft und friedlicher sein als die von Peru. Dieses vortreffliche Land zu besiedeln, ist mein Hauptwunsch, um durch die Bekehrung dieses Volkes ein Gott wohlgefälliges Werk zu tun und das Ansehen und die Macht Eurer königlichen Krone zu mehren. Darum geht es mir und nicht um Mittel, um mir Majoratsgüter zu kaufen. Denn Gold wird es mit seiner Hilfe, wenn das Land einmal gesichert und befriedet ist, im Überfluß geben; und alles Übrige, was zur Erleichterung des Lebens dient, kann es selbst erzeugen, da es über die Maßen fruchtbar ist.

Ich versichere Eurer Majestät, wenn die Dinge in Peru nach der Ankunft *Vaca de Castros* nicht einen so üblen Verlauf genommen hätten, hätte ich bei meinen Anstrengungen, um die Indianer zu bekämpfen und Nachschub herbeizuschaffen, mit dem Gold, das ich dafür ausgegeben habe, gewiß das Land bis zur Magellanstraße und bis zum *Nordmeer* entdecken, erobern und besiedeln können, obschon auf den etwas über 200 *Meilen* Land mehr Menschen wohnen, als Gras darauf wächst. Denn dann hätte ich dazu 2.000 Mann mehr im Lande und könnte die anderen zum Schutz und zur Beaufsichtigung der Indianer zurücklassen. Nun sind die Befriedung von Peru und die Gründung der Städte *Santiago*, *La Serena* und jetzt *Concepción* das Ergebnis der in diesem Schreiben erwähnten Kriegsdienste, Mühen und Ausgaben, die ich gehabt habe. Dazu verfüge ich in dieser Provinz über 500 Soldaten; mit 300 davon und meinen besten Pferden will ich ausziehen und heute in vier Monaten mit Gottes Hilfe und zu Eurer Majestät Vorteil eine neue Stadt gründen, dreißig *Meilen* von hier entfernt, mitten im fruchtbaren Land und an einem sorgfältig gewählten Platz in *Arauco*.

Ich verpfände Eurer Majestät mein Ehrenwort, daß ich seit dem 13. Dezember 1547, als ich von Valparaíso abfuhr, bis zu meiner Rückkehr im Mai 1549, also in siebzehn Monaten im Dienst Eurer Majestät ohne Bedenken 186.500 *Castellanos* an Gold und Silber ausgegeben habe. Ich würde, wenn es zu diesem Zweck notwendig wäre, eine Million ausgeben, wenn ich sie hätte oder geliehen bekäme, bereit, mich wegen der Rückzahlung in Eisen legen zu lassen. Eurer Majestät auf solche Weise zu dienen, lehrten mich meine Ahnen und lernte ich von den Feldherrn Eurer Majestät, deren Beispiel ich in meinem Beruf als Soldat gefolgt bin.

Desgleichen erkläre ich Eurer Majestät, daß ich zum Wohl und zur Erhaltung und Behauptung dieses Landes seit Beginn meines Unternehmens bis heute, abgesehen vom Aufwand für meine Person, meinen Haushalt und meine Dienerschaft, für Pferde, Waffen, Kleidung, Schlosser- und Schmiedearbeiten 297.000 *Castellanos* ausgegeben und an Conquistadoren verteilt habe, damit sie den notdürftigsten Lebensunterhalt hätten und Dienst tun könnten, ohne dafür einen einzigen *Goldpeso* oder sonst etwas und auch keinen Schuldschein zu verlangen. Wenn die großen Aufgaben, die ich gegenwärtig mit der Eroberung des Landes und der Gründung von Städten habe, und die gewiß wichtiger sind, mir Zeit dazu lassen, werde ich Unterlagen schicken, aus denen sich eindeutig die Wahrheit des Gesagten ergibt.

Heilige Majestät! Der Licenciado de la *Gasca* bezeichnete in den Verfügungen, die er mir aushändigte, und dem Privileg, das er mir kraft königlicher Sondervollmacht gewährte, als Grenzen meiner Statthalterschaft in der Nord-Südrichtung der Küste entlang den 41. Grad und in der West-Ostrichtung hundert *Meilen* Breite. Da das

Land von diesem Breitengrad bis zur Magellanstraße aber nur wenig besiedelt sein kann und der Person, der man es übergäbe, eher hinderlich als nützlich sein würde, ich hingegen es allmählich ganz besiedeln und unter die Vasallen Eurer Majestät und unter die Eroberer des Landes verteilen will, bitte ich Eure Majestät untertänigst um Bestätigung des mir Übertragenen und mir dazu die Gnade zu gewähren, meine Grenzen südwärts an der Küste entlang bis zur Magellanstraße und landeinwärts bis zum *Nordmeer* zu erweitern. Folgendes ist die Veranlassung zu meiner Bitte: Wir haben Nachricht erhalten, daß die Küste des Rio de la Plata vom 40. Breitengrad an bis zur Mündung der Meerenge unbewohnt ist und das Land, wie ich befürchte, allmählich immer schmaler wird. Denn als ich meinen Stellvertreter zur See, den Piloten Juan Bautista de *Pastene*, zur Erforschung der Küste bis zur Magellanstraße aussandte und er sich nach seinen in Spanien gedruckten Seekarten richtete, war er drauf und dran sich zu verirren, als er sich unter dem 41. Grad befand, woraus ersichtlich ist, daß die spanischen Seekarten hinsichtlich der Magellanstraße zum großen Teil ungenau sind, wenn man der Sache auf den Grund geht. Da man in der Angelegenheit noch zu keiner Gewißheit gelangt ist, werde ich erst darüber berichten, wenn sie ganz durchfahren ist, damit die Fehler auf den genannten Karten berichtigt werden und die Schiffe in diesen Gegenden den richtigen Weg finden und nicht Gefahr laufen zu scheitern. Wie ich unterrichtet bin, liegt der Fehler bei der Suche nach der genannten Meerenge nicht bei den Breiten- sondern bei den Längengraden. Ich bitte um diese Gunst nicht wie andere, um viel Land zu besitzen, denn mir genügen sieben Fuß für ein Grab. Und was meinen Nachkommen einst bleiben soll, damit in ihnen mein Andenken weiterlebe, das wird der Teil sein, den Eure Majestät mir für meine geringen Dienste gnädigst zu bewilligen geruht und den ich, wie klein er auch sein möge, so schätzen werde, wie es sich gebührt, bitte ich darum doch nur, um weiter zu dienen und neue Mühen auf mich nehmen zu können. Sowie ich klar sehe oder zuverlässigen Bericht erhalte, werde ich ihn Eurer Majestät übersenden, damit das Gebiet aufgeteilt oder an zwei oder noch mehr Gouverneure übergeben werden kann, falls es beliebt.

Ebenso bitte ich Eure Majestät, mir meine Statthalterschaft auf Lebenszeit zu bestätigen und sie nach meinem Tod auf Lebenszeit zwei aufeinanderfolgenden Erben zu gewähren oder Personen, die ich benennen werde.

Ebenso bitte ich Eure Majestät, mir und meinen Erben gnädigst das Amt des *Alguacil mayor* der erwähnten Provinz für immer bestätigen zu lassen.

Ebenso bitte ich Eure Majestät, mir gnädigst die Besetzung der öffentlichen Schreiberstellen und der Räte der Städte, Dörfer und Ortschaften, die ich hier gründen werde, zu übertragen, und wenn Eure Majestät anderweitig darüber verfügt haben sollte, soll mein Besetzungsrecht eintreten, wenn die Erstbesetzung ausläuft.

Desgleichen, wenn Eure Majestät meine Dienste ganz oder zum Teil annehmen sollte – ist doch die Absicht, in der ich sie bis heute geleistet habe und weiterhin leisten werde die des ergebensten und loyalsten Dieners, Untertanen und Vasallen Eurer kaiserlichen Person, den man finden kann – dann bitte ich ergebenst, als Belohnung dafür mir und meinen Nachkommen gnädigst den achten Teil des Landes zu überlassen, das ich erobert, besiedelt und entdeckt habe und noch entdecken, erobern und besiedeln werde und daß ich den Teil davon wählen darf, der mir gefällt, mit einem Adelstitel, den mir Eure Majestät gnädigst dazu verleihen wolle.

Ebenso bitte ich Eure Majestät um die Bestätigung des Rechts, in jeder Siedlung, die ich im Namen Eurer Majestät in dieser Provinz gründe, drei Stadträte auf Lebenszeit ernennen zu dürfen und daß er mir dazu die Gnade gewähre, daß diese von mir ernannten Räte nicht die Bestätigung des königlichen Indienrats einholen müssen, wegen der Ausgaben und dem möglichen Schaden, die mit der langen und mühsamen Reise verbunden sind.

Ebenso bitte ich Eure Majestät angesichts der hohen Ausgaben, die mir in Zukunft erwachsen müssen, da ich bis zum heutigen Tag keine 10.000 *Pesos* Einkommen habe, aber jedes Jahr nach meiner Schätzung mindestens 100.000 ausgeben werde, daß er mir gnädigst gestatte, aus Spanien oder den Kapverdischen Inseln oder aus anderen Gebieten 2.000 Neger frei von allen königlichen Abgaben in diese Statthalterschaft einzuführen und daß niemand ohne meine Erlaubnis mehr als zwei Sklaven in diese genannte Statthalterschaft mitbringen darf, bis ich die genannte Zahl erreicht habe.

Ebenso bitte ich Eure Majestät angesichts der Riesenausgaben, die ich seit dem Beginn dieses Unternehmens für die Entdeckung, Eroberung und Besiedlung, für die Erhaltung und den Fortbestand dieser Provinzen gehabt habe und der zusätzlichen, die mir entstanden, als ich die Rebellion des Gonzalo *Pizarro* bekämpfen half, wie es aus Abschnitten dieses Briefes hervorgeht, den ich Eurer Majestät schreibe, daß Er geruhen möge, mich von meinen Schuldverschreibungen zu entbinden, die den königlichen Kassen der Städte *Lima* und *Santiago* vorliegen und über folgende Summen lauten: eine über 50.000 *Pesos*, die ich in Gold aus der Kasse Eurer Majestät der Stadt *Santiago* nahm, als ich, wie gesagt, nach Peru fuhr, um dort zu kämpfen; ein weiterer Schuldschein über 30.000 *Pesos*, den ich den Beamten in *Lima* für die Galeone und die Galeere ausgestellt habe, die sie mir aus königlichem Besitz überließen, und für die Lebensmittel, die sie mir im Hafen von *Arica* gaben, um die Leute zu versorgen, die ich hierher brachte; und mehr als 38.000 *Pesos*, die ich laut weiteren Schuldscheinen einem *Calderón de la Barca*, einem ehemaligen Diener des *Vaca de Castro* schulde, der Rest einer Schuld von 60.000 *Pesos* für Waren, die seitens des genannten *Vaca de Castro* auf dem Schiff des Lotsen und Kapitäns Juan Bautista de *Pastene* hierher geschickt wurden, um den Leuten zu helfen, die Eurer Majestät in diesem Land dienten, ein Anspruch, der nun von *Vaca de Castro* auf Eure Majestät übergegangen ist, so daß diese drei genannten Posten 118.000 *Goldpesos* betragen. Ich bitte Eure Majestät noch einmal, mich gnädigst davon zu entbinden.

Ebenso bitte ich Eure Majestät, mir gnädigst die zusätzliche Gunst zu erweisen und mir mit weiteren 100.000 *Pesos* aus der Kasse Eurer Majestät aushelfen zu lassen, um mich teilweise von den großen Ausgaben, die jeden Tag auf mich zukommen, zu entlasten. Denn mein Vertreter Francisco de *Villagra* ist noch nicht mit dem Nachschub zurückgekommen, nach dem ich ihn ausgeschickt habe; und jetzt schicke ich mit den Boten, die diesen Brief mit sich führen, einen weiteren Kapitän mit Geld nach Peru, um zusätzliche Leute anzuwerben. Und wenn mein Vertreter zurückkommt, wird ein anderer gehen, und so muß es geschehen, damit meine Anstrengungen im Dienst Eurer Majestät Wirkung zeigen.

Ebenso bitte ich Eure Majestät, da dieses dichtbevölkerte und kriegerische Land von der Küste her besiedelt werden muß, mir gnädigst die Erlaubnis zu geben, von hier bis zur Magellanstraße drei oder vier Forts zum Schutz der königlichen Untertanen anzulegen, an Stellen, die mir geeignet erscheinen und jedem von ihnen soviel Eingeborene zuzuweisen, wie mir zu Bau und Unterhalt angemessen scheint, und ihnen wie den Conquistadoren geeignetes Land zu ihrem Unterhalt zu überlassen. Diese genannten Forts möge Eure Majestät mir und meinen Erben gnädigst als Besitz verleihen, mit einem Gehalt von einer Million Maravedis im Jahr für jedes Fort.

Ebenso bitte ich Eure Majestät, mir angesichts der Tatsache, daß das Land so teuer und so weit von unserem Spanien entfernt ist, gnädigst jährlich 10.000 *Pesos* Gehalt und Kostenbeihilfe anweisen zu wollen.

Heilige Majestät, als Boten mit diesem Brief und den Depeschen schicke ich den hochwürdigen Vater Rodrigo *González*, Bakkalaureus der Theologie, Kleriker und Priester, und Alonso de *Aguilera*, um Eurer Majestät und den Mitgliedern des Indienrates von meinen geringen Diensten in diesen Landen und meiner festen Absicht zu berichten, noch mehr im Dienste unseres Gottes und Eurer Majestät zu vollbringen, wenn Er es in seiner unendlichen Barmherzigkeit fügt, daß ich das Werkzeug künftiger Dienste sein soll, wie ich es bisher war. Ich schicke meine Boten mit ausreichender Vollmacht, um in meinem Namen Gnadenerweise zu erbitten, die mir Eure Majestät huldvollst gewähren möge, und um die königlichen Verfügungen und Urkunden entgegenzunehmen, die Eure Majestät Untertanen und Vasallen zu gewähren pflegt, die treu und redlich dienen, wie ich es immer getan habe und tun werde, solang ich lebe. Sie mögen auch die Weisungen abholen, die an mich ergehen sollen, damit ich weiß, was ich zu tun habe, und alles recht mache; denn über alles möchte ich Klarheit haben, um die besten Entscheidungen treffen zu können.

Der hochwürdige Vater Rodrigo *Gonzáles* stammt aus Constantina und ist der Bruder des Don Diego de Carmona, des Dekans der Kirche von Sevilla. Als ich dieses Unternehmen begann, begleitete er mich, obgleich er nur wenige Tage zuvor von einer anderen mühseligen und gefährlichen Expedition im Dienst Eurer Majestät zurückgekehrt war, die der Kapitän Pedro de *Candia* zu den *Chunchos* unternommen hatte, und bei der viele Christen und eine große Anzahl dienstverpflichteter Indianer aus Peru, die sie als Lastträger mitgenommen hatten, verhungern mußten; die Heimkehrer brauchten lange, um zu genesen und sich wieder zu erholen. Hier bemühte sich der hochwürdige Vater um die Verehrung unseres Gottes, die Ehre seiner Kirche, den Gottesdienst und vor allem um den Dienst Eurer Majestät. Neben seinem religiösen Wandel und seiner Sittenstrenge in der Ausübung seines Priesteramtes bei der Spendung der Sakramente an die Vasallen Eurer Majestät war ihm dies am wichtigsten, da er darin seine Hauptaufgabe und seinen großen Reichtum sah. So hat er eine Anzahl Stuten, die er nur mit viel Mühe nach Chile brachte und die Gott um seiner guten Werke willen sich stark vermehren ließ, einen Besitz, der bei der Entdeckung, Eroberung, Besiedlung und Behauptung des Landes von Anfang an bis heute am meisten wert war, den Conquistadoren zu diesem Zweck überlassen und verkauft. Immer wenn ich im Dienst Eurer Majestät Geld und Hilfe brauchte, um zum Nutzen dieses Landes Nachschub herbeischaffen zu können, hat er mir das Gold, das er dafür erhalten hatte, so bereitwillig gegeben, als wenn es nichts wäre. Sein Ziel als eifriger Priester ist und bleibt das geistliche, Seelen für den Himmel zu gewinnen, die der Indianer wie der Christen, die er anfeuerte, die ihrigen nicht durch ihre Habsucht zu verlieren. Immer säte er Frieden und Eintracht unter ihnen, wie es der Gottessohn seinen Jüngern auftrug, als er von dieser Welt auffuhr. Und sein irdisches Ziel war als treuer Vasall »viribus et posse« zur Größe der königlichen Krone beizutragen.

Mit einem Wort: Nachdem er soviel Gutes getan hat und weil er nun abgearbeitet und alt ist, hat er sich entschlossen, nach Spanien zurückzukehren, um dort zu sterben. Vorher will er noch Eurer Majestät Hände küssen, wenn es Gottes Wille ist, daß er wohlbehalten vor Eurer Majestät erscheinen soll, und von allem aus diesem Lande berichten, was er als getreuer Augenzeuge ebenso gut wie ich selber kann. Als ich auszog, um diese Stadt *Concepción* zu gründen, hatte ich den Vater wegen seines Alters in *Santiago* zurückgelassen. Aber er vertraute sich einem kleinen Schiff an und kam hierher, um noch mehr zu tun und nach den Schafen, die ihm anvertraut waren, zu schauen und um uns alle in unserem Eifer und in der Liebe zu Gott zu ermutigen und zu stärken. Nach dieser Pilgerfahrt kehrte er nach *Santiago* zurück, um sich dort seinen Pflichten zu widmen. Ich gebe ihm seinen Auftrag von hier, von *Concepción* aus, weil wir uns wegen meiner Arbeit und seines Alters dazu nicht noch einmal sehen können. Aus den genannten Gründen und wegen der Früchte, die seine guten Werke und heilsamen Lehren, die er während dieser ganzen Zeit gesät hat, für uns gebracht haben, beklagen alle Vasallen Eurer Majestät die Trennung, wo wir doch hierzulande eines solchen Prälaten bedürften. Im Namen und Auftrag aller hiesigen Vasallen Eurer Majestät, die ihn kennen, wie auch in meinem eigenen Namen, dem des untertänigsten Vasallen in Euren kaiserlichen Diensten, bitten wir ergebenst, Eure Majestät möge Vater Rodrigo González, wenn er in Eurer königlichen Gegenwart erscheint, zur Rückkehr in dieses Land in Euren Dienst veranlassen. Eure Majestät möge ihn zum Bischof dieses Landes ernennen lassen und ihn gnädigst mit Ihrer königlichen *Cedula* versehen, damit unser Heiliger Vater, wenn diese Urkunde im Apostolischen Konsistorium präsentiert wird, ihn damit *providiere*; denn ich bin überzeugt, bei seinem Eifer wird er diese Bürde übernehmen, nur um Gott zu dienen, wenn Eure Majestät oder die Mitglieder des königlichen Indienrates es ihm befehlen und ihm erklären, daß es im Interesse des Kaisers und der Bekehrung der Indianer notwendig sei. Ich weiß, daß er bei der besonderen Liebe und Neigung, die er zu dieser Aufgabe hat, gehorchen und seine Pflicht nicht anders als bis zum Tode erfüllen wird. Wenn vielleicht schon jemand für das chilenische Bistum vorgesehen sein sollte, könnte ihm Eure Majestät die Bischofswürde von *Arauco* und der Stadt übertragen, die ich in jener Provinz gründen werde. Obgleich der heilige Paulus sagt: »*qui episcopatum desiderat, bonum opus desiderat*«, weiß ich und bürge Eurer Majestät dafür mit meinem Wort, daß er es nicht begehrt, obgleich dieses Amt, das andere zu genießen pflegen, mit ihm einem wackeren Streiter Jesu Christi zufiele. Der Vater hat mich inständig gebeten, ihn zu entlassen; der Stadtrat und die Bürger von *Santiago* schreiben mir aber, sie hätten sich ihm zu Füßen geworfen, ihn vor Gott und Eurer Majestät gebeten, er möge sie nicht verlassen, und ihm die Beschwerden der Reise und seines hohen Alters vorgestellt. Es ist nicht unmöglich, daß er, bewegt von den Bitten so vieler Söhne, ihnen als guter Vater nachgeben und nicht fortgehen wird, was ich freilich nicht so schnell werde erfahren können. Ob er nun geht oder bleibt, erneut und erneut bitte ich Eure Majestät, uns doch die Gnade zu erweisen und ihn uns zum Bischof zu geben; denn hier wäre eine Person von vorbildlichem Lebenswandel und untadeligen Sitten, die Eure Majestät und die Herren des Königlichen Rates mit viel Aufwand in den Klöstern und Konventen Ihrer Reiche und Herrschaften für diesen Zweck erst suchen lassen müßten, schon gefunden. Ich versichere Eurer Majestät, als Prediger, mit seinem Wissen und der Erfahrung, die er hier gesammelt hat, wird er mehr Nutzen und Segen stiften als alle die Ordensleute, die von drüben kommen könnten.

Alonso de *Aguilera* stammt aus der Stadt Porcuna. Als ritterlicher, fähiger und rechtschaffener Edelmann kam er auf mein Ersuchen hierher, um Eurer Majestät zu dienen, weil er mit mir verwandt ist. Er kam damals, als ich mich im hiesigen Fort aufhielt, wo ich dann die Stadt *Concepción* gründete, mich gegen die Angriffe der Indianer verteidigte und gegen sie zu Felde zog, und half mir bei ihrer Unterwerfung. Obschon er beabsichtigte, hier im Dienst zu bleiben, stellte ich ihm vor, wie es in Eurer Majestät Interesse liege, wenn ein Mann seines Standes und seiner Art meinen Rechenschaftsbericht und die Beschreibung dieses Landes, wie ich sie gegenwärtig geben kann, überbringe. Da ich weiß, daß er, wenn Gott ihn am Leben erhält, meinen Auftrag nicht wie meine bisherigen Boten sabotieren wird, denn seinem Wesen gemäß zeigt er in Taten und Worten eine bessere Gesinnung als jene, schicke ich ihn zu dem genannten Zweck. Gleichzeitig soll er meine häuslichen Angelegenheiten in Ordnung bringen, während ich unterdessen *Arauco* besiedeln werde.

Von hier entsende ich den Kapitän Jerónimo de *Alderete*, Eurer Majestät Diener und meinen Stellvertreter als Generalkapitän in diesem Lande, mit der Beschreibung und dem ausführlichen Bericht vom ganzen Lande und dem von glaubwürdigen Zeugen bestätigten authentischen Nachweis aller meiner Eurer Majestät geleisteten Dienste, meiner bisherigen Ausgaben und der Schulden, die ich gemacht habe, um jene leisten zu können, des geringen Einkommens, das ich bis heute aus dem Lande hatte, und endlich der vielen Ausgaben, die mir noch bevorstehen, bis das Land vollends befriedet und besiedelt ist. Er soll auch ein Duplikat des Berichtes bringen, den ich jetzt mit den obengenannnten Boten abschicke. Er soll meine Frau herbeibringen und das Geschlecht der Valdivia in dieses Land verpflanzen, und Eure Majestät als allerchristlichster Monarch, als unser König und natürlicher Herr möge geruhen, es durch Gnadenerweise zu Ehren zu bringen um der Dienste willen, die ich Eurer kaiserlichen Person geleistet habe, da die Bekehrung so reichbevölkerter Provinzen zu unserem heiligen katholischen Glauben, die Vermehrung der königlichen Güter und des Ansehens der Krone greifbar nahe sind. Im übrigen verweise ich auf meine Abgesandten und bitte Eure Majestät, ihnen gnädigst dasselbe Vertrauen wie mir selbst zu schenken; denn das Vertrauen, das ich zu ihnen persönlich habe, gibt mir die Gewißheit, sie werden stets das tun, was zum Nutzen Eurer Majestät und zu meiner Zufriedenheit gereicht. Ich bitte, meine Abgesandten so abzufertigen, daß sie und ich hoffen dürfen, die erbetenen Gnadenerweise zu erlangen. Denn ich wäre glücklich und meine Freude wäre nicht gering, wenn ich einen Brief Eurer Majestät empfangen dürfte, woraus ich erführe, daß Eure Majestät mit meinen in diesem Land geleisteten Diensten zufrieden ist und mich ermutigt, noch mehr zu leisten.

Heilige, Kaiserliche, Katholische Majestät! Gott erhalte Eurer Majestät heiligste Person noch lange Jahre und gewähre ihr den Gewinn noch größerer Reiche und Herrschaften.

In dieser Stadt Concepción del Nuevo Estremo, am 15. Oktober 1550.
S. C. C. M.
Der ehrerbietigste Untertan, Diener und Vasall Eurer Majestät, der Eure hochheiligen Füße und Hände küßt.

Pedro de Valdivia

X.

Pedro de Valdivia an Kaiser Karl V.
Concepción, 25. September 1551

Valdivia blieb weiter im Süden. Er nutzt die Gelegenheit eines um neuen Nachschub für den Ausbau des Landes nach Peru abgehenden Schiffes, um vorsorglich eine Kopie seines großen Berichtes mit dem folgenden Nachtrag nach Spanien zu schicken. Er berichtet vom Ausbau von Concepción, von der Gründung der Stadt La Imperial im März 1551 und der Zuteilung von Encomiendas sowie dem Plan, Anfang 1552 weiter südlich am Rio Valdivia eine weitere Stadt zu gründen. Nach erneutem Lob des fruchtbaren Landes bestätigt er erstmals den Empfang von Depeschen aus Spanien, die übrigens erhalten geblieben sind (Medina: Colección VIII, S. 438-444). Ferner ist von Villagra die Rede, der mit Nachschub aus Peru über Tucuman nach Süden zieht und dort Anfang 1551 in einen Konflikt mit einem rivalisierenden Conquistador verwickelt wurde. Valdivias Gouvernement sollte sich ja 100 Meilen von der Küste nach Osten erstrecken.

Heilige, Kaiserliche, Katholische Majestät!

Nachdem ich diese Stadt *Concepción* del Nuevo Estremo am 5. Oktober des vergangenen Jahres 1550 gegründet, einen Stadtrat gebildet und die Indios unter die dort angesiedelten Conquistadoren aufgeteilt hatte, schickte ich nach zehn Tagen, am 15., Alonso de *Aguilera* zu Eurer Majestät, um in meinen Briefen zu berichten, was es bis dahin zu berichten gab, und was Eure Majestät meines Erachtens erfahren sollte, wie es wohl geschehen ist, wenn es Gott gefallen hat, den Boten vor Euer kaiserliches Angesicht zu führen. Und falls er dort nicht angekommen und also tot ist, denn ein anderes Hindernis, da bin ich sicher, würde ihn nicht davon abhalten, seinen Weg fortzusetzen und zu tun, wozu man im Dienst Eurer Majestät verpflichtet ist, schicke ich hiermit ein Duplikat von dem, was ich geschrieben habe, damit Eure Majestät auf dem einen oder dem anderen Weg erfahre, was ich hierzulande zur Ehre unseres Gottes und seines allerheiligsten Glaubens und Bekenntnisses und zur Vermehrung des Besitzes und des königlichen Einkommens Eurer Majestät getan habe.

Nachdem Alonso de *Aguilera* abgereist war, hielt ich mich noch vier Monate in dieser Stadt auf und errichtete ein Fort aus Ziegeln, mit einer Mauer von mehr als zwei *Mannshöhen* und anderthalb *Ellen* Breite, worin bis zu fünfzig Siedler und Conquistadoren, davon zwanzig berittene, Sicherheit finden konnten. Ich ließ diese zur

Erhaltung der genannten Stadt zurück, während ich mit 170, davon 120 Reitern, weiterzog, um eine weitere Stadt in einem Gebiet zu gründen, das mir geeignet schien. Nachdem also das Fort Mitte Februar des gegenwärtigen Jahres 1551 errichtet war, überschritt ich mit den genannten Leuten den großen Fluß *Bio-Bio* und kam in etwa dreißig *Meilen* Entfernung von dieser Stadt *Concepción* in Richtung Magellanstraße an einen anderen mächtigen Fluß, der in der Sprache des Landes *Cabtem* genannt wird und dem Guadalquevir gleicht, jedoch viel friedlicher mit kristallklarem Wasser durch ein äußerst fruchtbares Land dahinfließt. Während ich das Land und die Küste erkundete und die Eingeborenen zum Frieden mahnte, um ihnen den Grund unseres Kommens verständlich zu machen und was nach dem Befehl Eurer Majestät zu ihrem Wohl geschehen sollte, damit sie zur Kenntnis unseres allerheiligsten Glaubens und zum Gehorsam vor Eurer Majestät kämen, suchte ich zugleich einen geeigneten Ort und fand einen vier *Meilen* von der Küste entfernt flußaufwärts, wo ich mich niederließ. Innerhalb von zehn bis zwölf Tagen erbaute ich ein viel besseres Fort als das, das ich zunächst in dieser Stadt gebaut hatte, obwohl es damals so war, wie man es brauchte und mir angesichts der großen Zahl von Indianern zu unserem Schutz gut schien. Der an dieser Stelle gegründeten Stadt gab ich den Namen *La Imperial.* Anderthalb Monate verbrachte ich dort mit Streifzügen durch das Gebiet und Krieg gegen die Indios, um sie zu unterwerfen und um Informationen zu sammeln, wie die Kaziken unter die Conquistadoren aufzuteilen wären.

Mit einem Schlag brachte ich das ganze Land zur Ruhe. Der Hauptgrund war, abgesehen von Gott und seiner gebenedeiten Mutter, die Züchtigung, die ich den Indios zuteil werden ließ, als sie während der Gründung dieser Stadt *Concepción* gegen uns in den Krieg zogen, und daß wir sie in dieser Schlacht wie in früheren getötet haben.

Dann verteilte ich unter 125 Conquistadoren alle Kaziken, die es zwischen dem Fluß und hier gibt, aber ohne einen vom anderen Ufer nach ihrer Stammeszugehörigkeit, jeden nach seinem Namen, die wie Familiennamen sind und woran die Indios die Zugehörigkeit zu ihren Oberen erkennen. Ich verteilte also die Stämme mit ihren dazugehörigen Indios im Umkreis von zwei *Meilen* unter sie für den Hausdienst. So ließ ich sie unter einem Kapitän zurück, bis man nach einer ausführlichen Erkundung des Landes die *repartimientos* festlegen und die Urkunden darüber den entsprechenden Siedlern als Lohn übergeben könnte und kehrte am 4. April in diese Stadt *Concepción* zurück, um hier zu überwintern und die Stadt zu reorganisieren, da man jetzt eine vollkommene Übersicht über die Kaziken hatte, die den Siedlern dienen mußten. Man erwartete zwei Schiffe mit allem Notwendigen aus Peru, die hierher kommen mußten, weil es hier einen so guten Hafen gibt und um weitergeschickt zu werden. Und so ließ ich in dieser Stadt gegen vierzig Siedler, gab ihnen allen ihre Urkunden, legte ihre Landlose, Güter und Tagwerke fest und vergab alles andere, was man im Namen Eurer Majestät zu vergeben pflegt. So viel tat ich in diesem Winter. Und ich sandte die Schiffe und mit ihnen diesen Brief mit dem besagten Duplikat für Eure

Majestät nach Peru, um alle Leute zu holen, die in ein so blühendes Land kommen wollen. Danach werde ich heute in acht Tagen mit der Hilfe Gottes aufbrechen, um alles zu besichtigen, was unter die Siedler in der Stadt *La Imperial* zu verteilen ist und um einige Kaziken zu bestrafen, die nicht dienen wollen. Nach der Bestandsaufnahme werde ich ihnen ihre Urkunden geben, wie ich es hier getan habe und werde auch jene Stadt umgebildet verlassen, da zu Beginn des Monats Januar des kommenden Jahres 1552 der geeignete Zeitpunkt ist, um mit den vorhandenen Leuten – mit diesen Schiffen sind beinahe hundert Leute zu mir gekommen und wir haben jetzt viele Pferde im Lande – weitere zwanzig *Meilen* vorzurücken bis zu einem weiteren Fluß namens *Valdivia*. Diesen Namen gaben ihm die Leute, die ich vor sechs Jahren ausschickte, um auf dem Seeweg jene Küste zu erkunden. Ich werde dort eine weitere Stadt gründen und zu ihrem Fortbestand dasselbe tun wie in den übrigen, wenn mir Gott die Zeit dazu läßt.

Von der Güte des Landes kann man in Wahrheit sagen, daß alle Vasallen Eurer Majestät, die sich hier aufhalten und *Neu-Spanien* gesehen haben, feststellen, daß hier mehr Leute leben als dort, denn das ganze Land ist wie ein einziges Dorf, ein Saatfeld und eine Goldmine und wenn man die Häuser nicht aufeinander baut, können in ihm nicht mehr Platz finden, als bereits dort leben. Es hat einen genauso reichen Viehbestand wie Peru, mit einer Wolle, die dem Vieh über den Boden schleift. Es fließt über an allen Nahrungsmitteln, die die Indios zu ihrer Ernährung anbauen, wie Mais, Kartoffeln, *Quinoa*, *Mare*, Ajipfeffer und Bohnen. Die Leute sind groß, häuslich, liebenswürdig und weißhäutig, und Männer wie Frauen haben hübsche Gesichter. Sie sind nach ihrer Mode in Wolle gekleidet, wenn die Gewänder auch etwas derb sind. Sie haben große Angst vor Pferden. Sie lieben ihre Kinder und Frauen und auch ihre Häuser überschwenglich. Die Häuser sind aus großen Brettern sehr gut und solide gebaut. Viele sind sehr groß und haben zwei, vier oder acht Türen. Sie sind voll von allen Arten von Lebensmitteln und Wolle. Sie haben viele schöne Ton- und Holzgefäße. Sie sind groß in der Landarbeit und ebenso große Trinker. Ihr Recht beruht auf den Waffen, und so haben sie sie alle in ihren Häusern und sind immer schnell bereit, sich gegen ihre Nachbarn zu verteidigen und Schwächere anzugreifen. Das Land hat ein sehr angenehmes Klima; alle Arten von Pflanzen aus Spanien werden hier besser wachsen als dort. Das ist es, was wir bis jetzt über diese Leute herausgefunden haben.

Vor zwei Monaten, als ich aus der Stadt *La Imperial* kam, um *Concepción* zu reorganisieren, erhielt ich ein Bündel von an mich adressierten Briefen Eurer Majestät, darunter einen, der von den großmächtigen Hoheiten Prinz Maximilian und der Prinzessin, unserer Herrin, im Namen Eurer Majestät unterzeichnet ist, als Antwort auf einen der meinigen, den ich aus dem *Andaguaylastal* in Peru geschrieben hatte, weiterbefördert von der königlichen *Audiencia* in jenen Provinzen. Ich erhielt einen Brief von einem Edelmann namens Don Miguel de *Avendaño*, Bruder von Doña Ana de *Velasco*, der Frau des Komtur Alonso de *Alvarado*, Marschall von Peru, der in Begleitung meines Vertreters Francisco de *Villagra* hierher kommt, um Eurer Majestät zu dienen und mir eine Depesche Eurer Majestät überbringt, von der dies ein Duplikat ist.

In dem besagten Briefpaket, das ich erhielt, waren vier Briefe Eurer Majestät für die Städte *Santiago* und *La Serena*, an die Beamten Eurer Majestät und an Kapitän Diego *Maldonado*, die alle ihren Empfängern übergeben wurden, wie es mit den übrigen, die Eure Majestät geruht, an meine Adresse schicken zu lassen, der Fall sein wird. Ebenso erhielt ich einen weiteren aus Peru, den Eure Majestät zu meiner Empfehlung dem Präsidenten Pedro de la *Gasca* hatte schreiben lassen, der anscheinend bereits nach Spanien zurückgekehrt war, und noch eine Empfehlung für Leonardo *Cortés*, den Sohn des Licenciado Cortés vom Rat Eurer Majestät. Ich werde in Eurem Königlichen Namen, zu Eurer Ehre und Eurem Nutzen das tun, was mir von Eurer Majestät aufgetragen wurde, wurde mir doch die besondere Gnade zuteil, daß ich den Brief sehen durfte, worin mir Eure Majestät bestätigt, daß er das, was ich in Peru gegen die Rebellion *Pizarros* geleistet habe, wie auch die Eroberung, Besiedlung und Erhaltung von *Neu-Estremadura*, als treue Dienste ansieht und befiehlt, meine Person und meine kleinen Dienste in Erinnerung zu behalten. Ich küsse 100.000 mal die Füße und Hände Eurer Majestät und bin zuversichtlich, daß der Lohn umso größer sein wird, je mehr ich mich anstrenge, wie Eure Majestät im Falle von Untertanen und Vasallen zu verfügen pflegt, die Eurer Majestät gut dienen und den Willen dazu haben, so wie ich.

Zwei Tage, nachdem diese Briefe von Eurer Majestät ankamen, erhielt ich einen Brief vom 18. Mai dieses Jahres 1551 von Kapitän Francisco de *Villagra*, meinem Stellvertreter, den ich, wie ich Eurer Majestät schrieb, sofort nach meiner Rückkehr aus Peru vom Kampf gegen die Rebellion *Pizarros* mit Geld ausgeschickt hatte, mir die Leute und Pferde zu bringen, die er bekommen konnte. In seiner Begleitung schickte ich Kapitän Diego *Maldonado* mit, der es wagte, mit acht Edelleuten die Kordillere zu überqueren, um mir davon Nachricht zu bringen, wobei er sie Gott sei dank ohne Schnee vorfand. Er schrieb mir, daß er zweihundert Leute und vierhundert Pferde brächte, aber in der Gegend der Stadt *Santiago* auf der anderen Seite des Schnees bleiben und weiterziehen würde, bis er meine Antwort hätte und meine Befehle sähe, was er im Dienst Eurer Majestät zu tun habe. Sofort antwortete ich ihm durch denselben Kapitän, daß er gut daran getan habe, im gewohnten Dienst Eurer Majestät diese doppelte Mühe auf sich zu nehmen.

Ebenso schrieb mir mein Vertreter und auch der Kapitän berichtete, daß sich in der Gegend, wo ich die Stadt *La Serena* gegründet habe, auf der anderen Seite der besagten Kordillere ein Kapitän namens Juan *Núñez de Prado* niedergelassen hat, der, wie ich in meinem Briefduplikat schreibe, jener Soldat ist, den ich an einem Abhang traf, an dem Tag, als ich die Brücke überquerte und wir ausrückten, um die Schlacht gegen Gonzalo *Pizarro* zu schlagen. Er war auf der Flucht von seinem Lager auf unsere Seite. Der Präsident Licenciado Pedro la *Gasca* gab ihm die Erlaubnis, im *Tu-*

*cuman*tal zu siedeln, von dem er Kunde hatte. Er gründete eine Niederlassung, die er Ciudad del Barco nannte. Als der genannte Stellvertreter *Villagra* in dreißig *Meilen* Entfernung an Ciudad del Barco vorbeizog, wie es ihm der genannte Präsident in *Lima* aufgetragen hatte, hat Juan *Núñez de Prado* anscheinend mit Reitern einen nächtlichen Überraschungsangriff auf das Lager *Villagras* unternommen, wobei er Arkebusen abfeuerte, Soldaten niederwarf und tötete, und brüllte: »Es lebe der König und Juan Núñez de Prado!« Der Grund war, so ließ er wissen und war zu erfahren, daß er jene Leute möglichst zersprengen und für sich gewinnen wollte, weil er sich mit denen, die er bei sich hatte, nicht halten konnte und nach Peru zurück mußte, und um Hinterhalt zu legen, wie das dort üblich ist. Nachdem Abhilfe geschaffen worden war, legte Juan *Núñez de Prado* freiwillig und ungezwungen die Vollmacht nieder, die ihm Präsident La *Gasca* gegeben hatte, und stellte fest, daß er jene Stadt nicht halten könne. Der Stadtrat und die verbleibenden Einwohner aber baten Francisco de *Villagra*, die Stadt unter seinen Schutz zu nehmen und sie in meinem Namen zu verwalten, da sie in die Grenzen meiner Statthalterschaft fiele, damit sie erhalten bliebe und weiterbestehen könne. Da er sah, daß sie, wenn überhaupt, dann nur von diesem Teil des *Südmeers* aus unterstützt werden kann, stellte er sie im Namen Eurer Majestät unter meinen Schutz und Schirm, wie man, wenn es beliebt, aus dem darüber angefertigten Protokoll ersehen kann und aus der Abschrift meiner Weisung an meinen Stellvertreter, was er für das Gemeinwohl zu tun und anzuordnen habe. Beide Schriftstücke gehen mit diesem Brief und dem Duplikat der anderen, die Alonso de *Aguilera* dabei hat, in einer Depesche an Eure Majestät, adressiert an die königliche *Audiencia* von *Lima*, um an den Sekretär Juan de *Samano* weitergeleitet zu werden.

In dieser Depesche, die Alonso de *Aguilera* brachte, schrieb ich in meinen Briefen, daß ich während der Besiedlung von *Arauco* den Kapitän Jerónimo de *Alderete*, einen Diener Eurer Majestät, mit der Beschreibung des Landes, einem Bericht über alles und mit einem Duplikat absenden würde. Als Augenzeuge der Dienste, die ich Eurer Majestät in diesem Land wie in Peru leistete, wird er einen vollständigen Bericht abgeben können. Seine Person ist aber hier im Dienst der Angelegenheiten Eurer Majestät ebenso unentbehrlich, so daß sich sein Aufbruch um acht bis zehn Monate verzögern wird. Bis dahin hoffe ich, das Flußgebiet des *Valdivia* zu besiedeln, das sicherlich das Herz des Landes ist und wo es Gold gibt. Dann wird es günstiger sein, ihn abzuschicken, und er wird genauer wissen, was der Dienst Eurer Majestät verlangt und was ich brauche.

Ebenso lasse ich Eure Majestät wissen, daß ich den genannten Kapitän Jerónimo *Alderete* im Dienst Eurer Majestät ständig mit Kriegsangelegenheiten und den wichtigsten Aufgaben dieser Region beschäftige. Deswegen kann er das Amt des Königlichen Schatzmeisters, das ihm Eure Majestät gnädigst übertragen ließ, nicht so ausüben, wie er möchte und es nötig ist. Doch obwohl ich für einen anderen Schatzmeister sorgen wollte, bis Eure Majestät, unterrichtet über seine Absicht, eine Verfügung träfe, hat er das Amt nicht aufgeben wollen, obwohl es ihm angesichts seiner Arbeitsbelastung lästig sein muß. Er sagt, daß er darin dienen will, obwohl er genug arbeitet, bis Eure Majestät unterrichtet ist und geruht, eine andere Person einsetzen zu lassen, die nicht wegen solcher Aufgaben wie er Grund hat, es zu vernachlässigen. Ich bitte Eure Majestät ergebenst zu geruhen, durch Eure *Cedula* befehlen zu lassen, daß er das genannte Amt nicht auszuüben braucht und für eine Person sorgen zu lassen, die es ausübt und tut, was nötig und angemessen ist.

Unser Herr möge die allerheiligste Person Eurer Majestät noch viele Jahre zur Vermehrung der Christenheit und der Weltmonarchie bewahren.

Aus dieser Stadt Concepción del Nuevo Estremo, am 25. September 1551.
Heilige, Kaiserliche, Katholische Majestät!
Der ergebenste Untertan, Vasall und Diener Eurer Majestät, der Eure allerheiligsten Füße und Hände küßt.

Pedro de Valdivia

XI.

Pedro de Valdivia an Kaiser Karl V. Santiago, 26. Oktober 1552

XII.

Pedro de Valdivia an Erzherzog Maximilian Santiago, 26. Oktober 1552

Im Frühling, das heißt im Oktober 1552 war Valdivia in Santiago. Jetzt endlich schickte er, wie schon länger geplant (Brief X), Jeronimo de Alderete nach Spanien und gab ihm zum Quinto vom bisher gewonnenen Gold eine Fortsetzung seiner bisherigen Berichte mit. Es handelt sich um parallele Schreiben an den Kaiser und den Regenten Erzherzog Maximilian, der die vor einem Jahr eingelaufenen Depeschen unterzeichnet hatte. Abgesehen von einer etwas ausführlicheren Einleitung an den Kaiser sind die Schreiben identisch. Valdivia berichtet von der Gründung der Städte Valdivia im Februar und Villa Rica im April 1552, der Ausstattung ihrer Bürger mit Encomiendas und seinen Plänen, zur Magellanstraße vorzustoßen. Vor allem aber wiederholt er in der Rolle des getreuen Vasallen die schon früher geäußerten Bitten. Der Kaiser hatte ihn zwar inzwischen als Gouverneur bestätigen lassen, war aber auf seine Wünsche anscheinend nicht weiter eingegangen. Valdivia argumentiert jetzt besonders für die Ausweitung der Kolonie nach Süden und nach Osten über die Anden. 1553 sollte er weitere Erkundungsexpeditionen in beide Richtungen aussenden.

Heiligster Kaiser!

Da Eure Majestät im Dienste unseres Gottes so sehr mit der Verteidigung und Erhaltung der Christenheit gegen den gemeinsamen türkischen Feind und den lutherischen Irrglauben beschäftigt sind, wäre es angemessener, mit Taten zu helfen als mit Worten zu stören. Unserem Gott würde es gefallen, wenn ich mich mit viel Geld in Gegenwart Eurer Majestät befände, damit Ihr mich in Dienst nehmen könntet, während ich dort, wo ich bin, nichts ausrichten kann; aber es würde mir wirklich große Befriedigung bereiten. So werde ich danach streben, mich kurz zu fassen.

Ich habe in meinem Brief aus *Andaguaylas* an Eure Majestät berichtet, wie ich in Peru war, um gegen die Rebellion Gonzalo *Pizarros* zu kämpfen. Nach nur siebzehn Monaten kehrte ich von dort hierher zurück, wo ich diese Stadt *Santiago* und *La Serena* gegründet hatte. Ich fand das ganze Land in Waffen und *La Serena* verbrannt; dreiundvierzig Christen waren von den Eingeborenen getötet worden. Vom Wiederaufbau und der Neugründung und allem übrigen, das mir angemessen erschien, gab ich Eurer Majestät einen ausführlichen Bericht durch einen Boten namens Alonso de *Aguilera*, den ich am 15. Oktober 1550 aus der Stadt *Concepción* abschickte.

Der letzte Brief, den ich Eurer Majestät schrieb, stammt vom 25. September des vergangenen Jahres 1551. Mit diesem schickte ich ein Duplikat des Briefes, den Alonso de *Aguilera* bei sich hatte. Die ganze Depesche war an die königliche *Audiencia* von *Lima* gerichtet, um von dort weiterbefördert zu werden. Ich bin sicher, daß dafür Sorge getragen wurde. Falls nicht, sende ich hier ein Duplikat des Briefes vom 25. mit, damit man erfährt, warum ich damals nicht Kapitän Jerónimo de *Alderete*, den Diener Eurer Majestät, als Boten abgesandt habe.

Wie ich in jenen Briefen schrieb, gründete ich am 5.Oktober des Jahres 1550 die Stadt *Concepción* und ließ dort vierzig Siedler.

Die Einleitung an Erzherzog Maximilian lautet folgendermaßen:

Höchster und großmächtiger Herr!
Ich schrieb Eurer Hoheit am 5. Oktober 1550 aus der Stadt *Concepción* mit einem eigenen Boten namens Alonso de *Aguilera*, was es zu berichten gibt, seit ich in dieses Land kam, um zu dienen, bis zum heutigen Tag. Und mit einem Brief an seine Majestät vom 25. September 1551 schickte ich Euch ein Duplikat. Wovon ich Euch seither berichten muß, ist folgendes: daß ich in der Stadt *Concepción* vierzig Bürger angesiedelt habe.

Es folgt der beiden Schreiben gemeinsame Text (mit den an den Erzherzog gerichteten Wendungen in Klammern).

Im darauffolgenden März 1551 gründete ich die Stadt *Imperial*, wo ich weitere achtzig Siedler ließ. Alle haben ihre Urkunden bekommen. Im Februar des gegenwärtigen Jahres 1552 gründete ich die Stadt *Valdivia*; einhundert Bewohner haben dort ihr

Auskommen. Ich weiß nicht, ob alle bleiben können, wenn ich ihnen ihre Urkunden zu geben habe. Zwei Monate später, im folgenden April, gründete ich *Villa Rica*, von wo aus man das *Nordmeer* erkunden muß. Ich ließ dort fünfzig Einwohner; alle haben Indios. Und so werde ich weiter zur Eroberung und Besiedlung vorrücken, bis ich mich an der Mündung der Meerenge befinde, wo ich im Dienste Eurer Majestät (Seiner Majestät, wie ich schrieb, und Eurer Hoheit), wenn ich einen geeigneten Ort finde, eine Festung bauen werde, damit kein Feind sie ohne die Erlaubnis Eurer Majestät betreten oder verlassen kann.

Kapitän Jerónimo *Alderete*, Diener und Schatzmeister Eurer Majestät (ein Diener des königlichen Hauses Eurer Hoheit), kommt, um Eurer Majestät (seiner Majestät und Eurer Hoheit) zu berichten, was von dem Tag an, als ich diese Aufgabe übernahm, bis heute geschah. Er ist einer der hervorragendsten Männer, die mit mir in dieses Land kamen und erfolgreich bei seiner Entdeckung, Eroberung und Besiedlung dienten, ebenso in Peru gegen Gonzalo *Pizarro*, als ich ihn dorthin mitnahm. Als Augenzeuge kann er über alles einen vollständigen Bericht geben, weil ich ihn mit den ehrenvollsten und wichtigsten Aufgaben im Krieg wie bei der Sorge um die königlichen Einkünfte Eurer Majestät (Eurer Hoheit) betraut habe. Und immer hat er über alles Rechenschaft abgelegt, wie es sich für einen Ritter und Edelmann, einen wahren und loyalen Untertan Eurer Majestät (Eurer Hoheit), eifrig in Eurem kaiserlichen (königlichen) Dienst, gehört. Aus diesem Grund und weil ich ihn als solchen kenne, schicke ich ihn zu Euch.

Ich bitte Eure Majestät (Eure Hoheit), sich von ihm über alle Dienste, die ich zur Vermehrung des Besitzes der Krone Spaniens geleistet habe, berichten zu lassen. Demgemäß möge mich Eure Majestät (Eure Hoheit) dann gnädigst mit jenen Gunstbeweisen belohnen lassen, die Ihr (Seine Majestät) in Eurer Freigebigkeit als Herr und sich erkenntlich zeigender Monarch ständig all jenen Rittern und Edelleuten zu gewähren pflegt, die Euch gut und loyal gedient haben und dienen, wie ich es tat und bis zum Tod tun werde. Ich glaube, daß Eure Majestät (Seine Majestät und Eure Hoheit) von meiner Gesinnung, meinen Taten und meinen Diensten in Peru bereits von dem Licenciado Pedro *Gasca* unterrichtet wurde und von anderen Leuten, die ebenfalls Eurer Majestät (Eurer Hoheit) davon berichtet haben werden. Jetzt wird nochmals ein ausführlicher Bericht von Kapitän Jerónimo *Alderete* folgen, einem Mann, der bei allem dabei war und seinen Anteil an den Mühen und Ausgaben in Eurem Dienst (im Dienst Eurer Hoheit) gehabt hat, weshalb er hier tief verschuldet ist und bleibt.

Was mir Eure Majestät (Seine Majestät und Eure Hoheit) auf Grund seines Berichtes und meiner Dienste an Gnaden zu erweisen geruhen, bitte ich untertänigst, bestätigt von Eurer (Seiner) Majestät, dem Überbringer dieses Briefes mitzugeben, weil die Ausgaben für Boten zur Hin- und Rückreise zwischen so weit auseinanderliegenden Ländern äußerst hoch sind und ich hoch verschuldet und mit einer Summe von mehr als 200.000 *Goldpesos* belastet bin, ohne weitere 500.000, die ich für Entdekkung, Eroberung, Besiedlung, Unterhalt und Erhaltung dieser Reiche ausgegeben habe, die zu den besten gehören, die man für Eure Majestät (Eure Hoheit) entdeckt hat und am meisten wert sein werden.

Ich bleibe dabei, den Kapitän Francisco de *Villagra*, einen wahren und loyalen Vasallen Eurer Majestät (Eurer Hoheit), der hier bei den hervorragendsten Aufgaben, die ich ihm in Eurem kaiserlichen Namen geben konnte, gute Dienste geleistet hat, von *Villa Rica*, das am 42. Grad südlicher Breite liegt, zum *Nordmeer* zu senden, weil die Eingeborenen, die in der genannten Stadt dienen, behaupten, es sei nur hundert *Meilen* von dort entfernt. Ich werde alles daransetzen, jene Küste zu erkunden und zu besiedeln, damit Eurer Majestät (Eurer Hoheit) auf diese Weise gedient werde.

Was ich den Kaufleuten für die Hilfe schulde, die sie dem genannten Kapitän Francisco de *Villagra* in Peru zukommen ließen, um etwa 180 Leute mit in dieses Land zu bringen, übersteigt die Summe von 60.000 *Goldpesos*.

Ebenso werde ich mit der Hilfe Gottes und Ihm zu Ehren im kommenden Sommer Leute aussenden, um die Schiffahrt in der Magellanstraße zu erkunden, was ich derzeit nicht tun kann, weil die vorhandenen Schiffe nicht greifbar sind. Im vergangenen Sommer befand ich mich 150 *Meilen* von ihr entfernt, als ich der Kordillere entlangzog, die aus Peru kommt und dieses ganze Königreich immer fünfzehn bis zwanzig oder weniger *Meilen* vom Meer entfernt durchzieht und auch die Meerenge durchschneidet. Von der Stadt *Valdivia* aus, die auf dem 40. Breitengrad am besten Hafen und Fluß, den man jemals gesehen hat, liegt, rückte ich zwischen Küste und Kordillere in Richtung auf die Meerenge bis zum 42. Breitengrad vor. Dort kam ich nicht weiter, weil von der großen Kordillere ein sehr wasserreicher Fluß herabfließt, mit einer Breite von mehr als einer *Meile*. So ging ich stattdessen flußaufwärts, in Richtung auf die Sierra. Dort fand ich einen See, aus dem der Fluß entspringt, der allen, die dabei waren, mindestens vierzig *Meilen* Umfang zu haben schien. Von dort kehrte ich in die Stadt *Valdivia* zurück, weil der Winter bevorstand und ging in diese Stadt *Santiago*, um Kapitän *Alderete* zu Eurer Majestät (Seiner Majestät und zu Eurer Hoheit) zu senden.

Hier beauftragte ich zwei Kapitäne, den einen, die Kordillere hinter dieser Stadt *Santiago* zu überqueren und die Eingeborenen, die auf der anderen Seite leben, zu unterwerfen. Von der Stadt *La Serena* aus dringt Kapitän Francisco de *Aguirre* dort ein, ein aufrichtiger und loyaler Vasall Eurer Majestät (Eurer Hoheit), den ich dort als Vertreter eingesetzt hatte, um mit aller Sorgfalt und Klugheit die übrigen Eingeborenen zu unterwerfen. Jenes Gebiet wurde von Kapitän Francisco de *Villagra* besucht, und von dort brachte er den Nachschub, um den ich ihn nach Peru geschickt hatte, wie ich Eurer Majestät (Eurer Hoheit) geschrieben habe und wieder schreibe. Das Gebiet ist teils bewohnt, teils unbewohnbar; ich werde aber alles daransetzen, all jene Eingeborenen unter den Gehorsam Eurer Majestät zu bringen, wie anderswo auch, obwohl ein gewisser Juan *Núñez de Prado* die Ciudad del Barco aufgegeben hat, der der genannte *Villagra* im Namen Eurer Majestät beigestanden hatte und die er unter meinen

Schutz gestellt hatte, in der Erwägung, daß sie von hier aus unterstützt werden könnte und nicht von der anderen Seite. Wie berichtet wird, ging er nach Peru, nachdem er einen *Alcalde* gehängt hatte, der ihren Fortbestand verteidigte, weil er wußte, daß es für ein solches Unternehmen wichtig war, dort eine Siedlung zu haben. Meine Absicht ist keine andere, als das ganze Leben, das Gott mir schenken möge, im Dienst Eurer Majestät (Eurer Hoheit) zu verschwenden, wie ich es bis jetzt getan habe.

Dank der Nachrichten, die ich von den Eingeborenen habe und der Informationen von Astrologen und Kosmographen bin ich überzeugt, daß ich mich an einem Ort befinde, von wo der Dienst unseres Gottes besonders weit verbreitet werden kann. Aus beiden Gründen bin ich der Ansicht, daß man Eurer Majestät (Seiner Majestät und Eurer Hoheit) heute nicht mehr besser dienen kann, als wenn man die Magellanstraße durchsegelt, und zwar hauptsächlich aus drei Gründen. Erstens, damit Eure Majestät (Eure Hoheit) in Spanien dieses ganze Land und das *Südmeer* besitze und niemand sich erdreiste, etwas zu tun, was er nicht darf. Zweitens, damit man so den gesamten Gewürzhandel in der Hand behalten kann. Drittens, damit man die andere Seite der Meerenge erkunden und besiedeln kann, die nach meinen Informationen gut bevölkert ist. Doch da es nicht angebracht ist, eine Meinung über das hinaus zu äußern, was ich Eurer Majestät (Eurer Hoheit) von meinen hiesigen Beobachtungen und Erlebnissen als Mann vor Ort zu berichten habe, verzichte ich darauf. Doch um Eurer Majestät (Eurer Hoheit) so gut zu dienen wie immer, zieht Kapitän Jerónimo de *Alderete* aus mit der Bestimmung, die erste Fahne Eurer Majestät (Eurer Hoheit) an der Meerenge aufzupflanzen, was diesen Reichen zur Befriedung dienen und womit Eurer Majestät ein großer Dienst erwiesen wird. Dafür und für alle meine Angelegenheiten bitte ich Eure Majestät (Eure Hoheit) erneut und ergebenst, für einen ausgezeichneten Dienst für Eure Majestät (Eure Hoheit) gnädigst alle Gunst und Hilfe zu gewähren und für seine Dienste in der Vergangenheit wie für die neu unternommenen Eure Gnade zu erweisen. Und da er, wie gesagt, über alles Bescheid weiß, was man von ihm wissen will und einen Bericht über das Land bei sich hat, obwohl seine Beschreibung jetzt noch nicht abgehen kann, weil ich sie für das Landesinnere wie für die Küste noch von Kosmographen vervollkommnen lasse, um sie Eurer Majestät (Seiner Majestät und Eurer Hoheit) zu schicken, und sie ihre Arbeit noch nicht abgeschlossen haben. Ich werde sie mit den ersten Schiffen schicken, die von hier abfahren.

Ebenso hat Kapitän *Alderete* das Gold dabei, das an königlichen *Quintos* eingenommen wurde, abgesehen von dem, das mit Kapitän Esteban de *Sosa* aus der königlichen Kasse Eurer Majestät (Eurer Hoheit) an Präsident *Gasca* geschickt wurde. Weil er ihn in *Lima* nicht vorfand, da er nach Spanien gegangen war, ließ er es dort bei den Beamten Eurer Majestät (Eurer Hoheit). Doch da man derzeit außer in *Santiago* und *La Serena* kein Gold schürft, da ich nicht möchte, daß in den übrigen Städten, die ich gegründet habe, schon geschürft wird, damit sich die Eingeborenen zuerst niederlassen und die Felder bestellen und die Siedler weiter ihre Häuser bauen und sich der Aussaat und Viehzucht widmen, um den Fortbestand des Landes zu sichern, ist es wenig, was er bringt. Wenn man anfinge, in allen neuen Städten zu schürfen, würde man großen Erfolg haben und Eurer Majestät (Seiner Majestät und Eurer Hoheit) Hilfe bringen für die dringenden Aufwendungen und Ausgaben, welche so heilig, gut und nützlich sind für den Dienst unseres Gottes, die Erhaltung der Christenheit und seiner römischen Kirche mit dem Hirten der Welt, der als Statthalter Christi den Stuhl des Heiligen Petrus innehat.

Seit ich in dieses Land kam, war ich außerordentlich behutsam, gab mir große Mühe und tat, was ich konnte, bei der Behandlung der Eingeborenen, ihrer Erhaltung und Unterweisung. Dabei möchte ich Eurer Majestät (Eurer Hoheit) versichern, daß dieses Land mehr Nutzen gebracht hat als alle, die bis heute in Indien entdeckt, erobert und besiedelt wurden, wie Eure Majestät sich nicht nur von meinem Boten berichten lassen kann, sondern auch von allen übrigen Personen, die bis jetzt hier gewesen sind und weiter in unser Spanien reisen.

Viel zur Bekehrung der Eingeborenen zu unserem heiligen Glauben hat der Bakkalaureus der Theologie Rodrigo *González*, Kleriker und Priester, durch seinen Unterricht und seine Predigten beigetragen, der Bruder des Don Diego de Carmona, Dekan der Kirche von Sevilla, wie ich schon letztes Mal Eurer Majestät (Eurer Hoheit) durch Alonso de *Aguilera* berichten ließ. In meinem Brief bat ich im Namen aller Untertanen Eurer Majestät (Eurer Hoheit) und in meinem Namen, daß Eure Majestät (Seine Majestät und Eure Hoheit) geruhen möge, ihn zu unserem Prälaten in dieser Statthalterschaft zu ernennen, da wir ihn kennen und sein gutes und sittsames Leben selbst erfahren haben. Dasselbe erbitten wir jetzt erneut, da die Gründe und die Berechtigung für den Aufstieg seiner Person zu dieser Würde hier wohl bekannt sind; und so möge Eure Majestät (möget Ihr) uns allen gnädigst diese Gunst erweisen.

Die Verfügungen, die Eure Majestät (Seine Majestät) mir schicken ließ und die ich erhalten habe, über die Verheirateten, die hier leben, daß sie heimgehen oder nach ihren Frauen schicken sollen, und über die Ordnung, die bei Streitigkeiten der Indianer zu beobachten ist, und alle übrigen, die ich erhalte, werden von mir vorschriftsmäßig befolgt und ausgeführt, wie es mir am meisten für den Dienst Eurer Majestät (Eurer Hoheit), für den Frieden und die Ruhe der Untertanen und dieses Landes, für seine Erhaltung und für die Eingeborenen dienlich zu sein scheint, was mein Hauptanliegen ist, nämlich der Wunsch, in allem noch mehr Erfolg zu haben und mich als guter Diener zu erweisen, wie ich in meinen Briefen an Eure Majestät schreibe und immer geschrieben habe, dessen allerheiligste Person Unser Herr ungezählte Jahre behüten und dessen Reiche und Monarchie der Christenheit Er vermehren möge.

Aus dieser Stadt Santiago, am 26. Oktober 1552.
Allerheiligster Kaiser!
Der ergebenste Untertan und Vasall Eurer Majestät, der Eure
allerheiligsten Füße und Hände küßt.

Pedro de Valdivia

Der Schluß des Briefes an den Erzherzog weicht am Ende des letzten Satzes von demjenigen des Briefes an den Kaiser ab:

... was mein Hauptanliegen ist, nämlich der Wunsch, dies alles zu vermehren, wie ich in diesem Brief an Eure Hoheit schreibe, deren Königliche Person Unser Herr viele Jahre lang behüten und deren Reiche und Herrschaften Er vermehren möge.

Aus dieser Stadt Santiago, am 26. Oktober 1552.
Vom ergebensten Untertan und Vasall Eurer Hoheit, der Eure Königlichen Hände küßt.

Pedro de Valdivia

Nach Eintreffen weiterer Verstärkung aus Peru kehrte Valdivia zum Südwinter 1553 in den Süden zurück, wo er als weitere Stützpunkte auf halbem Weg zwischen Concepción und Imperial eine Stadt Los Confines und zusätzlich zu dem im Oktober 1551 eingerichteten Stützpunkt Arauco zwei weitere Forts in Purén und Tucapel gründete. Unterdessen mehrten sich aber die Anzeichen für eine allgemeine Erhebung der Bewohner des neuunterworfenen Gebiets, der Araukaner im engeren Sinn. Bei einem Versuch, das Fort Tucapel zu entsetzen, geriet Valdivia bei einem Gefecht am Weihnachtstag 1553 in Gefangenschaft und wurde einige Tage später getötet, ob gefoltert und bei lebendigem Leibe verspeist oder einfach rituell erschlagen, ist in Quellen und Literatur umstritten. Ein Großteil der spanischen Stützpunkte mußte vorübergehend oder sogar dauernd aufgegeben werden, und die Araukaner konnten ihre Freiheit wenigstens einigermaßen behaupten, nicht zuletzt dank rascher und geschickter Übernahme europäischer Errungenschaften wie der Pferdezucht. Erst 1867-1883 hat die chilenische Armee die Conquista im Araukanerland zum Abschluß bringen können.

Kommentar
Personen und Sachen

Acosta, Juan de, 1486-1548, Hidalgo aus Estremadura, Anhänger Gonzalo Pizarros, den er auf dessen Expedition ins östliche Tiefland begleitet hat, Reiterbefehlshaber in der Schlacht gegen de la Gasca, am 11. April 1548 als dritter nach Pizarro hingerichtet.

Aguilera, Alonso de, Hidalgo und Verwandter Valdivias, der 1550 nach Chile kam, Gründungsbürger und Encomendero in Concepción, bereits 1552 wieder in Spanien, seit 1554 in Cordoba, während sein gleichnamiger Sohn in Chile bleibt und Gründungsbürger von La Imperial wird.

Aguirre, Francisco de, 1507-1581, Hidalgo aus Talavera de la Reina, kämpfte in Italienkriegen, 1536 als Regidor von Cuzco nachgewiesen, an der erfolglosen Chiriguanoexpedition beteiligt, erkämpft sich Rückweg und schließt sich 1540 mit einigen Leuten Valdivia auf seinem Zug nach Chile an; energisch und jähzornig, 1541, 1545, 1549 Alcalde mayor von Santiago, Neugründer von La Serena 1549, Vizegouverneur des Nordens 1551, auch von Tucuman, wo er 1553 Ciudad del Barco verlegt und als Santiago del Estero neu gründet; rivalisiert mit Villagra, dem Kommandeur des Südens, um die Nachfolge Valdivias, schließlich ebenso wie dieser von Hurtado de Mendoza nach Peru geschickt, aber 1564 selbständiger Gouverneur von Tucuman; freilich alsbald wegen Verhalten gegen den Klerus und protestantisch klingenden Äußerungen in Inquisitionshaft, lebte nach Entlassung in bescheidenen Verhältnissen in La Serena; fünf legitime und über fünfzig Mestizenkinder, denen er zum Teil ungewöhnliche Namen gab.

Alba, Hernando Alvarez de Toledo III Duque de, 1507-1582, Grande de España, Heerführer Karls V. und Philipps II., bekannt durch seine Rolle in den Niederlanden, 1542 einer der Berater des Prinzen Philipp als Regent Spaniens.

Alcalde, jährlich vom Stadtrat, dem Cabildo, gewählter Stadtrichter.

Aldana, Lorenzo de, 1508-1571, aus Cáceres, kam 1528 nach Santa Marta und 1534 mit Alonso de Alvarado nach Peru; diente zunächst unter Almagro, ging von diesem zu den Pizarros über, Vertreter Gonzalo Pizarros in Lima, von diesem als sein Prokurator nach Spanien geschickt, trifft im November 1546 in Panama auf de la Gasca und geht zu ihm über, wofür er belohnt wird; einer von de la Gascas Beisitzern im Prozeß gegen Valdivia; 1553 kämpfte er unter Alvarado gegen die Aufständischen unter Girón, lebte zuletzt in Arequipa.

Alderete, Jerónimo de, gestorben 1556, Hidalgo aus Olmedo, León, alter Freund Valdivias, angeblich bereits sein Begleiter auf der Reise nach Venezuela 1534/35 und nach Peru 1537, einer der ersten Regidores von Santiago, 1544 und erneut 1548 königlicher Schatzmeister von Chile, Unterbefehlshaber Valdivias, mit diesem 1547-1549 in Peru und auf der Südexpedition; 1552 als Valdivias Interessenvertreter nach Spanien, kam 1556 als Ritter des Santiago-Ordens und Valdivias Nachfolger zurück, starb aber auf der Insel Taboga vor Panama am Sumpffieber.

Alguacil mayor, festes und personengebundenes Amt eines einzelnen städtischen Regidor mit Polizeigewalt und Gefängnisaufsicht, wahrscheinlich mit Einkünften verbunden.

Almagro, Adelantado Diego de, 1475-1538, aus Almagro in der Mancha, unehelich, floh 1524 wegen eines Mordes nach Panama, Partner Francisco Pizarros bei der Eroberung Perus, aber als dieser Gouverneur wird, dessen Rivale, 1534 zum Adelantado des südlich an Pizarros Neu-Kastilien anschließenden und kaum bekannten Neu-Toledo (14°03'43"-25°31'26" südlicher Breite) bestellt; 1535-1537 führte er mit 500 Spaniern und 10.000 Indios einen Zug von Bolivien durch Nordargentinien bis ins zentralchilenische Aconcaguatal durch; da dort keine Reichtümer zu finden waren, Rückzug durch die Atacamawüste nach Peru, schwere Verluste, vor allem im Gebirge; entsetzte das von aufständischen Indianern belagerte Cuzco, geriet aber wegen konkurrierender Ansprüche in Bürgerkrieg mit den Pizarros, am 6. April 1538 bei Las Salinas besiegt und gefangen, zum Tode verurteilt und am 8. Juli erwürgt.

Almagro el Mozo, Diego de, 1522-1542, illegitimer Sohn Diego de Almagros von der Indianerin Ana Martinez aus Panama, nach Ermordung Francisco Pizarros durch seine Parteigänger 1541 stilisiert er sich selbst zum Gouverneur von Peru, wird aber 1542 vom neuen königlichen Gouverneur Vaca de Castro und der Partei der Pizarros bei Chupas geschlagen, gefangen und hingerichtet.

Alvarado, Alonso de, ca. 1508-1555, Adeliger aus Burgos, mit seinem Onkel, dem Conquistador Pedro de Alvarado in Guatemala und 1534 in Peru, dann unter Francisco Pizarro, 1537 bei Abancay von Almagro geschlagen; 1542 zurück nach Spanien, wo er Ritter des Santiago-Ordens wird und sich mit Ana de Velasco, einer großen Dame aus dem Hause der Condestables de Castilla, vermählt; 1544 zum Marschall von Peru ernannt und 1546 mit Pedro de la Gasca zur Bekämpfung Gonzalo Pizarros dorthin geschickt, einer von dessen Beisitzern im Prozeß gegen Valdivia; sein Schwager Martin de Avendaño y Velasco rekrutiert 1552 110 Mann und führt sie Valdivia zu; 1551-1555 kämpft Alvarado gegen die Aufständischen in Hochperu, nach seiner Niederlage bei Chuquinga stirbt er in Depressionen.

Apomacho, indianischer Name für Francisco Pizarro, vgl. Brief II.

Armero, indianischer Name für Almagro, vgl. Brief II.

»*A te levavi anima mea*«, verballhornte Fassung von Psalm 25 (24),1: »Ad te, Domine, levavi animam meam«, »Zu Dir, Herr, erhebe ich meine Seele«.

Audiencia, kollegiales, mit Juristen besetztes Obergericht, das im spanischen Amerika auch politisch-administrative Befugnisse besitzt; Audiencias wurden unter anderem gegründet 1511 in Santo Domingo, 1538 in Panama, 1543 in Lima, 1559 in Charcas und 1606 in Santiago de Chile.

Avendaño, Miguel de, Bruder des Martín de Avendaño y Velasco und Schwager des Alonso de Alvarado, dem Valdivia verpflichtet ist, kam mit de la Gasca nach Peru, kämpfte gegen Gonzalo Pizarro, dann unter Villagra und Valdivia nach Chile, wo er 1568 Generalkapitän wurde.

Azumbre, ein Hohlmaß von ca. 2 Liter.

Bobadilla, Dionisio de, ein Anhänger des Gouverneurs Vaca de Castro, als solcher von Gonzalo Pizarro gefangen und gefoltert, dann aber vertrauter Berater Pizarros und Unterbefehlshaber, vor allem bei Carvajals Zug gegen Diego de Centeno und Lope de Mendoza; mit dem abgeschlagenen Kopf des letzteren nach Arequipa geschickt, dann Beschaffung von Geld und Leuten für Pizarro in Charcas, nach dessen Niederlage am 5. Juli 1548 hingerichtet.

Bohón, Juan, Hidalgo aus Medina de Rioseco, möglicherweise deutscher oder flämischer Abstammung, kam 1536 nach Peru, Regidor im ersten Stadtrat von Santiago, Gouverneursstellvertreter im 1544 gegründeten La Serena, dort 1548 von Indios überfallen und getötet.

Cabtem, der Rio Cautín bei La Imperial.

Calderón de la Barca, Juan, Gefolgsmann des Gouverneurs Vaca de Castro, der 1544 auf dem von Juan de Pastene geführten Schiff »San Pedro« Waren nach Valparaiso bringt, angeblich auf eigene Rechnung, möglicherweise aber als Strohmann seines Herrn, der inkognito von dem Wuchergeschäft der Versorgung Chiles profitieren wollte.

*Canconcagua*tal, das *Aconcagua*tal in Zentralchile.

Candia, Pedro de, griechischer Herkunft, seit 1510 in spanischem Kriegsdienst, in Provinz Zamora verheiratet, einer der ersten und getreuesten Gefährten Francisco Pizarros, Artilleriebefehlshaber und einer der wichtigsten Leute in Cajamarca, reicher Encomendero, Alcalde von Cuzco, aber wegen Mißtrauen der Pizarros nicht als Artilleriebefehlshaber gegen Almagro herangezogen; nach seiner gescheiterten Expedition ins östliche Tiefland Zerwürfnis, geht zum jungen Almagro über, der ihn verärgert umbringt, als Candias Kanonen in der Schlacht von Chupas 1542 versagen.

Capitulación, rechtstechnisch ein Vertrag unter Ungleichen, faktisch königliches oder im Auftrag der Krone erteiltes Privileg, hier für die Führer von Conquista-Unternehmen, das deren Stellung sowie die Organisation des zu erobernden Landes regelt.

Cardenas, Juan de, bereits 1540 Expeditionsschreiber und -notar, anschließend Gouverneurssekretär Valdivias, den er 1547-1549 nach Peru begleitet; 1549 erhält er bei der Neuverteilung eine Encomienda in Santiago, sonst ist kaum etwas über ihn bekannt, so daß man ihn wahrscheinlich zu Unrecht mit dem ebenfalls rätselhaften Chronisten Gerónimo de Vivar identifizieren wollte; er ist aber auch nicht mit dem Stadtschreiber von Santiago Luis de Cartagena oder de Granada zu verwechseln.

»*Carne, carne, masa, masa*«, der zweite Teil dieses bisher nicht erklärbaren italienischen Schlachtrufes könnte eine Verballhornung von »ammazza«, »töte«, darstellen.

Carvajal, Francisco de, 1477-1548, hat in Italien gedient, schon 1512 in der Schlacht von Ravenna, mit seiner Beute aus dem Sacco di Roma 1527 ging er nach Mexiko und dann nach Peru, wo er sich als maßgebender Unterführer des aufständischen Gonzalo Pizarro endgültig den Namen »Teufel der Anden« verdiente, grausam und blutdürstig, aber tapfer und treu bis in den Tod, alter Kriegskamerad Valdivias, den er behutsam für die Sache Gonzalo Pizarros zu gewinnen suchte, bis sich beide in der letzten Schlacht bei Xaquixahuana gegenüberstanden, zusammen mit Gonzalo Pizarro am 10. April 1548 hingerichtet, gevierteilt.

Castellano, Goldcastellano, Peso, Goldpeso, bezeichnen dieselbe Goldmünze, die nach 1525 in Amerika vorherrschte, wo man zunächst mit Edelmetall nach Gewicht bezahlt hatte; mit 4,6 g oder 1/50 Mark Gold von 22 1/2 Karat war sie 450 maravedís (kastilische Rechenmünze) wert; erst nach der Jahrhundertmitte von dem Real de a ocho, einer Silbermünze, abgelöst, die dann ebenfalls als Peso bezeichnet wird.

Cedula, wörtlich »Zettel«, dann »Verordnung«, »Urkunde«, als »Real Cedula« ein einfaches königliches Schreiben zur Regelung einer bestimmten Angelegenheit, eines der wichtigsten Herrschaftsinstrumente im spanischen Amerika.

Cedula de repartimiento, vom Gouverneur ausgestellte Zuweisung einer Encomienda.

Centeno, Diego de, 1505-1549, kastilischer Adeliger aus Ciudad Rodrigo, kam 1534 mit Alvarado nach Peru, schlägt sich beim Aufstand des Gonzalo Pizarro als Prokurator der Stadt La Plata auf die Seite der Königlichen, angeblich, weil Pizarro und Carvajal seinen Freund Gaspar Rodriguez hatten umbringen lassen, bringt seinerseits zusammen mit Lope de Mendoza Pizarros Vertreter in La Plata um und wird zum Generalkapitän der Königlichen gewählt, am 16. Oktober 1547 bei Guarina von Pizarro und Carvajal geschlagen, blutigste Schlacht Perus, stößt mit sechzig Reitern zu de la Gasca; stirbt bald nach der letzten Schlacht gegen Gonzalo Pizarro an Fieber oder Gift.

Cobos, Francisco de los, ca. 1480/90-1547, einflußreicher Sekretär Karls V., 1508 im Indien-Sekretariat, 1516 in den Niederlanden, 1517 königlicher Sekretär, bis 1543 mit Karl unterwegs, anschließend in Spanien im Dienst des Regenten Philipp, für die spanischen und amerikanischen Geschäfte des Monarchen zuständig; unter anderem Großkomtur des Santiago-Ordens von León, galt als käuflich und wußte den Herrschaftsapparat mit seinen Leuten zu füllen.

Colonna, Prospero, 1452-1523, Feldherr aus der römischen Adelsfamilie, in den Italienkriegen wechselnd in Diensten der Päpste, Aragons, Mailands, Karls V.

Cortés, Leonardo, 1524-1579, anscheinend kein Verwandter des Eroberers von Mexiko, aber Sohn eines Licenciado Cortés vom königlichen Rat, daher 1549 von den Regenten an Valdivia empfohlen; war mit Vizekönig Núñez Vela 1544 nach Peru gekommen, ging 1548 mit Sosas Entsatztruppe nach Chile, 1571 Regidor und Alcalde von La Imperial, 1579 auf dem Rückweg nach Spanien gestorben; möglicherweise mit dem in den Cantos IV und XXII der »Araucana« des Alonso de Ercilla y Zúñiga erwähnten Cortés identisch.

Dávalos Jufré, Juan, Hidalgo aus Garrobillas, Estremadura, Eltern aus Toledo, 1535 nach Amerika, war achtmal Regidor und auch Alcalde von Santiago, aber gegen Valdivia tätig; 1551 zurück nach Spanien, wo noch 1556 nachgewiesen; angeblich Bruder des Capitán Alonso de Mendoza, des Gründers von La Paz.

Dukaten, damals Rechenmünze im Wert von 375 maravedís.

Elle, spanisch »Vara«, zu drei Fuß, 83 cm.

Encomienda, auch Repartimiento, Zuweisung einer Anzahl von Indianern, meist über ihre oder mit ihren Häuptlingen, an einen Spanier, für den sie arbeiten und den sie versorgen mußten, wofür er sie unterbringen, verköstigen, kleiden, entlohnen und im Christentum unterweisen lassen sollte; artete faktisch in eine Art Hörigkeit und hemmungslose Ausbeutung aus, aber der Versuch, sie mit den »Leyes nuevas« von 1542 abzuschaffen, löste den Aufstand des Gonzalo Pizarro aus und mußte aufgegeben werden.

Escobar, Alonso de, Sohn des Cristobal de Escobar und Klient Gonzalo Pizarros, Stabschef der 1543 von Monroy für Valdivia angeworbenen Verstärkungen, später unter Villagra Hauptmann im Araukanerkrieg.

Escobar, Cristobal de, Vater des Alonso de Escobar, unterstützt Monroy, als dieser 1543 Verstärkungen für Valdivia anwirbt.

Feldmeister, deutsche Übersetzung des spanischen »Maestro de Campo« oder »Maestro de Campo general«, die als militärischer Dienstgrad im Deutschen nicht üblich, sondern nur beim Reichsarbeitsdienst und den Pfadfindern gebräuchlich war; nach Gutiérrez de Santa Clara (Biblioteca de Autores Españoles 167, S.214) der Stellvertreter des Befehlshabers, also entweder dem Oberstleutnant oder dem Generalleutnant entsprechend, für das Lager, die Marsch- und Schlachtordnung, die Disziplin und das Kriegsrecht verantwortlich; muß ein erfahrener Soldat sein.

Ganelon, Stiefvater und Verräter des Helden im altfranzösischen Rolandslied.

Gasca, Licenciado Pedro de la, 1485-1567, Lizenziat der Rechte und der Theologie, Rektor des Colegio San Bartolomé in Salamanca, bewährt in verschiedenen kirchlichen und kirchenpolitischen Sonderaufträgen, als Visitator und Inquisitor; wegen des Aufstands des Gonzalo Pizarro als Präsident der Audiencia, aber mit zusätzlichen Sondervollmachten mit einer ausgewählten Begleitung nach Peru geschickt, trifft am 27. Juli 1546 in Nombre de Dios ein, da er die Sistierung des Encomiendaparagraphen der »Leyes nuevas« einerseits, Pardon für reuige Rebellen andererseits mitbringt, gelingt es ihm, die Flotte Gonzalo Pizarros und zahlreiche von dessen Anhängern zu sich herüberzuziehen und Pizarro am 9. April 1548 unter maßgeblicher Mitwirkung Valdivias in der Schlacht von Xaquixaguana zu schlagen; nach Hinrichtung der Anführer und Neuordnung des Landes kehrte er am 2. Februar 1550 mit 1,5 Mio Dukaten für die Krone nach Spanien zurück, wo er Bischof von Palencia und 1561 von Sigüenza wurde.

Goldcastellano, *Goldpeso*, siehe *Castellano*.

González Marmolejo, Bakkalaureus Rodrigo, 1487-1564, Priester aus Andalusien, stieß nach Teilnahme an Candias gescheiterter Expedition ins östliche Tiefland bereits 1540 zu Valdivia, tüchtig und vielseitig, auf beiden Feldzügen nach Südchile dabei; ging nicht als Vertreter Valdivias nach Spanien, wie geplant, sondern blieb auf Bitten des Stadtrats von Santiago in Chile zurück, dessen erster Bischof er 1561 wurde, wie von Valdivia gewünscht.

Gonzaliánez, eigentlich Gonzalo Yáñez, ein Priester, der wohl 1543 mit Monroy aus Porcos nach Chile kam, 1546 in Santiago erwähnt wird und noch im selben Jahr mit Dávalos Jufré nach Peru ging, um nach Europa zurückzukehren.

Hinojosa, Pedro de, auch Pedro Alonso de Hinojosa, 1489-1553, aus Trujillo in Estremadura, kam mit Hernando Pizarro nach Peru, kämpfte mit Auszeichnung in Cuzco gegen die aufständischen Indianer, floh mit Gonzalo Pizarro vor Almagro aus Cuzco, Bannerträger in der Schlacht von Salinas 1538, kämpft auch bei Chupas 1542 mit; mit Gonzalo Pizarros Schiffen nach Panama geschickt, wo er zu de la Gasca übergeht, nachdem er zunächst zwischen diesem und Pizarro zu vermitteln versuchte; wichtiger Gehilfe de la Gascas, nach dessen Weggang Gouverneur in Charcas, wo er 1553 von Aufständischen umgebracht wird; galt als etwas beschränkt und trotz seines Generalstitels als mäßiger Militär.

Hoz, Pedro Sancho de, siehe *Sancho de Hoz, Pedro*.

Idiáquez, Alonso de, gestorben 1547, war in der zweiten Hälfte der Regierung KarlsV. einflußreicher Sekretär, von Haus aus Privatsekretär Cobos', man wird daher unterstellen dürfen, daß auch der nicht identifizierte Lope de Idiáquez zu der einflußreichen Hofclique um Cobos gehörte; Alonsos Sohn Juan sollte dann als Sekretär Philipps II. eine große Rolle spielen.

Lobo, Juan, Priester aus Sanlucar oder Puerto Santa Maria in Andalusien, Pfarrer der Hauptkirche von Santiago, 1553 nach Lima, soll 1580 im Alter von 61 Jahren in Spanien gestorben sein; loyal und ehrenhaft, als Priester wie Conquistador gleich tüchtig, soll im Bedarfsfall wie ein Wolf (lobo) unter Schafen unter feindlichen Indianern gewütet haben, so der Chronist Gongora de Marmolejo (Biblioteca de Autores Españoles 131, S.83 f.).

Maldonado, Diego, 1509-1564, aus Dueñas bei Valladolid, schon mit Almagro nach Chile, dann bei Valdivia, 1551 mit Villagra in Nordchile und Tucuman, dann zurück nach Süden und Befehlshaber des Forts Arauco.

Mango Inca, Inkaprinz, den Francisco Pizarro nach seinem Einzug in Cuzco 1533 als Inka einsetzte, der aber von den Pizarros gedemütigt und gequält wurde; im Mai 1536 beginnt er einen großen Indianeraufstand und belagert Cuzco, das von dem aus Chile zurückkehrenden Almagro 1537 entsetzt wird, zieht sich in die Berge von Tambo, Vilcabamba, Vitcos zurück, unversöhnlich, 1544 von flüchtigen Spaniern, die er aufgenommen hatte, erstochen.

Mannshöhe, spanisch »estado«, Längenmaß von 7 Fuß zu 28 cm, d. h. ca. 2 m.

Maravedí, siehe *Castellano*.

Mare, die chilenische Ölpflanze Madia sativa Molina oder Madia mellosa Molina, die von den Mapuche Madi oder Made genannt wurde.

Martín, Lope, ein Bürger von Cuzco, der nur durch Intervention Gonzalo Pizarros der Garottierung durch Carvajal entgangen war und einen Teil der Vorhut de la Gascas bei Xaquixaguana befehligte.

Martínez, Francisco, gestorben 1573, ein Kaufmann aus Madrid, der 1534 mit den Welsern in Venezuela Geschäfte macht, damit 1538 Pferdeimport nach Peru finanziert und 1540, als Valdivia Kredit für seine Chile-Expedition sucht, mit diesem einen »Compañía«-Vertrag mit Halbierung der Gewinne abschließt; kommt mit Entsatzschiff 1543 nach Chile und verlangt wegen Verschuldung und kritischer Lage Valdivias Auflösung der Partnerschaft, läßt sich aber auf eine Abfindungszahlung Valdivias von 5.000 Goldpesos herunterhandeln; spätestens 1543 als Regidor und Encomendero in Santiago nachgewiesen; nicht mit Lucas Martínez Vegaso verwechseln.

Martínez Vegaso, Lucas, aus Trujillo, Estremadura, in Cajamarca dabei, möglicherweise bereits als Kaufmann, dann Bürger und Encomendero in Cuzco, 1539/40 als Pizarrist in die neue Stadt Arequipa verpflanzt, wo Almagristen einflußreich sind, reiche Encomienda in Taracapá und Arequipa, angeblich Freund Valdivias, aber von ihm 1543 ausgerüstetes Entsatzschiff für Chile nur eines von seinen Geschäften mit der Versorgung von Expeditionen, auch wenn ihm 1544 ein königliches Dankschreiben dafür ausgestellt wird; im Aufstand des Gonzalo Pizarro wechselt er mehrfach die Seiten und wird anschließend enteignet, aber 1557 restituiert, angeblich wegen Bestechung des Vizekönigs; 1567 reiche Heirat in Lima und Tod; nicht mit Francisco Martínez verwechseln.

Meile, die spanische Legua von 5.572,7 m.

Mendoza, Alonso de, ein Hauptmann Gonzalo Pizarros unter Carvajal, der zu Diego de Centeno übergeht und in der Schlacht von Xaquixaguana auf der Seite de la Gascas kämpft.

Mendoza, Lope de, einer der wichtigsten loyalistischen Befehlshaber gegen Gonzalo Pizarro in Charcas neben Diego de Centeno, wird in einem Gefecht von Carvajal verwundet gefangen, der ihn erwürgen und köpfen läßt, um seinen Kopf zur Abschreckung nach Arequipa zu schicken, von wo der Aufstand gegen Gonzalo Pizarro ausgegangen war.

Michimalongo, Häuptling der Picunche im Aconcagua- oder bei Valdivia Canconcaguatal, der sich Valdivia wieder und wieder in den Weg stellt; gefangengenommen zeigt er nach Beratung mit anderen Häuptlingen den Spaniern die Goldvorkommen von Marga-Marga, beginnt aber bereits 1541 wieder einen Großangriff auf Santiago; erst 1549 wird er auf Dauer als loyaler Verbündeter gewonnen und begleitet Valdivia mit Picunche-Hilfstruppen auf dem Zug gegen die Araukaner des Südens.

Monroy, Alonso de, 1510-1546, Hidalgo aus Salamanca, 1537 nach Peru, schon beim Aufbruch in Cuzco Valdivias Stellvertreter, was er bleiben sollte, Folterfachmann, 1541 Befehlshaber von Santiago gegen den Großangriff der Indianer; 1542-1543 wegen Nachschub in Peru, 1545 erneut dorthin geschickt, wo er während der Verhandlungen mit den Pizarristen und der Intrigen seines illoyalen Gefährten Ulloa, der für Valdivia nach Spanien gehen sollte, stirbt.

Neu-Estremadura, von Valdivia für Chile gewählter Name, denn er stammte ebenso wie die Pizarros aus Estremadura; daher auch die Reproduktion der Stadt La Serena; neben zahlreichen Andalusiern bildeten die Leute aus Estremadura und diejenigen aus dem spanischen Neu-Kastilien die stärksten Gruppen unter Valdivias Leuten, regionale Loyalitäten verschärften so die Konflikte zwischen den Pizarristen und den Almagristen (Almagro stammte aus Neu-Kastilien) in der Truppe, die sich in den Verschwörungen gegen Valdivia um Pero Sancho de Hoz artikulierten.

Neu-Kastilien, Pizarros Bezeichnung für Peru, nicht mit dem spanischen Neu-Kastilien verwechseln.

Neu-Spanien, Cortés Bezeichnung für Mexiko.

Neu-Toledo, ursprüngliche Bezeichnung des Almagro verliehenen, südlich an Pizarros Neu-Kastilien grenzenden Gebiets, das er mit seiner verunglückten Chile-Expedition erkunden und erobern wollte; nach heutigen Angaben von 14°03'43" bis 25°31'26" südlicher Breite.

»*Noli me tangere quia Caesaris sum*«, höchstwahrscheinlich eine verballhornte Zusammenziehung zweier Bibelstellen aus der Erinnerung des Schreibers: »Noli me tangere«, »Rühr' mich nicht an« sagt der auferstandene Jesus zu Magdalena (Jo 20,17), aber gemeint ist wohl die Appellation des Paulus vom römischen Stadthalter an den Kaiser »Ad tribunal Caesaris sto, ibi me oportet iudicari«, »Ich stehe vor dem Richterstuhl des Kaisers, dort muß ich gerichtet werden« (Ag 25,10).

Nombre de Dios, Hafen an der Nordküste Panamas, wichtig für den Verkehr Perus mit Spanien, der über die Landenge von Panama laufen mußte.

Nordmeer, der Atlantische Ozean, auch wenn er östlich von Chile liegt, denn maßgebend ist die Perspektive der Landenge von Panama, wo zum erstenmal der Pazifische Ozean als Südmeer oder Südsee entdeckt wurde.

Núñez de Prado, Juan, aus Badajoz, Parteigänger Gonzalo Pizarros in der Truppe des Juan de Acosta, der in der Schlacht von Xaquixaguana zu de la Gasca überläuft; versucht sich autorisiert von de la Gasca als selbständiger Gouverneur außerhalb der 100 Meilen, die sich Valdivias Gouvernement landeinwärts erstrecken sollte, in Tucuman festzusetzen, wo er die Ciudad del Barco gründete und verlegte; von Villagra zum Vizegouverneur Valdivias reduziert und dann vertrieben.

Núñez Vela, Blasco, spanischer Militär, den Karl V. 1543 zum Vizekönig mit der Aufgabe der Durchsetzung der »Leyes nuevas« bestellt, 1544 in Lima sperrt er seinen Vorgänger Vaca de Castro ein, errichtet eine Audiencia, die im Zuge der Erhebung des Gonzalo Pizarro ihrerseits ihn verhaftet, entkommt, findet aber nicht genug Unterstützung und kommt in der Schlacht von Añaquito 1546 gegen Gonzalo Pizarro um.

Orense, Gaspar, Hidalgo aus Burgos, Gefolgsmann Gonzalo Pizarros, der ihn 1544 mit dem Schiff »San Pedro« nach Chile schickte, Bürger von Santiago und erster Alcalde ordinario von La Imperial; nach Valdivias Tod mit Briefen, die Villagra zum Statthalter erbitten, nach Spanien geschickt, gescheitert.

Osorno, Garcia Fernández Manrique Conde de, Präsident des spanischen Ordensrates und einer der 1542 von Karl V. bestellten Berater des Regenten Prinz Philipp.

Palomino, Juan Alonso, kam nach dem Tod Atahualpas nach Peru, war mit Pedro de Candia im östlichen Tiefland, kämpfte in Chupas 1542 auf der Seite Vaca de Castros, dann Infanteriekapitän unter Gonzalo Pizarro, der ihn wie Hinojosa nach Panama schickt, wo er zu de la Gasca übergeht, über den er sich zunächst verächtlich geäußert hatte, in der Schlacht von Xaquixaguana dabei, kommt 1553 im nächsten Bürgerkrieg um.

Pardavé, Valentin, stößt mit Soldaten zum Präsidenten de la Gasca und wird von diesem zum Infanteriekapitän bestellt.

Pastene, Juan Bautista de, geboren 1507 in Genua, kam mit Pizarro nach Peru, 1543 von Vaca de Castro mit Entsatz Chiles und Vorstoß bis zur Magellanstraße beauftragt, um angeblichen Plänen der Franzosen zuvorzukommen; spielt dank Valdivias Vertrauen dort eine große Rolle, 1548-1557 fünfmal Regidor und seit 1549 Encomendero in Santiago; er soll die im Süden neugegründete Stadt nach Valdivia genannt haben.

Peranzúlez, oder *Peranzúrez*, eigentlich Pedro Ansúrez Enrique de Campo Redondo, aus Cisneros, einer der besten Unterführer der Pizarros, hatte Francisco Pizarro 100 Mann Entsatz zugeführt und ging 1535 als sein Vertreter nach Spanien, kommandierte in der Schlacht von Salinas 1538 Hernando Pizarros Arkebusiere gegen Almagros Reiter, gründete in Pizarros Auftrag die Stadt La Plata, wo er nach der Ermordung Francisco Pizarros von den Bürgern zu ihrem Befehlshaber gewählt wurde; in der Schlacht von Chupas 1542 auf der Seite Vaca de Castros und der Pizarros.

Pérez, Diego, einer der drei Kapläne der Expedition Valdivias, 1546 mit Dávalos nach Peru geschickt, weil er zurück nach Spanien wollte, wo er 1551 noch lebte.

Pescara, Ferrante Francesco d'Avalos Marchese de, 1490-1525, spanisch-neapolitanischer Feldherr, Gemahl der Vittoria Colonna, 1512-1525 auf dem italienischen Kriegsschauplatz; Gegner Karls V. boten ihm vergebens das Königreich Neapel an (»Versuchung des Pescara«).

Peso, siehe *Castellano*.

Pizarro, Gonzalo, 1511 oder 1513-1548, aus Trujillo, Estremadura, der jüngste und eigentlich unbedeutendste der Pizarrobrüder, die 1530 nach Peru gingen, unehelicher Halbbruder Franciscos und Hernandos, erst 1536/37 bei der Belagerung Cuzcos durch die aufständischen Indianer erhält er ein Kommando, 1540 wird er von Francisco als Untergouverneur nach Quito geschickt, seine vergebliche Expedition in das Tiefland des oberen Amazonas 1541-1542 macht ihn zur Legende; außerdem kam ihm zugute, daß er zwar der dümmste, aber auch der schönste und der einzige der Pizarros war, der begeistern konnte; nach seiner Rückkehr war Francisco ermordet, der ihn gemäß königlichem Privileg zu seinem Nachfolger ernannt hatte, das spielt er gegen den Vizekönig Núñez Vela aus, als dieser mit der Abschaffung der Encomienda durch die »Leyes nuevas« 1544 ins Land kommt, nachdem er sich mit dessen Vorgänger Vaca de Castro zunächst arrangiert hatte, die neue Audiencia bestätigt ihn als Gouverneur, 1546 schlägt und tötet er den Vizekönig bei Añaquito, regiert dreieinhalb Jahre, zeitweise wurde seine Königskrönung ins Auge gefaßt; er zeigt durchaus Ansätze zu ernsthaften administrativen Anstrengungen; versucht Valdivia, den alten Gefolgsmann der Familie und ursprünglichen Untergouverneur seines Bruder Francisco, für sich zu gewinnen; Pedro de la Gasca bringt Widerruf des umstrittenen Gesetzes und Generalpardon für die Aufständischen, womit er Gonzalos Anhänger für die Krone zu gewinnen versteht, schließlich läuft am 9. April 1548 der größte Teil von Gonzalos Heer zu de la Gasca über, Gonzalo wird hingerichtet.

Pizarro, Hernando, 1498-1578, als einziger legitimer der Pizarrobrüder eigentlicher Chef des Hauses, 1531-1534 und 1535-1539 in Peru, aber nur, um Beute zu machen; sein Schwerpunkt lag in Spanien, wo er die Beute investierte und die Familie in der Heimat etablierte; obwohl schon in Spanien Offizier, war er doch ein schlechter Soldat, aber ein glänzender Geschäftsmann sowie ein wortgewaltiger Verfasser von Berichten; trotz seiner ursprünglich guten Beziehungen zum Hof wurde er bei seiner endgültigen Rückkehr in Spanien 1540-1561 wegen der Tötung Almagros eingesperrt, blieb aber in seiner Investitionspolitik dennoch erfolgreich.

Pizarro, Marquis Francisco, 1480-1541, der Eroberer Perus, unehelich, 1478-1502 mit seinem Vater als Soldat in Italien, 1502 mit Ovando nach Amerika, unter Balboa in Panama, wo er zu Wohlstand kommt, seit 1524 Anläufe zur Conquista Perus, 1528-1530 in Spanien, wo 1529 zum Gouverneur bestellt, seit Cajamarca 1532 Unterwerfung Perus, aber Konflikt mit seinem Partner Almagro, der sich nicht nach Chile abschieben läßt; 1538 in der Schlacht von Salinas, in der Valdivia als Pizarros Feldmeister diente, wird Almagro geschlagen und anschließend hingerichtet, aber 1541 Pizarro als Blutrache ermordet; Francisco Pizarro war hartnäckig im Verfolgen seiner Feinde, ein realistischer und brutaler Machtmensch, der niemandem traute außer seiner Familie und höchstens alten Freunden aus dem Osten Estremaduras wie Valdivia.

Poromabcaes, auch *Promaocaes* oder *Pormocaes*, von der Bezeichnung der Inka für die Picunche zwischen Maipo und Bio-Bio abgeleitet, die ursprünglich »purun auka« lautete und »nicht unterworfene Völker« bedeutet.

Procurador, der Rechtsberater und -beistand einer Stadt, der deren Schriftverkehr mit königlichen Behörden führt.

Providieren, eine kirchliche Pfründe verleihen, bei einem Bistum durch den Papst im Konsistorium, der Versammlung der Kardinäle, aber für Amerika auf Vorschlag des spanischen Königs.

»*Qui episcopatum desiderat, bonum opus desiderat*«, eigentlich »Si quis episcopatum desiderat, bonum opus desiderat«, »Wenn einer nach dem Amt des Vorstehers trachtet, erstrebt er einen edlen Beruf« (1 Tim 3,1).

Quinoa, Chenopodium album oder Chenopodium quinoa, eine indianische Körnerfrucht.

Quinto, das Fünftel der Conquistadorenbeute und des Ertrages des Bergbaus, auf das die Krone Anspruch hatte, später reduziert; zu seiner Erhebung gab es von Anfang an königliche Schatzmeister bei den Expeditionen.

Repartimiento, hier die ursprüngliche Bezeichnung für die Encomienda.

Requerimiento, eine Proklamation der Rechtsansprüche der spanischen Krone auf die Neue Welt mit Aufforderung zur Bekehrung zum Christentum, die seit 1513 den Indianern vor der Eröffnung von Feindseligkeiten vorzulesen war, notariell beglaubigt zwecks Legitimation des Eroberungskrieges, oder wie es oft und auch hier heißt »zur Beruhigung des königlichen Gewissens«.

Rodríguez, Gaspar, Bruder des Pedro Ansúrez und Freund des Diego de Centeno, der von Gonzalo Pizarro und Carvajal getötet wurde, weil er zum Vizekönig Núñez Vela übergehen wollte.

Samano, Juan de, königlicher Sekretär, der zunächst seit ca. 1520 für und unter de los Cobos die Angelegenheiten des Indienrats bearbeitet, 1524 zum Untersekretär befördert wird und 1539-1558 als selbständiger Sekretär und anscheinend auch Mitglied des Indienrats nachgewiesen ist; Freund und Förderer Francisco Pizarros, anscheinend dank Bestechung.

Sancho de Hoz, Pedro, 1514-1547, Caballero, angeblich aus Medina de Rioseco, von Beruf Notar, in Cajamarca Infanterist und Sekretär Francisco Pizarros, Verfasser einer »amtlichen« Chronik der Eroberung Perus; 1535-1539 in Spanien, wo er trotz Beute mit seinen Anstrengungen zu sozialem Aufstieg verarmt; 1539 geht er mit königlicher Bestellung zum Eroberer und Gouverneur von Chile nach Peru zurück, während der um dieselbe Zeit bestellte Valdivia nur einen Auftrag des Gouverneurs Francisco Pizarro besaß, der angeblich Sancho de Hoz loswerden wollte, weil er dessen Encomienda inzwischen anderweitig vergeben hatte, und daher am 28. Dezember 1539 in Cuzco eine Einigung zwischen dem mittellosen Sancho de Hoz und Valdivia zu gemeinsamem Vorgehen zustande bringt; Sancho de Hoz, der eigentlich zur Beschaffung von Nachschub zurückblieb, scheitert damit, holt Valdivia ein und verschwört sich anscheinend zu dessen Beseitigung, woraufhin ihn dieser zwar schont, ihm aber am 8. August in Atacama den Rücktritt von früheren Abkommen abpreßt; Sancho de Hoz zieht weiter mit und wird wegen seiner königlichen Patente automatisch freiwillig oder unfreiwillig zum Zentrum aller weiteren Verschwörungen gegen Valdivia, die teilweise auf die Rivalität von Pizarristen und Almagristen, von Leuten aus Estremadura und aus Neu-Kastilien, in der Truppe zurückgehen, aber er ist gegen Bestrafung immun; erst in Abwesenheit Valdivias läßt ihn dessen Stellvertreter Villagra am 8. Dezember 1547 in Santiago hinrichten, was prompt zum Hauptvorwurf gegen Valdivia im Prozeß von 1548 wird.

Schafe, damit sind wohl immer Lamas gemeint.

Scheffel, spanisch »Fanega«, Hohlmaß für Getreide mit 55,5 Litern.

Solis, Pedro Gómez de, Vertrauensmann Gonzalo Pizarros, den dieser 1546 als seinen Prokurator nach Spanien schickt, trifft in Panama auf de la Gasca, zu dem er übergeht, woraufhin die 22.000 Pesos, die er für Hernando Pizarro dabei hatte, für die Krone konfisziert werden; bei Xaquixahuana ist er sogar einer der Infanteriekapitäne de la Gascas; 1553 in Potosí nachzuweisen.

Soria de Calatañazor, Pero de, war Verwalter Hernando Pizarros in den Minen von Porcos.

Sosa, Esteban, aus Santa Olalla, war schon in Florida, in Panama und Peru dabeigewesen, möglicherweise von Anfang an bei Valdivia, de la Gasca ernennt ihn 1548 zum »Contador« (Revisor) für Chile, Valdivia bestellt ihn zum Befehlshaber der auf dem Landweg vorrückenden Entsatztruppe, 1556 wird Sosa in Spanien wegen Einschmuggeln von Gold und Umgehen des Quinto belangt.

Spanne, spanisch »palmo« oder »palma«, ein Viertel einer Elle, 20,5 cm.

Südmeer, der Pazifische Ozean, vgl. Nordmeer.

Ulloa, Antonio de, ca. 1517-1555, Caballero aus Cáceres, kam 1535 nach Guatemala und mit Valdivia nach Chile, 1542 und 1544 im Stadtrat von Santiago, Gefolgsmann Gonzalo Pizarros, aber Gegner Valdivias, gegen den er in Peru tätig wird; kämpft 1547 in Schlacht von Guarina auf Seiten Pizarros, geht aber rechtzeitig zu de la Gasca über, auf dessen Seite er sich 1548 in Xaquixaguana befindet, um Valdivia dort zu denunzieren; er fiel 1555 auf königlicher Seite in der Schlacht von Chuquinga gegen den aufständischen Hernández Girón.

Vaca de Castro, Cristóbal, ca.1492-1566, Richter der Cancillería von Valladolid, als Mitgouverneur Francisco Pizarros zur Untersuchung des Bürgerkriegs gegen Almagro nach Peru entsandt, wo er 1541 eintrifft und 1542 mit den Pizarristen die Schlacht von Chupas gegen den jüngeren Almagro gewinnt; nach Reformversuchen übergibt er sein Amt am 15. Mai 1544 an den neuen Vizekönig Núñez Vela, um von diesem aufgrund von Denunziationen eingesperrt und nach Spanien geschickt zu werden; dort nach längerer Zeit rehabilitiert und entschädigt.

Velasco, Ana de, siehe *Alvarado, Alonso de.*

Villagra, Francisco de, 1511-1572, aus Santervas, León, unehelich, aber dennoch als Hidalgo bezeichnet, 1537 nach Amerika, Unterbefehlshaber von Candia und Rojas auf deren verunglückten Expeditionen in die östlichen Tiefländer, veranlaßt die Überlebenden, sich Valdivia anzuschließen und führt diesem 1540 in Tarapacá 70-80 Leute zu; unentbehrlicher Unterbefehlshaber, Valdivias Stellvertreter während dessen Abwesenheit in Peru 1547-1549, läßt 1547 Sancho de Hoz hinrichten, bemüht sich bereits damals um Nachfolge Valdivias für den Fall von dessen Tod, 1551 und 1552 Expeditionen auf den Osthang der Anden; bald nach dem Tod Valdivias 1553 von den Araukanern vernichtend geschlagen, was er 1557 durch einen Sieg wettmachen kann; rivalisiert vergeblich mit Aguirre um die Nachfolge Valdivias, wird aber wegen seiner Unentbehrlichkeit als Kommandeur 1556 von der Audiencia von Lima wenigstens zum Corregidor (Administrator eine Stufe unter dem Gouverneur) und Alcalde mayor (Oberrichter) ernannt, bis er schließlich 1561 doch noch Statthalter wird.

Villalón, Diego Garcia de, ein Freund Valdivias, der sich von Monroy zusammen mit Lucas Martínez für eine Entsatzexpedition gewinnen läßt und 1543 das Schiff »Santiaguillo« neben Pastenes »San Pedro« nach Valparaiso schickt; Ende 1548 stellt Valdivia ihm eine Einkaufsvollmacht aus.

Yanaconas, die ziemlich zahlreichen peruanischen Indianer, die im Dienst der spanischen Conquistadoren nach Chile kamen, ursprünglich Indianer ohne festen Wohnsitz und Häuptling, die einem Spanier auf Lebenszeit unterstellt wurden, eine Art Haus- und Hofgesinde, faktisch Sklaven; später wurden daraus Hörige europäischen Zuschnitts.

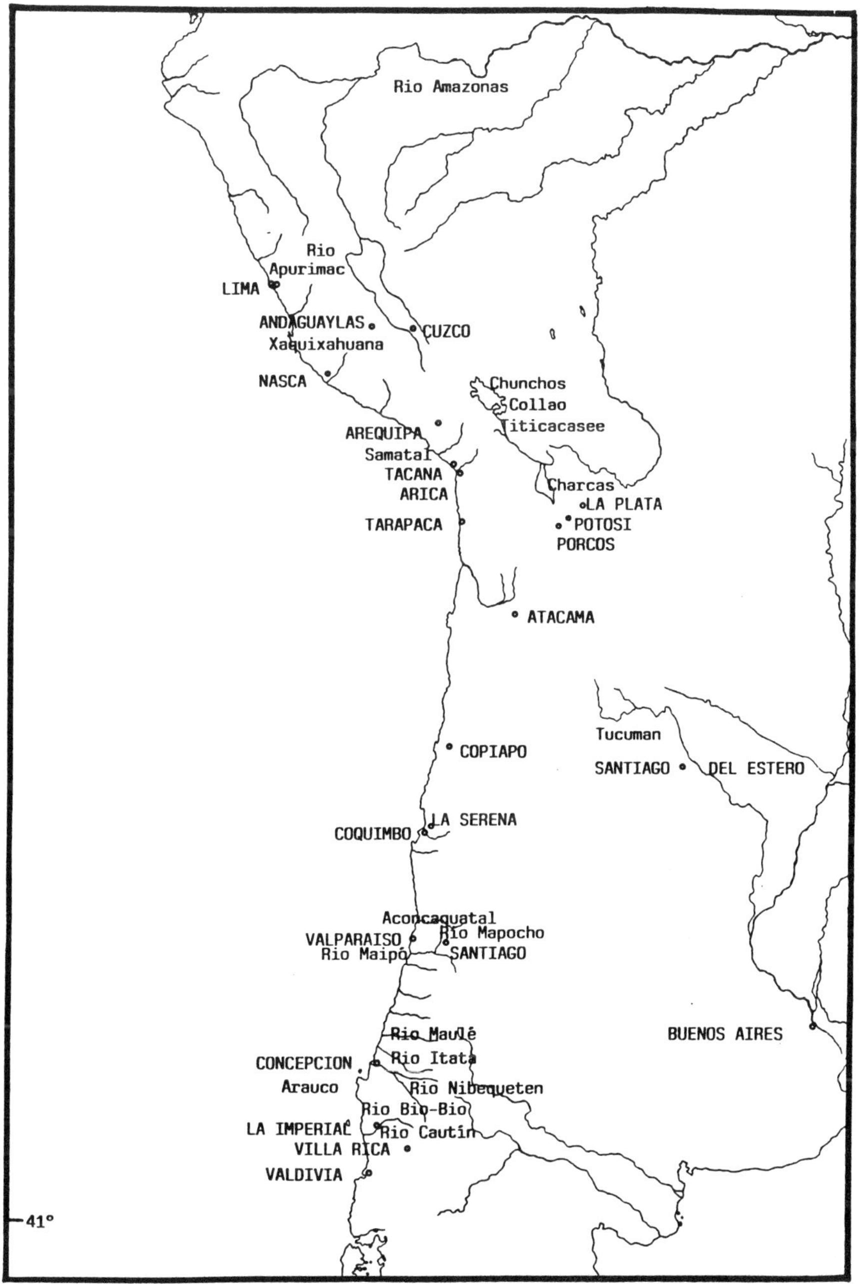
Rio Amazonas
Rio
Apurimac
LIMA
ANDAGUAYLAS
Xaquixahuana
CUZCO
NASCA
Chunchos
Collao
Titicacasee
AREQUIPA
Samatal
TACANA
ARICA
Charcas
LA PLATA
POTOSI
PORCOS
TARAPACA
ATACAMA
Tucuman
COPIAPO
SANTIAGO DEL ESTERO
LA SERENA
COQUIMBO
Aconcaguatal
Rio Mapocho
VALPARAISO
Rio Maipó
SANTIAGO
Rio Maulé
Rio Itata
CONCEPCION
BUENOS AIRES
Arauco
Rio Nibequeten
Rio Bio-Bio
LA IMPERIAL
Rio Cautín
VILLA RICA
VALDIVIA
41°

Quellen und Literatur

Alemany y Colufer, J.: *Diccionario de la Lengua Española*, Barcelona 1917.

Archivo biográfico de España, Portugal e Iberoamérica, XXXIX u. 1105 Fiches, München 1986-90.

Bengoa, J.: *Historia del pueblo Mapuche* (Siglos XIX y XX), Santiago 1985.

Bizzarro, S.: *Historical Dictionary of Chile*, 2. Auflage, Metuchen-London 1987.

Blancpain, J.P.: *Les Araucans et la frontière dans l'histoire du Chili des origines au XIXe siècle*, Frankfurt am Main1990.

Bleiberg, G. (Hrsg.): *Diccionario de Historia de España*, 3 Bde, 2. Auflage, Madrid 1968-69.

Braman, T.C.: *Land and Society in Early Colonial Santiago de Chile, 1540-1575*, Diss. Univ. Florida 1975 (Ms.).

Calvete de Estrella, J.C.: »Rebelión de Pizarro en el Perú y vida de Don Pedro Gasca«, in: *Crónicas del Perú IV-V* (Biblioteca de Autores Españoles 167-168), Madrid 1964-65, S. 227-412 u. S. 1-157.

Cunninghame Graham, R.B.: *Pedro de Valdivia Conqueror of Chile*, London 1926, Ndr. Westport 1974.

Busto Duthurburu, J.A.del: *Diccionario histórico-biográfico de los conquistadores del Perú*, Bd. 1 (A), Lima 1986.

Ercilla, A. de y Zúñiga: *La Araucana*, Madrid 1884.

Errazúriz, C.: *Historia de Chile. Pedro de Valdivia*, Bd. 1-2, Santiago 1911-12.

Esteve Barba, F.: *Descubrimiento y conquista de Chile* (Historia de América y de los pueblos americanos), Barcelona 1946.

Fernández, D.: »Historia del Perú«, in: *Crónicas del Perú I-II* (Biblioteca de Autores Españoles 164-165), Madrid 1963, S. 1-384 u. S. 1-131.

García, A.: *La découverte et la conquête du Pérou, d'après les sources originales*, Paris 1975.

Góngora de Marmolejo, A.: »Historia de Chile desde su descubrimiento hasta el año de 1575«, in: *Crónicas del Reino de Chile* (Biblioteca de Autores Españoles 131), Madrid 1960, S.75-224.

Gutiérrez de Santa Clara, P.: »Quinquenarios o Historia de las guerras civiles del Perú (1544-1548) y de otros sucesos de las Indias«, in: *Crónicas del Perú II-IV* (Biblioteca de Autores Españoles 165-167), Madrid 1963-64, S. 133-388, S. 1-412 u. S. 1-131.

»Inéditos sobre Pedro de Valdivia 1548-1550«, in: Inédita, Arequipa 1973, n.1, S.317-362.

Lockhart, J.M.: *The Men of Cajamarca*, Austin-London 1972.

Mariño de Lobera, P.: »Crónica del Reino de Chile reducido a nuevo método y estilo por el padre Bartolomé de Escobar«, in: *Crónicas del Reino de Chile* (Biblioteca de Autores Españoles 131), Madrid 1960, S. 225-554.

Medina, J.T. (Hrsg.): *Colección de documentos inéditos para la historia de Chile. Desde el viaje de Magallanes hasta la batalla de Maipo 1518-1818*, Tomo VIII: *Valdivia y sus compañeros I*, Santiago 1896.

Medina, J.T.: *Diccionario biográfico colonial de Chile*, Santiago 1906.

Morales Padrón, F.: *Historia del descubrimiento y conquista de América*, 5. Auflage, Madrid 1990.

Pierce, F.: *Alonso de Ercilla y Zúñiga*, Amsterdam 1984.

Pizarro, P.: »Relación del descubrimiento y conquista de los Reinos del Perú«, in: *Crónicas del Perú V* (Biblioteca de Autores Españoles 168), Madrid 1965, S. 159-242.

Pocock, H.R.S.: *The Conquest of Chile*, New York 1967.

»Relación de las cosas del Perú desde 1543 hasta la muerte de Gonzalo Pizarro«, in: *Crónicas del Perú V* (Biblioteca de Autores Españoles 168), Madrid 1965, S. 243-332.

Roa, L. de y Ursua: *La Familia de Don Pedro de Valdivia, Conquistador de Chile. Estudio histórico*, Sevilla 1935.

Silva G., O.: *Atlas de Historia de Chile*, Santiago 1983.

Thayer Ojeda, T./Larrain, C.J.: *Valdivia y sus compañeros*, Santiago 1950.

Valdivia, P.de: *Cartas de P.d.V. que tratan del descubrimiento y conquista de Chile* (Faksimile und Transskription), hrsg. von J.T. Medina, 2. Auflage 1978.

Valdivia, P. de: *Cartas de P.d.V. que tratan del descubrimiento y conquista de Chile, in: Crónicas del Reino de Chile*, hrsg. von F. Esteve Barba (Biblioteca de Autores Españoles 131), Madrid 1960, S. 1-74.

Valdivia, P. de: *Cartas de Relación de la Conquista de Chile*, hrsg. von M. Ferreccio Podestá, Santiago 1970, 2. Auflage 1978.

Valdivia, P. de: *Cartas de Don P.d.V. que tratan del descubrimiento y conquista de la Nueva Estremadura*. Edición facsímil realizada en commemoración del quinto centenario del encuentro entre Dos Mundos, Prólogo e iconografía de M. Rojas-Mix, Transcripción y notas de M. Ferreccio Podestà, Barcelona 1991.

Valenzuela Torrealba, F.: *Visión de la conquista de Chile según la crónica (Góngora Marmolejo, Mariño de Lobera y Gonzáles de Nájera)*, Santiago 1986.

Varón Gabai, R./Jacobs, A.P.: »Peruvian Wealth and Spanish Investments: The Pizarro Family during the Sixteenth Century«, in: *Hispanic American Historical Review* 67 (1987), S. 657-695.

Vernon, I.S.W.: *Pedro de Valdivia, Conquistador of Chile*, Austin 1946, Ndr.New York 1969.

Vivar, G.de: *Crónica y relación copiosa y verdadera de los reinos de Chile (1558)*, hrsg. von L. Sáez-Godoy, Berlin 1979.

Wunder, G.: »Rat und Stadt in der Gründungszeit 1541-1557: Santiago de Chile als Beispiel einer spanischen Kolonialstadt«, in: H. Jäger/F. Petri/H. Quirin (Hrsg.): *Civitatum Communitas. Studien zum europäischen Städtewesen.* Festschrift für H. Stoob, Köln-Wien 1984, S. 583-604.

Register

(Die Schlagwörter *Chile*, *Conquista*, *Karl V.*, *Valdivia*, *Pedro de* wurden nicht aufgenommen)